마음을 주께 드립니다

마음을 주께 드립니다

지은이 | 황명환
초판 발행 | 2023. 10. 30
등록번호 | 제1988-000080호
등록된 곳 | 서울특별시 용산구 서빙고로65길 38
발행처 | 사단법인 두란노서원
영업부 | 2078-3352 FAX | 080-749-3705
출판부 | 2078-3331

책 값은 뒤표지에 있습니다.
ISBN 978-89-531-4645-7 03230

독자의 의견을 기다립니다.
tpress@duranno.com   http://www.duranno.com

두란노서원은 바울 사도가 3차 전도여행 때 에베소에서 성령 받은 제자들을 따로 세워 하나님의 말씀으로 양육하
던 장소입니다. 사도행전 19장 8-20절의 정신에 따라 첫째 목회자를 돕는 사역과 평신도를 훈련시키는 사역, 둘째
세계선교(TIM)와 문서선교(단행본잡지) 사역, 셋째 예수문화 및 경배와 찬양 사역, 그리고 가정·상담 사역 등을
감당하고 있습니다. 1980년 12월 22일에 창립된 두란노서원은 주님 오실 때까지 이 사역들을 계속할 것입니다.

황명환 목사의
이사야서 강해 1

마음을
주께
드립니다

✦

Isaiah

황명환 지음

두란노

contents

이사야서의 예언은
오늘 우리를 위한 말씀

'예언'이라고 하면 사람들은 앞으로 일어날 일을 점치듯이 알아맞히는 것으로 생각합니다. "너는 3년 후에 어떤 병에 걸릴 것이다. 5년 후에는 어디에서 살게 될 것이다. 10년 후에는 어떤 일을 할 것이다." 그러나 이런 것은 진정한 의미의 예언이 아닙니다. "너희를 향한 하나님의 뜻은 이것이다. 이대로 계속 간다면 너희는 이렇게 될 수밖에 없다. 그러므로 세상을 다스리시는 하나님께로 지금 돌아오라." 이것이 예언의 내용입니다.

다시 말하면 예언의 관심은 미래가 아니라 언제나 현재입니다. "너, 그렇게 놀다가는 시험에 떨어진다." 이 말의 핵심은 시험에 떨어질 미래를 알려 주려는 것이 아니라 놀고 있는 지금에 있습니다. 그 미래를 의식하고 지금 게으름에서 벗어나야 한다는 말입니다. 그런데 잘못된 오늘을 고치려면 오늘의 결과인 미래를 말해야 합니다. 그러니까 예언 속에는 미래적 요소가 있지만 근본 관심은 현재입니다.

그런데 돌아와야 한다면 무엇이 돌아와야 합니까? 하나님의 백성에게 어떤 잘못된 행동이 있었을까요? 사실 이사야 선지자가 활동할 당시의 유다와 이스라엘 백성은 성전을 수시로 드나들었고 무수한 제물로 제사를 많이 드렸습니다. 예언자는 무엇을 보고 그 당시의 백성이 잘못되었다고 생각한 것일까요? 우리로 말하자면 교회에 열심히 다니고, 헌금도 잘 내고, 봉사도 많이 하는데, 도대체 무엇이 문제라는 것입니까?

그것은 그들의 눈앞에 닥친 현실에 대한 반응이었습니다. 적들이 쳐들어왔는데 너무나 무서워했고, 그래서 강한 군사력을 가진 강대국을 의지하고 우왕좌왕하는 모습을 보면서 그들 속에 하나님이 없다고 생각한 것입니다. 그들이 하나님의 이름을 부르고 있지만, 입술로는 하나님을 경외한다고 하지만 그들의 마음은 하나님으로부터 멀리 떨어져 있다는 것을 알았습니다.

개인적으로 말한다면 하나님을 믿는다고 하면서 내 앞의 현실에 너무나 마음을 빼앗기고 있는 것을 보고 문제가 무엇인지 파악한 것입니다. 그것은 바로 우리 속에 하나님이 없다는 것입니다. 하나님이 현실이 되어야 하는데, 하나님이 사실이 되고 내 눈앞의 일이 현실이 된 것입니다. 그러다 보니 현실을 극복하기 위한 방법으로 하나님을 사용했던 것입니다.

하나님을 현실화하는 방법이 바로 제사이며 번제였는데, 그들은 제사를 다른 목적으로 드렸습니다. 자기를 죽이는 것이 제사의 목적인데, 자기가 원하는 것을 얻기 위한 뇌물이 되었던 것입니다. 이것은 하나님을 자기 욕심을 위한 수단으로 전락시킨 것입니다.

하나님은 그들에게 마음 전체를 주셨는데, 그리고 늘 함께하시는데, 그래서 임마누엘의 하나님이신데, 그들은 입술로는 하나님을 공경하나 마음은 하나님으로부터 멀어져 있었습니다. 하나님과 그 백성 사이에 마음의 거리가 있었던 것입니다. 다시 말하면 하나님과 그들 사이에 다른 것이 끼어 있었던 것입니다. 그것이 자녀이든, 재물이든, 안전과 평안이든, 하나님은 그것을 못 견뎌하셨습니다. 이것을 고치라는 것이 예언서의 주제입니다.

이사야서를 강해하기로 결심하게 된 것은 코로나 사태가 끝나 가면서 우리의 흔들렸던 신앙을 한번 점검하지 않으면 안 되겠다는 압박감 때문이었습니다. 코로나로 인해 교회와 성도들의 신앙은 엄청난 타격을 받았습니다. 대부분의 사람들은 눈에 보이는 것보다 더 많은 부분이 무너진 것을 깨닫지 못합니다. 아직도 다 회복되지 못했습니다. 사람들은 다시는 이런 일이 오지 않을 것처럼 생각하지만 그렇지 않습니다. 앞으로도 이런 일은 반복될 수 있기 때문에 신앙의 본질을 회복하지 않으면 안 되겠다고 생각했습니다.

그러나 두려운 마음이 생겼습니다. 그 당시 위대한 예언자 이사야가 전해도 듣지 않았는데, 오늘 우리 성도들은 잘 듣고 돌이킬 수 있을까? 과연 1년 반 동안이나 계속 되는 예언서 강해를 지루하지 않게 전할 수 있을까? 아무리 이 시대의 용어와 접근 방법으로 설명한다고 해도 무리가 아닐까? 그러나 신앙인이 하나님 앞에서 자기를 점검하는 데 있어서 예언서만큼 강력한 것도 없다는 확신 때문에 시작하게 되었습니다.

강해를 시작하는 순간 느꼈습니다. 얼마나 내용이 예리한지! 얼마나 정확하게 우리의 숨겨진 영적 상태를 드러내는지! 자신도 몰랐던 신앙의 모순을 노출시키는지! 아주 팽팽한 현악기 줄을 튕기는 것 같았고, 강한 활 시위를 당기는 기분이었습니다. 잘못하면 아름다운 음악을 만들어 내기는커녕 내 손을 벨 수 있겠다 싶었습니다. 화살이 회중의 가슴에 꽂히기는커녕 내 손에서 날려 보내기도 어렵다는 것을 알게 되었습니다.

이것을 극복하는 방법은 먼저 내가 변하는 것이었습니다. 가만히 앉아서 성경을 해석하는 것이 아니라 이사야의 마음으로 탄식하기 시작했고, 그 말씀 앞에서 나의 은밀한 마음을 들여다보기 시작했습니다. 이사야에게 전할 말씀을 주셨던 하나님께서 오늘 나를 감동해 주시기를 기도했고,

이사야서의 말씀이 성취된 기초 위에 서 있는 성도들이므로 그 시대의 이스라엘 사람들보다 더 성숙하게 말씀을 이해하고 받을 수 있게 해 달라고 기도하며 몸부림쳤습니다.

먼저 이사야의 음성을 듣고자 했습니다. 그 시대의 백성이 되고자 했습니다. 그 작업은 어려웠습니다. 그러나 조금씩 익숙해졌습니다. 그리고 그것은 나에게 엄청난 이해의 폭을 넓혀 주었습니다. 선지자 앞에 내가 서서 그 음성을 들었고, 그 말씀의 의미도 깊이 알게 되었고, 그 말씀에 대한 나의 반응도 살펴보았습니다. 말씀을 들으면서 내 마음에 아픔을 느꼈지만 잘 고쳐지지 않는 나의 한계도 발견했습니다. 그러면서 소원이 생겼습니다. "내 마음 전부를 하나님께 드리고 싶습니다."

이 마음으로 한 주 한 주 말씀을 전했습니다. 그런 과정에서 깨닫게 된 것은 '나를 위한 말씀이다. 그리고 내게 주신 말씀으로 받아들인 후에야 진정으로 성도들에게 전할 수 있다'는 것이었습니다. 이런 과정을 통하여 그때 그 말씀은 오늘 우리의 말씀이 되었습니다.

나는 마음을 드리는 것이 어렵지만 얼마나 행복한 일인지, 그것이 얼마나 하나님께 기쁨을 드리는 것인지 알게 되었고, 그것이 하나님에 대한 진정한 응답이며 신앙의 내용이라는 것도 알게 되었습니다. 신앙생활은 의무가 아니며 어떤 행동이나 업적도 아니고, 진정으로 마음을 주님께 전부 드리는 것이라는 것을 알게 되었고, 그럴 때 내 말과 행동은 저절로 변할 수 있다는 것도 알게 되었습니다. 그것은 놀라운 발견이었습니다.

이사야서는 영적으로 달콤하고 맛있는 음식이라기보다는 아주 소중한 보약이라고 생각합니다. 그래서 꼭꼭 씹어 먹고, 음미하고, 정직하게 그 말씀 앞에 나를 비추어 보면 놀라운 하나님의 음성이 그 속에서부터 들려올 것입니다. 그럴 때 이사야서의 예언은 오늘 우리를 위한 말씀이 될 것입니다. 무너진 제사, 자기를 들여다보지 못하는 신앙, 여기서 벗어나 마음을 영적 카메라로 촬영하여 보여 주면서 돌아오라고 외치는 예언자의 소리를 잘 듣고 응답한다면 우리의 신앙은 새로워질 것입니다. 이런 사건이 우리에게 일어나길 기도하면서….

2023년 가을 수서동산에서
황명환 목사

1

왜 지금 이사야서인가
(사 1:1-4)

구약성경은 크게 세 부분으로 나뉩니다. 율법서, 성문서, 예언서입니다. 먼저 율법서는 창세기부터 에스더서까지로 과거에 관해 다룹니다. 두 번째는 성문서인데 욥기, 시편, 잠언, 전도서, 아가서. 이렇게 5권으로, 현재를 어떻게 살아야 하는지 가르쳐 줍니다. 그래서 지혜문서라고도 합니다. 세 번째는 예언서입니다. 이사야서부터 말라기서까지인데, 미래에 관해 다룹니다. 구약성경은 이렇게 '과거-현재-미래'라는 시간의 흐름에 따라 편집되었습니다.

예언서 중에서 가장 먼저 나오는 것이 이사야서입니다. 왜 이사야서가 맨 먼저 나올까요? 시간적으로 저작 시기가 가장 빨라서일까요? 아닙니다. 시간적으로 이사야서보다 빠른 책도 있습니다. 요나서, 아모스서, 호세아서 등은 이사야서보다 50년 이상 빠릅니다. 이사야서가 가장 먼저 나오는 이유는 이사야서가 제일 길기 때문입니다.

선지자 이사야는 주전 8세기, 대략 BC 740년부터 BC 680년까지, 거의 60년간 활동했습니다. 이사야서 1장 1절을 보면 이사야서의 시대적 배경이 나옵니다. 왕을 중심으로 시대적 배경이 등장하는데 그 이유가 뭘까요? 왕과 선지자는 항상 같이 가게 되어 있기 때문입니다. 여기서 우리는 왕과 선지자의 관계를 생각해야 합니다. 왕은 하나님이 주신 율법을 가지고 나라를 다스립니다. 나라를 다스리다가 왕이 하나님의 뜻이 뭔지 알고 싶을 때가 생기면 선지자들에게 물어보는 것입니다. 한편, 왕이 통치할 때 항상 잘할 수만은 없습니다. 잘못된 길로 가기도 합니다. 그러면 그것이 잘못되었다고 경고하는 사람이 필요했습니다. 이 역할을 한 것이 바로 선지자입니다. 선지자는 하나님의 뜻이 뭔지 알려 주고, 잘못하면 그렇게 하지 말라고 경고하는 사람이었습니다. 하나님은 이를 위해 왕에게 선지자를 붙여 준 것입니다.

이사야의 활동 시기

이사야가 활동하는 동안 왕이 네 명이나 바뀌었는데, 먼저는 웃시야입니다. 웃시야는 16세에 왕위에 올라 52년간 통치했습니다. 그가 왕이 되었을 때 남유다는 비참했습니다. 그의 아버지가 북이스라엘과 전쟁을 했는데 패해서 국가재정은 바닥났고, 요새들은 다 파괴되었습니다. 그야말로 절망 상태였습니다. 그러나 웃시야는 예루살렘을 요새화하고, 군대를 양성합니다. 농업과 목축을 장려하고, 상업을 발달시켜 엄청난 번영을 이루었습니다. 하지만 나라가 부강해지자 웃시야는 교만해졌습니다. 그래서 성전에 들어가 제사장들만 할 수 있는 분향을 했습니다. 그럼 안 된다고 제사장들이 말렸지만 말을 듣지 않았습니다. 그 순간 웃시야는 이마에 한센병이 생겼습니다. 처음에는 정직하고 겸손했으나 살 만해지자 교만해졌고, 결국 한센병 환자가 되어 쫓겨납니다. 역대하 26장 21절[1]에 이와 같은 내용이 등장합니다.

아들인 요담은 25세에 왕이 되어 16년 동안 나라를 다스렸습니다. 이때까지만 해도 남유다의 상황은 괜찮았습니다. 그런데 아하스가 요담의 뒤를 이어 왕이 되면서 나라가 정치적으로 어려워졌습니다. 앗수르가 강해

---

1 "웃시야 왕이 죽는 날까지 나병환자가 되었고 나병환자가 되매 여호와의 전에서 끊어져 별궁에 살았으므로 그의 아들 요담이 왕궁을 관리하며 백성을 다스렸더라."

져서 남하하려고 하자 그 밑에 있던 시리아와 북이스라엘은 앗수르와 싸우기 위해 동맹을 맺었는데, 두 나라만으로는 힘이 부족하니 남유다도 합세해서 앗수르에 대항하자고 요청했습니다. 하지만 유다의 아하스는 거절했습니다. 그러자 시리아와 북이스라엘은 남유다를 공격했고, 아하스는 앗수르에게 도움을 요청합니다.

앗수르는 남쪽으로 쳐들어갈 기회만 보고 있었는데, 남유다가 도와 달라고 하자 기다렸다는 듯이 내려와 시리아와 북이스라엘을 초토화시켰습니다. 그런데 앗수르는 거기서 끝나지 않고 남유다까지 정복하고자 했습니다. 남유다는 앗수르의 공격으로 거의 폐허가 되었습니다. 그런데도 앗수르를 좋아해 그 나라의 우상을 들여와서 예루살렘 성전에 두고 우상숭배를 했습니다. 아하스 때 남유다는 정치적, 영적으로 완전히 망가졌습니다.

그 뒤를 이은 히스기야 때 북이스라엘은 앗수르에 의해 완전히 멸망합니다. 히스기야는 종교개혁을 단행하고, 하나님께 매달립니다. 그러자 하나님이 앗수르 군대 18만 5,000명을 하룻밤에 쳐서 앗수르가 물러갑니다.

이사야가 활동했던 때는 이렇게 격변의 시기이며, 국가의 존망이 국제 정세에 의하여 흔들리던 때였습니다. 이럴 때 왕과 백성이 어떻게 해야 하는지, 그들을 향한 하나님의 뜻은 무엇인지 이사야는 정확하게 말해 주었습니다. 아하스에게는 하나님을 의지해야지 앗수르를 의지하면 안 된다고 말렸습니다. 히스기야의 종교개혁도 이사야가 있었기 때문에 가능했습니다.

믿음의 지도자들이 반드시 읽어야 할 책

종교개혁자 존 칼빈(John Calvin)은 영국 왕 에드워드 6세가 즉위했을 때, 자기의 이사야서 주석을 바쳤습니다. 복잡한 국제 정세 속에서 왕이 이사야의 가르침을 따랐던 히스기야처럼 통치하기를 바랐기 때문입니다. 에드워드가 죽고 엘리자베스 1세가 즉위했을 때도 칼빈은 이사야서 주석을 바쳤습니다. 이사야서의 메시지가 왕이나 백성에게 얼마나 중요한지 알았기 때문입니다. 우리나라 지도자들도 이사야서의 말씀을 경청할 수만 있다면 어떤 난관이라도 헤쳐 나갈 수 있을 것이라고 생각합니다. 그러므로 이사야서는 일종의 '신앙적 제왕학'입니다. 하나님을 믿는 지도자들이 반드시 읽어야만 하는 책입니다.

이사야서는 북이스라엘이 멸망하기 전부터 예언하기 시작하여 남유다의 멸망과, 남유다가 바벨론에 포로로 잡혀갔다가 70년 후에 돌아오는 것까지 예언합니다. 그러니까 예언의 스펙트럼이 얼마나 넓은지 모릅니다. 더 나아가서 700년 후에 오실 예수님에 대해서도 자세하게 예언했습니다. 신약성경에서 가장 많이 인용되는 예언서도 바로 이사야서입니다. 그래서 이사야서의 별명은 '제5복음서'입니다. 실제로 예언한 기간이 60년이 넘었고, 예언의 스펙트럼은 수백 년에 걸쳤으며, 예언의 중요성도 어느 예언자보다 뛰어났습니다. 이사야는 모든 선지자, 즉 예언자들을 대표하기도 합니다. 그래서 이사야서를 이해하면 다른 예언서도 다 이해할 수 있습니다.

하나님의 사랑받는 자녀, 이스라엘

이사야서 1장 2-9절 내용은 크게 세 가지입니다.
첫째, 이스라엘은 어떤 존재인가?

하늘이여 들으라 땅이여 귀를 기울이라 여호와께서 말씀하시기를 내가 자식을 양육하였거늘 그들이 나를 거역하였도다(사 1:2).

이스라엘은 하나님의 놀라운 사랑을 받은 자녀입니다. 그런데 거역했습니다. 하나님이 얼마나 답답한지 하늘과 땅을 증인으로 삼아 호출합니다. "하늘이여 들으라 땅이여 귀를 기울이라." 온 세상에 그들의 죄를 폭로합니다.

그리고 하나님을 거역하는 것이 얼마나 잘못된 것인지 3절에서 설명합니다.

> 소는 그 임자를 알고 나귀는 그 주인의 구유를 알건마는 이스라엘은 알지 못하고
> 나의 백성은 깨닫지 못하는도다 하셨도다(사 1:3).

소와 나귀는 어리석고 고집이 센 동물입니다. 그러나 그들은 최소한 주인을 알고, 자기 집이 어딘지를 압니다. 그런데 유다 백성은 하나님께서 그들의 주인인데도 하나님을 몰랐습니다. 하나님의 은혜로 살면서도 누가 그들을 살리는지 몰랐습니다. 유다 백성은 주인을 알아보는 소나 나귀보다도 미련하고, 고집스러운 인간들이 되었다는 말입니다.

금붕어를 많이 키우는 어떤 분이 이런 말을 했습니다. "금붕어도 주인을 알아요. 물고기 밥을 주려고 손을 물속에 넣으면 내 손가락을 쭉쭉 빨아 줍니다. 얼마나 행복한지 몰라요."

저는 그때 알았습니다. 금붕어도 주인을 안다는 것을. 미물도 주인을 아는데, 사람은 그렇지 않습니다. 나의 주인이며, 나를 자녀로 여기시고 모든 사랑을 부어 주신 하나님을 인정하지 않고, 하나님이 나를 위해 하신 일도 잊어버리고, 깨닫지 못한다는 것입니다.

세상의 모든 것은 인간을 제외하고는 다 자기 자리를 지켜 갑니다. 해와 달과 별은 자기 궤도를 돕니다. 수천 년이 지나도 그것을 유지합니다. 만들어진 목적대로 움직이고 있습니다. 식물도 그렇습니다. 봄이 되면 새싹

이 돋고, 여름이 되면 무성해지고, 가을이 되면 열매를 맺습니다. 모든 동물도 하나님이 만드신 그 모습으로 살아갑니다. 그러나 인간들은 그렇지 않습니다. 그들은 변질되었고, 자기들의 길에서 벗어났습니다. 쉽게 말하면 온 우주 안에서 오직 인간만이 가장 못쓰게 변했다는 말입니다. 왜 이렇게 되었을까요? 죄 때문입니다.

이스라엘의 죄

둘째, 그렇다면 이스라엘의 죄는 무엇인가?

슬프다 범죄한 나라요 허물 진 백성이요 행악의 종자요 행위가 부패한 자식이로다 그들이 여호와를 버리며 이스라엘의 거룩하신 이를 만홀히 여겨 멀리하고 물러갔도다(사 1:4).

이스라엘은 여호와를 버리고, 만홀히 여기며 물러갔습니다. '만홀히 여긴다'는 것은 무시했다는 말입니다. '하나님을 버렸다', '하나님을 무시했다'는 말은 무슨 뜻일까요? 하나님의 용도를 '폐기해 버렸다'는 뜻입니다. 인간은 마음의 공백을 채워야만 사는 존재입니다. 마음의 공백은 무엇으로 채워야 할까요? 하나님으로만 채울 수 있게 하셨습니다. 이것이 '하나님의 용도'입니다. 하나님이 없으면 살 수 없습니다. 그래서 하나님만이 기쁨의 근원이며 행복의 조건입니다. 이렇게 하나님을 최고의 가치로 알고 믿으며, 사랑하고, 섬겨야 합니다. 이렇게 하라고 하나님 자신을 우리에게 주셨습니다. 그런데 하나님을 버렸다는 것은 "하나님, 당신은 이제 필요 없습니다. 저에게 하나님은 그럴 가치가 없습니다. 저는 당신 없이도 얼마든지 마음을 채울 것이 있습니다." 이렇게 버렸다는 말입니다. '버렸다'는 것은 쓰레기통에 버린 것이 아닙니다. 버릴 대상이 너무 크면 멀리하고 물러가는 것이 버린 것입니다.

그럼 이렇게 말할 수 있습니다. "우리가 언제 하나님을 버렸습니까? 그런 적 없습니다. 우리는 매일 제사를 드리고, 성경을 암송하며, 율법을 지킵니다." 우리 식으로 말하면 "오늘도 성전에 와서 예배를 드리며, 기도하고, 하나님을 섬기고 있습니다. 그런데 언제 우리가 하나님을 버렸다는 것입니까?" 그러나 하나님은 "아니다. 너희는 나를 버렸다. 나를 업신여기고 물러갔다." 이것이 하나님의 진단입니다.

우리가 어떻게 하나님을 버렸는지 예를 들어 보겠습니다. 자식을 사랑하는 것이 죄입니까? 아닙니다. 그러나 하나님보다 더 사랑하면 죄가 됩니다. 왜 그럴까요? 하나님이 나에게 주시는 기쁨보다 자녀가 나에게 주는 기쁨이 더 크다고 생각하기 때문입니다. 하나님으로 채울 수 있는 마음을 자녀로 채우려고 하기 때문입니다. 하나님보다 자녀가 더 소중하다는 것이고, 이것은 하나님이 자녀보다 가치가 없다는 의미입니다. 이것은 하나님을 하나님으로 여기는 것이 아닙니다. 하나님을 만홀히 여기는 것입니다. 이것이 하나님을 버렸다는 의미입니다.

열심히 일하는 것은 죄가 아닙니다. 미덕이지요. 그런데 일을 하느라 하나님도 뒤로 하고, '그 일이 나를 가치 있게 만들어 준다. 그 일을 통해 나는 최고의 기쁨과 보람을 느낀다'고 하면 그것은 죄가 됩니다. 왜냐하면 하나님이 아니라 일이 내 삶에 더 가치가 있고, 하나님이 내 삶을 보장하시는 것이 아니라 일이 내 삶을 보장해 주고, 내 마음을 채울 수 있다고 생각하기 때문입니다. 이것은 하나님의 용도를 바꾼 것이고, 결국 하나님을 무시한 것입니다.

하나님은 목적이지, 수단이 아닙니다. 그런데 우리는 하나님을 무엇을 얻기 위한 수단으로 이용합니다. 대부분의 부모님들은 자녀 때문에 걱정이 많습니다. 자녀 때문에 걱정할 수 있지만 어느 정도를 넘어선다면, 자녀 때문에 불행하다고 생각한다면, 그것은 죄입니다. 그것은 자녀가 내 마음을 채울 수 있는 존재라고 믿기 때문입니다. 결국 자녀가 내게는 가장 소중하다는 의미가 됩니다. 하나님이 아닌 어떤 것을 하나님보다 중요하게 여기고, 그것을 얻는 수단으로 하나님을 이용합니다. 이것이 하나님을 업신여기는 것이고, 만홀히 여기는 것입니다. 이것이 죄라는 말입니다.

우리 교인은 아닌데 전에 어느 분이 제게 부탁을 했습니다. "제 동생이 스스로 목숨을 끊어 가족 장례식을 치러야 하는데 예배를 드려 주실 수 있겠습니까?" 간곡하게 부탁했습니다. 제가 물었습니다. "그분은 신앙생활을 했습니까?" 오랫동안 했다는 겁니다. 모태신앙이라고 했습니다. 가서 들어 보니까 수십억 원을 날렸어요. 제가 볼 때는 그래도 많이 남아 있지만, 그러나 그분에게는 얼마나 낙심이 되었겠습니까? 다 무너지는 것 같았겠지요. 예배드리고, 위로하고, 혼자 돌아오면서 생각했습니다. '한평생 하나님을 믿었다는데, 그분에게 하나님은 어떤 존재였을까? 하나님이 그분에게 하고 싶은 말씀은 무엇이었을까?' "얘야, 네가 돈을 많이 잃어서 낙담했겠지. 그러나 내가 너에게 그 돈보다도 작은 존재였다는 말이냐?" 이런 말씀이 아니었을까? 그러면서 결심했습니다. '성도들에게 하나님이 어떤 분인지 똑바로 가르쳐야겠다. 그렇지 않으면 나는 하나님을 믿는다고 하지만 하나님이 보실 때는 너는 나를 버렸다고 하시는 일이 얼마든지 일어날 수 있겠다.' 건강도 그렇습니다. 건강해야지요. 그러나 어느 정도 이상으로 걱정하는 것은 죄입니다. 하나님이 건강보다 못하다는 말입니까? "건강하지 못해도 하나님으로 인해 기뻐하게 하소서." 이래야 합니다. 하나님으로만 채울 수 있는 우리 마음을 하나님으로 채우지 않고 다른 것으로 채우려는 것이 하나님을 버린 것이고, 업신여긴 것입니다. 우리가 깨닫지 못하는 가운데 얼마나 하나님을 버리고 업신여기는지 모릅니다.

여러분은 무엇으로 여러분의 마음을 채웁니까? 자식으로, 돈으로, 사업으로, 애인으로? 그것들을 하나님보다 더 사랑하고 신뢰합니까? 그것이 나에게 하나님보다 더 큰 기쁨과 행복을 준다고 생각하나요? 그것은 결국 다 사라질 것입니다.

말씀 앞에 서는 신앙

셋째, 회개하고 돌아오지 않는 자에게 하나님은 고통을 주십니다. 왜 죄를 지으면 고통을 주시는 걸까요? 죄는 영적인 것이라서 깨닫지 못합니다. 그러나 고통은 금방 느낍니다. 그러므로 고통을 통해서 잘못되었다는 것을 깨닫게 됩니다. 깨닫고 돌아오라는 것입니다. 그래서 하나님을 의지하지 않고 앗수르만 의지했던 유다는 어떻게 되었을까요?

> [7] 너희의 땅은 황폐하였고 너희의 성읍들은 불에 탔고 너희의 토지는 너희 목전에서 이방인에게 삼켜졌으며 이방인에게 파괴됨 같이 황폐하였고 [8] 딸 시온은 포도원의 망대 같이, 참외밭의 원두막 같이, 에워 싸인 성읍 같이 겨우 남았도다 (사 1:7-8).

온 나라는 다 황폐해졌고, 예루살렘만 남았습니다. 그것도 하나님께서 그들을 위해 조금 남겨 두셨기 때문입니다.

> 만군의 여호와께서 우리를 위하여 생존자를 조금 남겨 두지 아니하셨더면 우리가 소돔 같고 고모라 같았으리로다(사 1:9).

만일 죄를 그대로 심판하셨다면 이스라엘은 소돔과 고모라처럼 흔적도 없이 망할 수밖에 없었다는 것입니다. 그러나 하나님이 은혜를 베푸셔서 다시 시작할 수 있도록 조금 남겨 두셨습니다.

　결론은 하나님의 말씀을 들어야 합니다. 귀를 기울여 들어야 합니다. 그런데 사람들은 들으려고 하지 않습니다. 선지자 이사야는 히스기야의 아들 므낫세 때 죽게 됩니다. 왜냐하면 므낫세는 이사야를 통한 하나님의 말씀을 듣기 싫어했기 때문입니다. 아버지인 히스기야와 정반대의 길을 가고, 그것을 경고한 이사야의 말이 싫었던 것입니다. 우리 가운데에도 예언서는 은혜가 안 된다고 생각하는 사람이 많습니다. 그래서 예언서가 강단에서 잘 선포되지 않고, 오히려 남을 공격하는 수단으로 사용되기도 합니다. 그러나 예언서의 본질은 우리 신앙의 문제점을 정확하게 지적하고 도려내어 회복하기를 바라는 것입니다. 그러므로 말씀을 대할 때 편식하지 말고, 예언서의 말씀도 잘 들어야 합니다. 예언서에 반복되는 말씀이 있습니다. 들어야 삽니다. 들어야 복을 받습니다. 들어야 성숙해집니다. 내 신앙이 오래되었을수록 반드시 예언서를 통하여 신앙을 점검해야 합니다. 이사야서를 통해 우리의 신앙이 다시 말씀 앞에 설 수 있기를 축원합니다.

　"우리가 누군지 알게 하소서. 그리고 우리의 죄가 뭔지 알게 하소서. 하나님께로 돌아와 하나님을 찾으며, 하나님을 최고의 가치로 섬기게 하소서."

말씀하시는 하나님!
이사야서를 통해 하고 싶으신 말씀을 우리에게 들려 주소서.
말씀을 듣고 우리의 모습을 보게 하소서.
세상을 향한 하나님의 마음과 계획을 깨닫게 하소서.
하나님께로 돌아오게 하소서.
그래서 하나님의 기쁨이 되게 하소서.

◇ 함께 이야기하기

1. 선지자, 즉 예언자의 기능은 무엇인가요? 또 이사야가 활동하던 시기, 함께한
   왕들과 정치적 상황은 무엇인가요?

2. 이사야서를 통해 알 수 있는 이스라엘의 죄는 무엇인가요? 마음에 공백이 느
   껴질 때, 나는 무엇으로 그 마음을 채우나요?

3. 하나님의 말씀에 귀 기울였을 때, 하나님께서 어떻게 나를 채우셨는지 나눠 봅
   니다.

2

우리가 서로 변론하자

(사 1:18)

미국의 고든 맥도널드(Gordon MacDonald) 목사님은 아주 능력 있고 존경받는 사역자였습니다. 그런데 어느 날 숨기고 있던 커다란 스캔들이 터졌고 사람들은 큰 충격을 받았습니다. 본인도 고개를 들 수 없게 되었지요. 그러나 그는 곧바로 자기 잘못을 솔직하게 인정하고 모든 것을 내려놓았습니다. 사람들은 말했습니다. "그 일이 드러나지 않았다면 얼마나 좋았을까? 그랬으면 본인도 좋았고 교회도 평안했을 텐데, 하나님의 영광도 가려지지 않고, 선교에 방해가 되지도 않았을 텐데. 왜 드러나게 되었을까?" 그러나 시간이 지난 후에 그는 말했습니다. "나의 죄가 드러난 것은 하나님의 은혜였습니다. 그 죄가 계속 드러나지 않았다면 저는 그 죄를 끊을 수 없었을 것이고, 그 결과 제 영혼도 죄에서 돌이킬 수 없었을 것입니다. 그것이 드러난 것은 내 영혼을 구원하시기 위한 하나님의 은혜였습니다."

우리는 내 잘못과 실수와 죄가 드러나지 않고, 은폐되기를 바랍니다. 그런데 하나님도 그렇습니다. 우리 잘못을 밖으로 드러내시는 분이 아닙니다. 잘못을 했어도 먼저는 우리 자신이 하나님 앞에 나오도록 기회를 주십니다. 스스로 돌아오도록 기다리십니다. 그러나 그래도 돌아오지 않으면, 어느 선을 넘으면 그 문제를 폭로하십니다. 더 이상 숨지 못하게 만드십니다. 그러면서 그 영혼이 돌아올 마지막 기회를 주십니다. 죄악을 폭로하시는 것, 이것은 무뎌진 영혼을 향한 하나님의 강력한 은혜입니다. 이때라도 돌아오면 그 영혼은 사는 것입니다.

하나님이 싫어하시는 제사

하나님이 이사야를 통해 이스라엘에게 말씀하신 것은 세 가지였습니다.

1. 유다 백성은 누구인가? 하나님의 자녀이다.
2. 그들의 죄는 무엇인가? 하나님을 만홀히 여겼다. 하나님을 무시하고 업신여겼다. 하나님을 버리고 떠났다.
3. 하나님은 그들에게 어떤 일을 행하셨는가? 고통을 주셨다.

이것은 이스라엘의 죄에 대한 것입니다. 죄는 영적인 것입니다. 스스로 발견하지 못할 수 있지만, 고통은 느끼기 때문에 금방 알 수 있거든요. 하나님은 고통을 통해 이스라엘 스스로가 무엇을 잘못했는지, 죄를 깨닫고 돌아오라고 말씀하신 것입니다.

본문 말씀은 이스라엘이 하나님을 버린 증거로 '제사'를 말씀하십니다. "아니, 무슨 소리야? 제사는 하나님을 섬기는 표시가 아닌가요?" 맞습니다. 그런데 왜 하나님은 제사를 하나님을 버린 증거로 제시하실까요? 왜냐하면 제사를 잘못 드렸기 때문입니다. 여기서 우리는 제사드리는 목적을 생각해야 합니다. 제사는 왜 드리는 것입니까?

이방인들의 우상을 향한 제사와 하나님의 백성이 하나님께 제사하는 것은 목적이 정반대입니다. 우상에게 드리는 제사에서는 인간이 주체입니다. 내가 주체이고, 신이 객체입니다. 내가 당신을 섬길 테니 내가 원하는 복을 달라는 것입니다. 그러나 하나님께 드리는 제사는 정반대입니다. 하나님이 주체이시고, 나는 객체입니다. 내가 하나님의 법을 어겼기 때문에 하나님은 용서하시는 분이고, 나는 용서를 받아야 하는 대상입니다.

그런데 유다 백성은 어떻게 제사를 드렸을까요?

여호와께서 말씀하시되 너희의 무수한 제물이 내게 무엇이 유익하뇨 나는 숫양의 번제와 살진 짐승의 기름에 배불렀고 나는 수송아지나 어린 양이나 숫염소의 피를 기뻐하지 아니하노라(사 1:11).

여기서 배불렀다는 것은 유다 백성이 "하나님, 이것을 잡수세요. 그리고 복을 주세요." 이런 의미로 제사를 드렸다는 말입니다. 그런데 이것은 이방인들이 우상에게 드리는 제사의 방법입니다.

유다 백성은 겉으로는 제사를 열심히 자주 많이 드렸지만, 그 제사는 하나님께 뇌물을 드리는 이방적인 제사였습니다. 이것은 하나님을 우상 취급한 것입니다. 12절을 보면, 하나님은 이런 제사를 요구한 적이 없다고 하십니다. 13절에서 "헛된 제물을 다시 가져오지 말라"는 것은 '못 견디겠다. 이런 제사는 정말 싫다. 진절머리가 난다'고 고개를 절레절레 흔드는 것입니다.

하나님은 이런 제사를 왜 그렇게 싫어하시는 것일까요? 이유가 뭘까요? 이는 이스라엘이 그들의 마음을 하나님이 아닌 다른 것으로 채워 놓고, 그것을 더 달라고 하나님께 요구하는 것이기 때문입니다. 뒤집어 말하면 나는 하나님이 필요한 게 아니라, 내가 원하는 그것이 필요합니다. "이것을 더 채워 주세요."라는 고백입니다. 이것 자체가 하나님을 업신여기는 것이고, 하나님을 최고의 가치, 제일의 가치로 인정하지 않는다는 뜻입니다. 그러므로 제사의 목적이 잘못되었기 때문에 하나님은 제사가 역겹다는 것입니다. "이런 제사를 계속 드린다면, 성전 마당을 밟지 마라. 제사를 드리려면 온전한 제사를 제대로 드려라!" 이것이 하나님의 말씀입니다.

참된 제사의 목적

그렇다면 어떻게 제사를 드려야 할까요? "하나님을 최고의 가치로 여기고, 하나님만으로 내 마음을 채워야 하는데 다른 것으로 내 마음을 채운 것을 용서하소서. 하나님이 아닌 다른 것을 하나님보다 더 사랑하고 의지하고 기뻐하며 그것이 전부인 것처럼 생각했던 나를 죽여 주소서." 이런 마음을 가지고 내가 죽는 표시로 짐승을 죽여서 제사를 지내는 것입니다. 그러므로 제사를 드릴수록 어떤 일이 일어나야 하는가? 내 마음에 하나님이 아닌 것이 주인이 되어 있던 것들이 죽어야 합니다. 그것이 돈이든, 명예든, 자식이든, 건강이든, 하나님보다 더 사랑한 것들을 제거해야 합니다. 그래서 오직 하나님 한 분만이 내 마음에 좌정하시도록 만들어야 합니다. 이것이 제사의 목적입니다. 이런 제사를 통해서만 하나님과의 관계가 회복되는 것입니다.

질문할 테니 대답해 보세요. "제사가 나쁜 것입니까?" 아닙니다. 하나님과 우리가 화목하게 되는 최고의 방법입니다. 내 중심이 하나님에게서 벗어났던 것을 깨닫고, 회개하고 다시 돌아와 하나님과 나의 관계를 회복하는 방법으로 주어진 놀라운 선물이 제사입니다. 하나님이 제사를 기뻐하시는 이유는 짐승을 받아먹고 배불러서 좋아하시는 것이 아닙니다. 하나님을 업신여기고 버렸던 내가 죽고, 하나님을 최고의 가치로 인정하고 하나님으로만 마음을 채우겠다고 결심하는 것이 제사이기 때문에 기뻐하시는 것입니다.

예배의 목적이 무엇입니까? 예배의 목적이 뭔지를 확실히 알아야 합니다. 그래야 예배가 빗나가지 않을 수 있고, 우리의 예배가 허무하지 않을 수 있습니다. 예배의 목적은 제사의 목적과 똑같습니다. 나에게 필요한 어떤 것을 더 공급해 달라고 조르는 것이 아닙니다. 하나님 이외에 다른 것을 신뢰하고 기뻐하고 사랑하고 갈망했던, 그리고 그것으로 내 마음을 채우려고 했던 마음을 버리고, 하나님 아닌 것들을 내 마음에서 제거하는 작업이 예배입니다.

우리는 오랫동안 예수를 믿었고, 하나님을 사랑한다고 하지만 때로는 하나님보다 더 사랑하는 것이 내 속에 들어 있을 수 있습니다. 그것이 사업이든, 자녀이든, 돈이든, 명예이든 어느 것이든지 우리도 모르게 하나님보다 더 귀하게 우리의 마음을 사로잡고 있는 것들, 그게 무엇인지를 깨닫게 되고 하나님보다 더 귀하게 여겼던 것을 제거함으로써 하나님만 남게 하는 작업이 예배입니다. 그래서 하나님으로만 내 마음을 꽉 채우는 것이 예배의 목적입니다.

우리가 기도하는데 어떻게 자식을 위해 기도하지 않고, 사업을 위해 기도하지 않겠어요? 건강을 위해 기도해야 하지요. 그런데 여기에 분명한 전제가 있어야 합니다. '내가 사모하고 원하는 모든 것을 하나님보다 더 사랑하지 않게 하소서. 그것을 하나님보다 더 신뢰하고 의지하고 기뻐한다면 용서해 주소서. 나는 하나님으로만 만족할 수 있습니다.' 이게 전제로 깔려야만 합니다.

예배드리러 오기 전까지는 세상의 많은 문제가 나를 복잡하게 하고, 나를 실망시키는 것도 많았습니다. 그러나 예배를 잘 드리고 나면 많은 문제가 자기 자리에서 내려와서 하나님 안에 있는 작은 문제로 전락합니다. 제자리를 찾아가는 것입니다. 그래서 그런 문제가 있음에도 불구하고, '주님, 저는 하나님으로 인하여 기뻐할 수 있습니다. 이 문제 때문에 조금 전에는 죽을 것 같았는데, 이제는 아닙니다. 하나님 앞에서 이 문제는 아무것도 아닙니다. 저는 하나님 한 분으로 만족하고 얼마든지 기뻐할 수 있습니다.' 이런 마음으로 돌아가는 것, 그래서 얼마든지 은혜를 힘입어 견뎌 낼 수 있는 힘을 공급받는 것, 그게 바로 예배의 효과이고 능력입니다.

오라, 우리가 서로 변론하자

그래서 제사를 잘못 드리고 있는 유다 백성에게 하나님이 하신 말씀이 18절입니다.

여호와께서 말씀하시되 오라 우리가 서로 변론하자 너희의 죄가 주홍 같을지라도 눈과 같이 희어질 것이요 진홍 같이 붉을지라도 양털 같이 희게 되리라(사 1:18).

"오라, 우리가 서로 변론하자." 먼저는 오라는 것입니다. 죄인을 오라고 부르십니다. "너 같은 것, 꼴도 보기 싫다. 가까이 오지 마라"가 아닙니다. 오라는 것입니다. 그리고 "우리가." 이렇게 말씀합니다. '우리'라는 말을 사용합니다. 남이 아니라는 것입니다. 그리고 변론하자는 것입니다. 여기서 변론의 의미를 정확하게 알아야 합니다. 변론이란 자기변명이 아닙니다. "하나님, 저는 잘못한 것이 없습니다. 하나님이 오해하셨습니다. 저는 그런 뜻으로 말한 것이 아닙니다." 이렇게 말하는 것이 변론이 아닙니다. 히브리어로 변론하자는 말은 '리브'인데, "정직하게 진술한다"는 뜻입니다.

특별히 말씀에서 강조하는 의미는 주고받는다는 뜻입니다. 다시 말하면 내가 하나님께 뭐라고 하면 하나님이 "입 닥치지 못할까?" 이렇게 호통을 치셔서 내가 아무 말도 할 수 없는 그런 관계가 아니라는 것입니다. 반대로 내가 어떤 말을 하면 하나님이 마음을 열고 귀담아 들으신다는 것입니다. 그래서 하나님께 충분히 내 상황을 다 말씀드릴 수 있고, 그 소리를 하나님은 다 듣고 내게 말씀하시고, 나도 하나님의 말씀을 들으면서 충분히 인격적인 대화를 나누자는 말씀이지요. '일방적'이 아니라 '상호적'이라는 뜻입니다. 우리 식으로 말하면 마음을 터놓고 허심탄회하게 대화를 나누자는 뜻입니다.

이렇게 하나님께 나와서 변론하면, 내 마음을 다 쏟아 놓게 되면 어떤 일이 벌어질까요? 우리의 죄가 용서됩니다. 어떻게요? 하얀 눈과 같이, 그리고 목욕을 시킨 양털의 색깔처럼 깨끗하게 됩니다. 하얀 옷감에다 아주 빨간 물을 염색한 후에 빨아 보세요. 붉은 색이 없어지지 않습니다. 끝까지 남아요. 그런데 하나님께 우리의 죄를 고백하면, 모든 것이 깨끗하게 씻겨진다는 겁니다. 아니, 그것이 어떻게 가능한가?

여기서 우리가 꼭 알아야 할 것이 있습니다. 죄는 내가 지었지만 내가 그 죄를 해결할 수는 없습니다. 다시 말하면, 문제는 인간이 만들지만 해결할 능력은 인간에게 없습니다. 내가 죄를 지었는데 어떻게 이 문제를 해결할 수 있을까? 이것은 온 인류의 가장 절실한 문제입니다.

셰익스피어(William Shakespeare)의 4대 비극 중 하나인 《맥베스》(Macbeth)에 보면 이런 이야기가 나옵니다. 맥베스는 아내의 말을 듣고 자기가 모시던 스코틀랜드의 왕 던컨을 살해합니다. 왕의 심장을 찔렀던 칼을 빼는 순간, 그 피가 칼과 함께 자기 손에 빨갛게 묻습니다. 놀라서 아내에게 달려오자 부인이 말합니다. "맥베스, 당신의 손을 어서 씻으세요. 작은 물만 있어도 깨끗이 씻을 수 있습니다." 그 말을 듣고 샘물로 뛰어가면서 맥베스가 외칩니다. "거대한 바다의 신 넵튠이여! 대양을 가지고도, 큰 바닷물로도 내 피 묻은 손을 깨끗이 할 수 없습니다. 절대로 깨끗이 할 수 없습니다. 오히려 내 손에 묻은 피가 온 바다를 붉게 물들이고 말 것입니다!" 양심의 가책으로 절규합니다.

내 죄를 어떻게 씻을 수 있습니까? 물로 씻어요? 알코올로 닦을까요? 숨는다고 해결됩니까? 감옥에 갔다 온다고 죄가 사해집니까? 산속에 들어가 수양한다고 죄가 없어집니까? 안 됩니다. 내 죄가 씻어지는 유일한 방법은 하나님께 내 죄를 자복하는 것입니다.

어떤 목사님이 교인의 부탁을 받고 부모님 묘를 이장하는 예배를 인도하게 되었는데, 가족과 친척이 많이 참석했답니다. 그런데 무덤을 파 보니 유골이 완전히 새카맣게 변해 있었습니다. 왜 그런가, 하고 자세히 보았더니, 정체를 알 수 없는 벌레들이 새까맣게 달라붙어 있었습니다. 모두가 깜짝 놀랐습니다. 이대로 유골을 수습하기에는 너무 민망하였습니다. 그래서 인부들이 삽으로 벌레들을 긁어 내려고 했는데 도무지 떨어지지 않았습니다. 그때, 구름에 가려 있던 태양이 갑자기 나오면서 그 뼈 위에 햇빛이 비치자, 순식간에 그 많은 벌레가 다 빠져나오는 것이었습니다. 목사님은 그때 깨달았다고 합니다. '어둠 속에 있던 벌레를 쫓아내는 데 햇빛보다 더 좋은 것이 없구나.'

인간의 영혼도 그렇습니다. 죄로 물든 영혼을 씻는 방법은 무엇일까요? 영혼에 달라붙은 더러운 것들을 떼어 내는 방법은 무엇일까요? 빛이신 하나님께 노출시키는 것입니다. 죄가 있을 때에는 그 죄를 부정해도 안 되고, 은폐해도 안 되고, 그것을 보상하기 위해 형식적인 제사를 드려도 안 되고, 하나님께 나와서 "하나님, 제가 이런 죄를 지었습니다." 이렇게 하나님께 고백하고 용서를 빌면 하나님이 씻어 주십니다. 그럴 때 깨끗하게 되는 것입니다. 그래서 하나님은 "오라, 우리가 서로 변론하자"고 초대하시는 것입니다. 그래서 하나님 앞에 나오라는 것입니다.

하나님으로 만족하는 영혼

하나님과의 관계가 회복되면, 정결하게 되면, 하나님과의 교제가 회복되면 어떻게 되는가?

너희가 즐겨 순종하면 땅의 아름다운 소산을 먹을 것이요(사 1:19).

영적인 복, 죄를 용서받는 복과 함께 이 땅에서도 복을 받습니다. 그러나 하나님과의 관계가 해결되지 않고, 회개하지 않고, 죄 가운데 머물면 영혼도 멸망하고 삶도 피폐할 수밖에 없습니다.

너희가 거절하여 배반하면 칼에 삼켜지리라 여호와의 입의 말씀이니라(사 1:20).

왜 그럴까요? 우리가 하나님의 형상으로 지음받았기 때문입니다. 우리는 언제 행복할 수 있는가? 우리는 언제 정말로 기뻐할 수 있는가? 우리에게 가장 큰 복은 무엇인가? 하나님을 사랑하고, 하나님과 교제하며, 하나님으로만 우리 마음을 채울 때, 그때 우리는 가장 행복할 수 있습니다. 그것이 하나님을 하나님으로 여기는 것이고, 그렇지 못할 때 영과 육이 힘들어지는 것입니다.

지금 이 내용은 옛날 얘기가 아니죠? 온 인류의 현실을 그대로 보여 주는 사진 같지 않습니까? 이사야서 1장 말씀에서 하나님이 정말로 원하시는 것은 무엇입니까? 먼저는 올바른 제사를 드리라는 것입니다. 올바른 예배를 드려라. 예배를 통하여 네 마음속에 있는 하나님 이외의 것들을 다 제거해라. 그래서 하나님으로 만족하는 영혼이 되라는 것입니다. 그리고 우리의 죄를 가지고 나와서 하나님 앞에 다 쏟아 놓으라는 것입니다. 그럴 때 깨끗하게 씻어 주고, 관계를 회복시켜 주겠다. 그리고 너희의 삶에 필요한 것을 채워 주겠다는 것입니다. 그러니 죄를 그대로 둔 채 형식적인 제사에 몰두하며 자신을 은폐하지 말라는 것입니다. 그렇게 되면 네 영혼도 죽고 너의 삶도 피폐해진다는 것입니다.

이 말씀이 우리의 삶에 그대로 성취되기를 소원합니다. 우리 모두 하나님께 나와 우리의 모든 것을 내려놓고 변론하면서 하나님과의 관계를 회복하길 바랍니다. 그래서 우리의 삶을 하나님이 얼마나 아름답게 인도하고 책임지시는지 체험하길 바랍니다.

"올바른 제사, 올바른 예배를 드리게 하소서. 그리고 하나님께 나와 내 마음을 다 고백하여 죄 사함을 받고, 하나님과의 관계를 회복하는 우리가 되게 하소서."

우리를 오라고 부르시는 하나님!
의로운 자만 나오라고 하시면 주님께 나올 자가 없고,
선한 자만 나오라고 하시면 하나님 앞에 설 자가 아무도 없습니다.
이 모습 이대로 주홍빛 같은 죄와 문제투성이 모습 그대로 오라고
불러 주시고 변론하자고 말씀하시니,
그 은혜를 믿고 나오게 하소서.
내 죄를 고백할 때 예수님의 보혈로 씻어 주시고,
하나님과의 관계를 회복시켜 주소서.
그래서 약속된 은혜에 거하는 자녀들이 되게 해 주소서.

◇ 함께 이야기하기

1. 예배의 목적은 무엇인가요?

2. 내 죄를 씻을 수 있는 방법은 무엇인가요?

3. 하나님 앞에 죄를 자복하였을 때, 경험한 은혜나 변화가 있다면 나눠 봅니다.

3

우리가 그 길로 행하리라

(사 2:1-5)

예언의능력

사도행전 27장에 보면, 바울이 로마 황제에게 재판을 받기 위해 로마로 가게 됩니다. 죄수의 신분이 되어 로마 군대의 호위를 받으며 배에 올랐는데, 그 배가 큰 풍랑을 만나게 됩니다. 그래서 바울과 배에 탄 사람들은 죽을 위험에 처하게 되고, 파도가 너무 심해지자 짐과 기구들을 바다에 버립니다. 그리고 음식도 먹지 못하고 며칠을 굶는 가운데 기진맥진하여 다 죽게 됐습니다. 살 소망이 완전히 끊어졌습니다. 그때 사도 바울이 일어나서 그들에게 이렇게 말합니다. "여러분, 어젯밤에 제가 환상을 보았습니다. 하나님의 천사가 제게 나타나서 '바울아 두려워하지 말라. 네가 가이사 앞에 서야 하겠고 여기 있는 모든 사람을 너에게 주었노라.'라고 말했습니다. 그러니 여러분은 절대로 죽지 않습니다. 이제 우리가 어떤 섬에 도착하게 될 것인데, 그러므로 용기를 내서 음식을 잡수시고 기운을 차려야 합니다." 이 말을 듣고 사람들은 살 소망을 가지게 되면서 음식을 먹게 되고, 기운을 차리고, 멜리데 섬에 도착하여 모두 구출을 받게 됩니다.

도무지 앞이 보이지 않고 캄캄할 때 하나님이 "반드시 이렇게 되리라"고 하는 예언의 말씀을 주셨고, 그 말씀을 붙들고 일어나서 다시 살아나게 된 것입니다. 이러한 과정을 통하여 모든 사람이 확실히 깨달았습니다. 인생을 다스리는 분이 누군지. 그것은 로마 황제도 아니고 선장도 아니고, 살아계신 하나님이 우리의 인생을 이끌어 가신다는 것을 그들의 눈으로 똑똑히 보고 경험하게 되었던 것입니다. 그래서 그들 중에 많은 사람이 하나님을 믿게 됩니다. 그들은 눈에 보이는 물건들은 잃어버렸으나 보이지 않는 하나님을 알게 되었고, 영원한 생명을 얻게 된 것입니다. 이런 의미에서 미래에 대한 확실한 예언은 낙심한 자에게 소망을 주고, 그날에 합당한 오늘을 살게 하는 강력한 파워를 가집니다.

어떤 환자가 "오늘 밤을 넘기기 힘들겠는데요."라는 말 대신 "네가 1년 후에 어디서 무엇을 하게 되리라"는 확실한 예언의 말씀을 듣는다면 소망이 생기지 않겠어요? 그 자리를 떨치고 일어나서 다시 살아야 할 용기를 얻게 되는 겁니다. 예언이란 이런 것입니다.

이제 이사야서 2장을 다룰 텐데, 구조는 간단합니다. 1-4절까지는 메시아에 대한 예언이고, 5절부터 끝까지는 그 메시아가 이루시는 나라를 만들기 전에 '여호와의 날'이라고 하는 심판의 날을 거쳐야 한다는 내용입니다.

지금 남유다의 상황은 어떠할까요? 앗수르의 공격을 받아서 나라의 모든 부분을 다 빼앗기고 예루살렘 도시 하나만 달랑 남아 있는 상태입니다. 도덕적으로는 예루살렘 백성이 하나님의 백성이지만 소돔과 고모라 백성과 다를 바가 없는 부패한 상태입니다. 또한 그들은 우상을 섬기고 있습니다. 이방을 닮은 것입니다. 살기 위해서 이 나라에 붙었다가 저 나라에 붙었다가 하면서 갈피를 잡지 못하고 있습니다.

이런 상황 속에서 이사야는 예루살렘을 향한 예언을 시작합니다. 예언의 내용은 이러합니다.

> 말일에 여호와의 전의 산이 모든 산꼭대기에 굳게 설 것이요 모든 작은 산 위에 뛰어나리니 만방이 그리로 모여들 것이라(사 2:2).

말일은 '날들의 끝', 즉 '마지막 날'이란 뜻입니다. 마지막 날에 예루살렘 성전이 있는 산이 세상의 모든 산보다 높이 솟아오를 것이다. 그리고 모든 세상 사람이 그리로 몰려올 것이라는 의미입니다. 이어서 예언합니다.

> 많은 백성이 가며 이르기를 오라 우리가 여호와의 산에 오르며 야곱의 하나님의 전에 이르자 그가 그의 길을 우리에게 가르치실 것이라 우리가 그 길로 행하리라 하리니 이는 율법이 시온에서부터 나올 것이요 여호와의 말씀이 예루살렘에서부터 나올 것임이니라(사 2:3).

여호와의 말씀이 바로 그곳으로부터 흘러나올 것이다. 만민을 구원하는 복음이 그곳에서부터 시작될 것이다. 놀라운 말씀이지요.

> 그가 열방 사이에 판단하시며 많은 백성을 판결하시리니 무리가 그들의 칼을 쳐서 보습을 만들고 그들의 창을 쳐서 낫을 만들 것이며 이 나라와 저 나라가 다시는 칼을 들고 서로 치지 아니하며 다시는 전쟁을 연습하지 아니하리라(사 2:4).

메시아가 오셔서 다스리는 평화의 나라를 세울 것이고, 그 나라는 영광과 축복의 통로가 될 것이다. 이런 예언입니다.

그러니까 아무 희망도 없이 완전히 망가져 버린 예루살렘이지만 이 예루살렘은 역사 속에서 사라질, 없어질 그런 도시가 아니라는 것입니다. 하나님의 계획은 예루살렘이 말세에 우뚝 서서 많은 사람이 사모하고 모여드는 곳, 복음이 흘러나오는 곳이 되고, 전쟁을 그치게 하는 평화의 근거지가 될 것이라는 놀라운 예언을 하고 있습니다.

인생을 의지하지 마라

그런데 이 일이 저절로 이루어지느냐? 아닙니다. 그렇게 되는 과정에서 반드시 거쳐야 할 과정이 있는데, 바로 '여호와의 날'이란 심판을 경험해야 합니다. 다시 말하면 심판을 통하여 완전히 부서지고 나서야 새로운 예루살렘이 될 것이라는 말입니다. 왜냐하면 지금의 예루살렘은 하나님이 원하시는 예루살렘의 모습과는 너무나 동떨어져 있기 때문에, 이대로는 절대로 하나님이 원하시는 모습이 될 수 없기 때문에, 많은 것이 부서지고 깨져야 되겠다는 거예요.

그럼 뭐가 부서지고, 뭐가 깨져야 할까요?

⁶ 주께서 주의 백성 야곱 족속을 버리셨음은 그들에게 동방 풍속이 가득하며 그들이 블레셋 사람들 같이 점을 치며 이방인과 더불어 손을 잡아 언약하였음이라 ⁷ 그 땅에는 은금이 가득하고 보화가 무한하며 그 땅에는 마필이 가득하고 병거가 무수하며 ⁸ 그 땅에는 우상도 가득하므로 그들이 자기 손으로 짓고 자기 손가락으로 만든 것을 경배하여(사 2:6-8).

그들은 하나님의 백성임에도 불구하고 이방인처럼 우상을 섬기고, 또한 금은보화를 추구하고, 병거와 말을 의지했습니다. 그러니까 하나님을 의지하지 않고 사람들이 믿고 의지하고 원하고 바라는 그것을 원하면서 '이것만 있으면 행복할 텐데, 이것만 있으면 만족할 텐데, 이것만 있으면 내 마음이 꽉 찰 텐데…. 그것만 있으면 좋겠다'고 그것을 간절히 사모하는 사람들이었다는 것입니다.

그래서 9절입니다.

천한 자도 절하며 귀한 자도 굴복하오니 그들을 용서하지 마옵소서(사 2:9).

한두 사람이 아니라 하나님의 백성 이스라엘 사람 모두가 다 귀한 자나 천한 자나, 잘사는 사람이나 못사는 사람이나 모두 세상 가치에 굴복해서 절하고 있는 이 모습을 하나님이 도저히 용서하실 수 없다. 왜? 하나님을 버렸기 때문에 이대론 안 된다는 것입니다.

15 모든 높은 망대와 모든 견고한 성벽과 16 다시스의 모든 배와 모든 아름다운 조각물에 임하리니(사 2:15-16).

높은 망대, 견고한 성, 아름다운 조각물들…. 모두 다 인간이 사모하고, 있으면 좋겠다고 생각하고, 자랑스러워하며, 가지기 원하는 그런 것들인데 이것이 다 깨져 나가야 되겠다는 것입니다.
그런데 이걸 어떻게 깨뜨리는가? 20-21절에서 설명합니다.

20 사람이 자기를 위하여 경배하려고 만들었던 은 우상과 금 우상을 그날에 두더지와 박쥐에게 던지고 21 암혈과 험악한 바위 틈에 들어가서 여호와께서 땅을 진동시키려고 일어나실 때에 그의 위엄과 그 광대하심의 영광을 피하리라(사 2:20-21).

너희 손으로 만든 우상들을 집어던지면서 "이까짓 우상이 무슨 필요가 있어? 아무 필요도 없는 것!" 이렇게 외치며 굴속으로 던질 것이다. 이렇게 철저하게 깨어지고 가치관의 변화가 와야 하겠다는 것입니다. 22절 결론입니다.

너희는 인생을 의지하지 말라 그의 호흡은 코에 있나니 셈할 가치가 어디 있느냐 (사 2:22).

인생을 의지하지 말라. 예루살렘 백성의 가치관을 한마디로 말하면 무엇입니까? 인생을 의지했다는 것입니다. 믿을 수 없는 허무한 인생을 붙잡고 의지하는 것이 백성의 마음속에 가득했다는 것입니다. 이것을 깨뜨려야 합니다. 어떻게 이것이 깨뜨려지고, 어떻게 변해야 할까요?

그날에 눈이 높은 자가 낮아지며 교만한 자가 굴복되고 여호와께서 홀로 높임을
받으시리라(사 2:11).

다 무너지고 여호와 하나님만 높이 영광을 받으셔야 한다는 것입니다. 인생을 의지하던 것에서 하나님께만 영광을 돌리는 변화가 너희에게 필요하다. 다시 말하면 우리 마음의 소원과 구심점이 바뀌어야 한다는 것입니다. 인생을 의지하는 마음에서, 우상을 숭배하는 것에서, 하나님 아닌 것을 최고의 가치로 여기는 거기서부터 바뀌어 하나님께만 영광을 돌리는 삶으로 이동해야 한다는 말입니다. 하나님을 뒤로 던지고 눈에 보이는 것, 우리를 강하게 하고, 안전하게 하고, 행복하게 할 수 있다고 믿었던 것, 그것으로 우리 마음을 채웠는데 그걸 다 부수는 작업이 필요하다는 것입니다.

우리 마음의 구심점

그렇다면 높은 성과 견고한 망대와 아름다운 조각품과 금은보화와 인생들이 의지하고 사랑하는 그런 것들은 아무 가치가 없다는 말일까요? 하나님의 백성은 성도 쌓지 말고, 군대도 주둔시키지 말고, 금은보화를 모으지도 말고, 하나님이 다 주실 거니까 하나님께 기도만 하고, 미래에 대해 아무 준비도 하지 말고 살라는 말일까요? 그런 말이 아닙니다. 이 모든 것을

하나님이 만드셨고, 우리에게 선물로 주셨습니다. 그런데 왜 그게 부서져야 된다고 말씀하는가? 우리가 그것들을 가치 이상으로 대하고, 하나님보다 더 존귀하게 여기고, 하나님보다 더 신뢰하고 붙잡았기 때문입니다.

시편 127편 1절에 보면, "여호와께서 집을 세우지 아니하시면 세우는 자의 수고가 헛되며 여호와께서 성을 지키지 아니하시면 파수꾼의 깨어 있음이 헛되도다"라고 말씀합니다. 하나님 믿는 사람은 집도 짓지 말고, 파수꾼도 세우지 말란 말이 아닙니다. 집이 필요하면 집을 지어야지요. 파수꾼이 필요하면 경비병을 세워야 합니다. 그리고 파수꾼은 열심히 파수를 해야 합니다. 그러나 하나님이 세워 주시지 않는다면 아무리 노력해도 집을 세울 수 없고, 파수꾼이 천 명, 만 명이 있어도 하나님이 성을 보호하고 안전하게 지켜 주시는 은혜가 없으면 다 뚫린다는 것입니다. 그러므로 집을 세우고 성을 지켜 주시는 분은 하나님입니다. 그분만이 우리의 진정한 복이십니다. 우리의 안전은 하나님께 달려 있는 것이다. 그러므로 하나님을 신뢰하고 그분을 붙들어야 한다는 말입니다.

그런데 인간의 마음은 간사해서 성이 견고하게 세워지고, 군대의 숫자가 많아지고, 은금이 내 집에 가득 차게 되면 하나님이 없어도 될 것 같고, 이것만 있으면 안전하고 행복할 것이라 착각합니다. 그 마음이 부서져야 합니다. 내가 아무리 많은 것을 가지고 있다 할지라도 하나님이 불어 버리시면 남는 것이 없고, 이것은 하나님의 선물이지 하나님의 대용품이 아니고, 하나님보다 능가하는 가치를 가지는 것이 결코 아니라는 말입니다. 그러므로 그런 것을 가지고 있다 할지라도 거기에 마음을 두지 말고 하나님께 마음을 두고, 하나님을 신뢰하는 사람이 되어야 한다는 말입니다. 인생을 의지하는 마음에서 하나님을 높이고 신뢰하는 곳으로 우리 마음의 중심을 옮겨야 합니다. 그럴 때 우리에게 새로운 미래가 있습니다.

우리가 그 길로 행하리라

그렇다면 이사야의 예언이 오늘 이 시대에 얼마나 이루어졌을까요? 지금도 이스라엘 백성은 이사야 2장 2-4절 내용이 문자 그대로 이루어질 것을 고대하고 있습니다. 그러나 우리의 입장은 좀 다릅니다. 객관적으로 보면 이 세상 모든 사람이 다 예루살렘이라는 도시를 알고, 그 도시의 중요성을 인정하고 있습니다. 그런데 사실은 예루살렘이라는 도시가 그렇게 대단한 도시도 아니고, 거대한 도시도 아닌데 자체의 비중보다 훨씬 더 높이 평가되고 있습니다.

그 이유는 거기에서 메시아가 탄생했기 때문입니다. 예수님이 오셨고, 거기에서 기독교가 발생했고 복음이 시작되어 만방에 펼쳐졌습니다. 그래서 복음의 발상지인 예루살렘은 이후 기독교를 통하여 모든 종교와 문화와 역사 속에서 아주 중요한 도시가 되었습니다. 오늘도 예루살렘 성지를 순례하려는 사람들이 전 세계에 수도 없이 많습니다. 오늘도 성전에서 예배드리는 사람들의 마음에 예루살렘이 있습니다.

그러나 한번 생각해 보세요. 여러분과 예루살렘이 무슨 상관이 있습니까? 아무 관계가 없습니다. 그런데 우리가 기독교인이 되고 보니 그렇지 않죠? 예루살렘은 마음의 고향이 되었고, 앞으로 가야 할 나라의 상징적인 이름이 되었습니다. 교회에 어떤 마음으로 가나요? '빨리 하나님께 가서 예배드려야지. 하나님께 기도하고, 찬양해야지. 말씀을 들어야지.' 이런 마음으로 가죠? 그게 다 뭐예요? 예루살렘으로부터 복음의 진리가 흘러나올 것이라는 이 말씀이 상당히 성취된 것임을 알 수 있습니다. 우리 개인만 봐도 느낄 수 있어요. 그러나 완전히 성취된 것은 아닙니다. 마지막 날에 온전히 성취되겠지요. 그러니까 예언이 이루어지는 것은 단계별로 과정을 거쳐서 성취됩니다.

그런데 여기서 말하는 예루살렘은 우리가 생각하는 이스라엘의 수도만을 의미하는 것인가? 그렇지 않습니다. 사도 바울은 예루살렘이 영적으로는 교회일 수도 있고, 그리스도인 개인으로 볼 수도 있다고 확대해석하고 있습니다. 이 내용을 적용하여 본문을 재해석하면 이런 얘기입니다. 지금 교회는 세상으로부터 비난받고, 옛날보다 많이 무너져 있고, 제 모습이 되지 못한 상태에서 지탄을 받고 있습니다. 그러나 하나님이 원하시는 교회의 모습은 이게 아닙니다. 더 아름답고 찬란하게, 세상 가운데 우뚝 서서 모든 사람의 마음의 고향이 되고, 진리의 근거지가 되어야 합니다. 그런데 왜 교회는 그렇게 되지 못하고 있는가? 우리 개인을 생각해 봅시다. 내가 하나님의 아들이고 자녀인데 내 모습은 지금 어떠합니까? 하나님이 원하시는 모습인가요? 하나님이 나를 향해 가지고 계신 계획도 많고 꿈도 많고 나를 통해 하실 일이 많은데, 나는 지금 그 모습으로 서 있는가? 아닙니다.

그럼 어떻게 해야 합니까? 깨질 게 있다는 것입니다. 내 속에 있는 우상, 인생을 의지하는 마음, 세상의 가치에 연연하는 마음, 그것을 하나님보다 더 소중히 여기는 그 마음을 부수어야 합니다. 그래야 하나님이 원하시는 내 모습이 되고, 하나님이 세우고자 하시는 내가 될 수 있는 것입니다. 교회도 마찬가지입니다. 하나님께만 영광을 돌려야 하는데, 인생을 의지하고 세상의 가치를 추구하고 그러다 보니 무너지는 것이고, 진리의 샘이 되지 못하고 있는 것입니다. 그래서 인생을 의지하는 것에서 하나님께 영광을 돌리는 것으로 이동해야 합니다.

그렇다면 오늘 우리가 할 일은 무엇인가? "우리가 그 길로 행하리라!" 하나님이 원하시는 길로 가야 합니다. 인생을 의지하던 길에서 벗어나서, 내 속에 있는 우상과 세상 가치를 추구하던 길에서 벗어나서, 하나님만 의지하고 하나님께 영광을 돌리는 길로 나가야 합니다. 하나님은 이렇게 말씀하십니다. "너는 반드시 이렇게 돼야 하거든. 나는 네가 이렇게 되기를 원하고 이렇게 만들기로 작정했거든. 그런데 너의 현실은 여기서 너무 멀어져 있어. 지금 이대로는 안 되니 반드시 내가 그것을 부수어야 한다. 왜냐하면 내가 너를 그날에 그렇게 세우려고 하기 때문이야. 그렇게 되기 위해서 네 속에 있는 우상을 부수고 인생을 의지하던 마음을 버리고 하나님께 영광 돌리는 자세로 돌아가라."

역사의 주인이신 하나님

이사야서 2장 말씀에는 인간 역사의 마지막 모습이 나옵니다. 그게 어떤 모습인지 정확하게 알기를 바랍니다. 세상 사람들도 나름대로 역사의 종말이 어떤 모습일까 상상합니다. '자연 재해가 심해지고, 전쟁이 일어나서 모든 사람이 거의 다 죽고, 소수만 겨우 살아남은 비참한 현실, 이것이 역사의 마지막 모습이 아닐까?' 이렇게 역사를 비관적으로 보는 사람들이 있습니다. 그런가 하면 역사학자들은 말합니다. 특별히 헤겔(Hegel) 같은 역사 철학자들은 인류 역사의 목적이 인간의 자기실현이라고 말합니다. 이것은 아주 낙관적인 견해입니다. 그러나 인본주의의 극치입니다. '내 모든 꿈이 이루어지는 것, 그것이 역사의 목적 아닐까?' 이렇게 생각하는 사람들도 있습니다. 어느 것이라고 생각하나요?

하지만 말씀은 이것을 다 부정합니다. 인생이 의지하던 것이 다 무너지고, 세상 사람들이 추구하던 가치도 다 무너지며, 하나님만 홀로 영광 받으시는 그 순간이 역사의 목적이 완성되는 역사의 끝입니다. 역사의 마지막 그 모습을 정확하게 이해하길 바랍니다.

그렇다면 나 개인의 종말은 어떨까요? 내 인생의 마지막 지점, 나의 마지막 모습은 어떠해야 한다고 생각합니까? "한평생 열심히 살았고, 이룬

것도 많고 가진 것도 많고, 이만하면 성공했네!" 이것이 여러분의 마지막 고백이라면 실패한 인생입니다. 본문하고 똑같습니다. "하나님, 제가 지금 까지 세상 사람들이 좋아하고, 가치 있게 생각하고, 하나님보다도 더 소중 하게 생각하는 것들을 얻기 위해 몸부림치며 노력했고, 그 결과 그것을 얻 었고 가져 보았습니다. 그러나 그 모든 것은 하나님 앞에서 아무것도 아니 었습니다. 저는 지금까지 오직 하나님 은혜로 살았습니다. 그러므로 하나 님만 높임 받으시기를 원합니다." 이런 고백이 나와야 합니다. 하나님은 우리에게 그런 고백을 반드시 받아 내겠다고 말씀하시는 것입니다.

하나님은 역사의 마지막을 정해 놓으시고, 그렇게 역사를 이끌어 가시 는 역사의 주인입니다. "미래는 이렇게 될 것이다." 이미 결정된 것입니다. "아닙니다, 다르게 될 수는 없을까요?" 안 됩니다. 우리 의지와는 상관없 는 하나님의 결정적 미래는 선포된 그대로 이루어질 것입니다. 마치 무엇 과 같은가? 학생이 공부를 많이 했든지, 전혀 하지 않았든지 정해진 날짜 가 되면 시험을 치르는 것과 똑같습니다. "그날이 오지 않으면 좋겠다." 아 무리 외쳐도 소용없습니다. 이미 그날이 온다고 알려 주었고, 그날이 어떤 모습일 것이라고 말해 주었으니 이제는 선택하라는 것입니다.

그날은 확실하게 옵니다. 그렇다면 우리는 어떻게 해야 그날에 후회 없 는 인생을 살았다고, 내 인생은 하나님 앞에서 가치 있는 삶이었다고 말할 수 있을까요? 역사의 끝을 알고, 거기에 맞는 오늘 나의 태도를 결정해야 합니다. "우리가 그 길로 행하리라." 나는 이제부터 하나님이 원하시는 길 로 걸어가리라. 내 속에 있었던 인생을 의지하던 마음, 하나님보다 더 많 이 사랑하고 추구하던 것을 다 버리고 하나님께만 영광을 돌리는 삶을 향 하여 오늘부터 걸어가리라, 결단해야 합니다. 이런 날들이 모여서 바로 그 날에 합당한 미래가 되는 것입니다. 아니라고 부정해서 되는 것이 아닙니 다. 미룬다고 되는 것도 아닙니다. 결과는 이미 정해져 있기 때문입니다.

하루라도 빨리 본문 말씀처럼 "그 길로 행하리라." 결심하고 그 길로 걸어
갈 때, 하나님이 만들고 싶으셨던 미래가 우리에게 결국 찾아올 것입니다.

"우리의 미래를 바로 알게 하소서. 하나님이 정하신 역사의 끝이 무엇인
지, 그리고 내 인생의 끝은 어떻게 되어야 하는지 바로 알게 하시고, 그것
에 맞는 오늘을 살게 하소서."

시간과 역사의 주인이신 하나님!
세상 사람들은 역사가 어떻게 진행되는지,
마지막 날의 모습이 어떻게 될지,
하나님이 원하시는 역사는 무엇인지 알지 못합니다.
그래서 그들은 눈에 보이는 금은보화와 병거와 마병과
정교하고 아름다운 조각물을 사랑하고
그것을 의지하며, 그것에 마음을 두고 살아갑니다.
그러나 우리 하나님의 자녀들은
역사의 마지막이 하나님이 홀로 영광 받으시는
그날임을 알고 있습니다.
그러므로 인생을 의지하고, 세상이 기뻐하는 것을 추구하며,
결국 다 무너질 것을 얻기 위해 하나님을 뒤로 하고 포기하고 버리는
어리석은 인생이 되지 않게 하소서.
하나님이 원하시는 그 길로 행하는 우리가 되게 하소서.

◇ 함께 이야기하기

1. 여호와의 날을 통해 예루살렘이 심판을 받는 이유는 무엇인가요?

2. 역사의 끝은 어떤 모습인가요?

3. 우리는 역사의 주인이신 하나님 앞에 어떤 결단을 해야 하는지 나눠 봅니다.

4

행위의 열매를 먹으리라

(사 3:10-11)

어떤 성도님이 이런 질문을 했습니다. "남편의 병세가 매우 위중하고 병원에서도 더 이상 손을 쓸 수 없다고 합니다. 그래서 요양병원에 입원시켰습니다. 그런데 이제 어떻게 기도해야 할까요? '하나님, 그 사람이 너무 힘들어하니 빨리 데려가 주십시오. 편하게 하나님 품에 안기게 해 주십시오.' 이렇게 기도해야 합니까? 아니면 '빨리 건강을 회복하고 집으로 돌아올 수 있게 해 주소서.' 이렇게 기도해야 합니까? 이렇게 기도하다가 저렇게 기도하다가 왔다 갔다 하니 제가 혼란스럽습니다."

저는 말했습니다. "문제 안으로 들어가려고 하지 말고, 문제 밖으로 나오도록 기도하세요. 남편이 지금 하나님께 가는 것이 좋은지, 아니면 회복되어 집으로 돌아오는 것이 좋은지 우리 자신도 모릅니다. 그런데 '하나님, 이렇게 되어야 합니다. 꼭 이렇게 되게 해 주십시오.' 이렇게 내가 그 문제 한가운데로 파고 들어가서 요구하는 것은 좋지 않습니다. 오히려 이렇게 기도하세요. '하나님, 제 남편을 향한 주님의 뜻을 이루어 주소서. 더 오래 사는 것이 좋다면 다시 회복하여 돌아오게 하시고, 부르시려면 주님 앞에 갈 준비를 잘하고, 평안히 가게 해 주소서.' 이것은 남편에게 무관심하라는 얘기가 아닙니다. '저는 어떻게 되어도 좋습니다. 살려 주시면 끝까지 사랑하고 함께 손잡고 남은 인생을 걸어갈 것이고, 불러 가셔도 저는 하나님만 바라보며 웃고 잘 견딜 것이니, 주님의 뜻만 이루어지게 하소서.' 이렇게 기도하는 것이 어떻겠습니까? 우리는 문제를 만났을 때, 내가 문제 안으로 들어가서 내가 원하는 대로 해결해 달라고 요구하는데, 발생한 그 문제 속에는 하나님의 뜻이 없을까요? 있겠지요. 그 뜻이 이루어져야 합니다. 그러니까 빨리 데려가 달라거나 빨리 회복시켜 달라는 기도보다 더 높은 하나님의 뜻을 바라보아야 합니다. 이것이 문제로부터 벗어나는 비결입니다. 문제 해결의 기도가 아니라 문제 탈출 기도를 해야 합니다. 문제 탈출 기도란 그 문제를 하나님께 맡기고, 내 마음을 하나님께 올려 드리는 것입니다. 이것이 하나님이 기뻐하시는 기도이고, 그렇게 기도할 때 하나님의 뜻이 온전히 이루어지는 것입니다." 이런 이야기를 나누었습니다.

문제와 더불어 살아가는 지혜

현미경을 가지고 개미를 들여다보면 깜짝 놀랍니다. 너무 크고 무섭거든요. 확대되었기 때문입니다. 높은 빌딩 밑에 가서 올려다보세요, 그 건물이 얼마나 높은지 머리가 핑 돕니다. 그런데 비행기를 타고 내려다보면 모든 것이 손가락같이 보입니다. 얼마나 작은지 모릅니다. 어떤 눈으로 바라보느냐에 따라서 문제의 크기가 달라지는 것입니다. 내가 문제 바깥으로 나오면 그 문제는 자기 위치로, 본래 크기로 돌아갑니다. 그러나 내가 문제 속으로 들어가면 그 문제는 너무도 크게 보입니다. 그래서 그 문제에 눌리고, 기가 죽습니다. 그런데 우리가 하나님을 믿는다면, 하나님이 내 삶을 책임지신다는 것을 믿는다면, 내가 아무것도 할 수 없는 그 순간에도 낙심하지 않고 기도할 수 있습니다. 하나님이 이 문제에 개입해 주시기를 간구할 수 있습니다. 그러면서 문제에서 벗어나는 것입니다. 이것이 문제와 더불어 살아가는 성도의 지혜입니다.

유다와 예루살렘이 의지한 것들

이사야서 3장은 처음부터 끝까지 파멸에 대한 예언입니다. 그래서 읽으면 마음이 무겁고 두려울 수 있는데, 그러나 아주 깊은 뜻이 그 속에 들어 있습니다. 말씀의 내용은 세 가지입니다.

첫째, 하나님은 유다와 예루살렘이 의지하는 모든 것을 제거하겠다고 선포하십니다.

보라 주 만군의 여호와께서 예루살렘과 유다가 의뢰하며 의지하는 것을 제하여
버리시되 곧 그가 의지하는 모든 양식과 그가 의지하는 모든 물과(사 3:1).

"너희가 의지하는 것, 그것이 뭐든지 다 제거해 버리겠다." 먼저 무엇을 제거하십니까? 양식과 물입니다. 인간의 삶에 아무리 귀한 것이 많아도 가장 소중한 것이 물과 양식입니다. 지금 도시가 적들에게 포위되어 있다는 것을 생각하면 됩니다. 버티고 살아남으려면 마지막으로 필요한 것이 양식과 물입니다. 경제의 마지막 보루입니다. "너희가 물과 양식을 의지하느냐? 내가 다 제해 버리겠다"는 것입니다. 또 무엇을 의지할까요?

2 용사와 전사와 재판관과 선지자와 복술자와 장로와 3 오십부장과 귀인과 모사
와 정교한 장인과 능란한 요술자를 그리하실 것이며(사 3:2-3).

군사력을 의지합니다. 그래서 안보를 위한 군사적 지도자들, 용사와 전사입니다. 그다음에는 일상의 안정을 위한 지도자들인데 재판관, 선지자, 장로, 귀인, 모사들입니다. 마지막으로는 하다 하다 안 되면 우상을 섬길 때 그들을 이끌어 줄 이방의 종교 지도자들로 복술자, 요술자들입니다. 이

런 것들이 삶을 위한 필수 조건으로 여겨져 의지했던 것인데, 조금이라도 의지의 대상이 되는 것들을 다 제거하겠다는 것입니다.

그렇다면 누가 지도자가 되는가? 현실적으로 지도자가 없을 수는 없지요. 그래서 어떤 일이 벌어지는가?

그가 또 소년들을 그들의 고관으로 삼으시며 아이들이 그들을 다스리게 하시리니(사 3:4).

"무자격한 사람들이 지도자가 되겠다. 그래서 나라를 망가뜨리겠다"는 것입니다. 함석헌 선생님이 쓴 《뜻으로 본 한국역사》라는 책에 보면 이런 말이 나옵니다.

정치적 사회적 혼란은 하나님의 심판이다. 악한 지도자가 나오는 것은 그 나라 그 사회가 악하기 때문이다. 그 나라 사람들의 수준이 그렇기 때문에, 하나님이 심판하는 것이다.

그렇다면 그들이 원하는 것을 왜 제거하십니까? 죄 때문입니다. 하나님이 복을 안 주려고 하시는 것이 아닙니다. 하나님이 무능해서 못 주시는 것도 아닙니다. 복을 주면 줄수록 악을 행하기 때문에 줄 수가 없는 것입니다. 그럼 어떤 죄입니까? 구체적으로 죄의 내용이 열거됩니다.

13 여호와께서 변론하러 일어나시며 백성들을 심판하려고 서시도다 14 여호와께서 자기 백성의 장로들과 고관들을 심문하러 오시리니 포도원을 삼킨 자는 너희이며 가난한 자에게서 탈취한 물건이 너희의 집에 있도다 15 어찌하여 너희가 내 백성을 짓밟으며 가난한 자의 얼굴에 맷돌질하느냐 주 만군의 여호와 내가 말하

였느니라 하시도다 ¹⁶ 여호와께서 또 말씀하시되 시온의 딸들이 교만하여 늘인 목, 정을 통하는 눈으로 다니며 아기작거려 걸으며 발로는 쟁쟁한 소리를 낸다 하시도다 ¹⁷ 그러므로 주께서 시온의 딸들의 정수리에 딱지가 생기게 하시며 여호와께서 그들의 하체가 드러나게 하시리라(사 3:13-17).

지도자들은 권력을 남용하고, 재물에 눈이 멀었습니다. 상류층 여자들은 사치와 방종에 빠졌습니다.

행위의 열매를 먹으리라

둘째, 그렇다면 그들은 왜 죄의 길로 나갔는가? 그 이유는 하나님을 떠났기 때문입니다. 하나님을 떠나면 어떤 현상이 발생하는가? 하나님으로만 채울 수 있는 마음이 텅 비기 때문에 그 안에 무엇인가를 채워야 합니다. 그들은 무엇으로 채웠는가? 이 세상이 기뻐하는 것들입니다. 그것이 권력이고, 재물이고, 화려한 물건들이고, 사치와 방종이었습니다.

셋째, 하나님은 왜 그것들을 다 제거하려고 하시는가? "그것은 너희가 진정으로 의지하고 좋아하고 붙잡아야 할 것이 아니라"는 것을 깨달으라는 것입니다. "강대국도, 권력도, 재물도, 아름답고 화려한 물건들도 의지할 것이 못 된다. 오직 하나님만 의지할 수 있는 대상이다. 그러므로 너희가 의지하는 것들을 제하여 버리겠다"는 것입니다.

이사야서 3장 18절 이하에 보면 여성들의 사치품, 상류층 여성들의 옷과 장신구, 화장품이 등장합니다. '아니, 이런 것도 가지지 말란 말인가?' 이런 생각이 들 수도 있어요. 그러나 그런 뜻은 아닙니다. 아름다움을 추구하는 것은 좋은 것이고, 좋은 물건을 갖는 것도 나쁘지 않죠. 문제는 그런 것에 전념한다는 것입니다. 세상의 것들을 추구하는 이유는 무엇인가? 하나님을 떠난 빈 마음을 하나님 대신 채우려는 시도입니다. 그것은 헛된 것입니다. 얼마나 마음이 텅 비었으면 그런 것에 '올인'하는 인생이 되느냐는 말입니다. 그럴 수는 없다. 왜? 그것은 헛된 것이기 때문에, 헛된 것을 제하겠다는 것입니다. 살다 보면 하나님이 내가 좋아하고 사모하고 갖고 싶은 것을 제하시는 것 같은 느낌이 들 때가 있습니다. 왜 그럴까요? 그런 것 믿지 말고 하나님께로 돌아오라는 것입니다. 거기서 기쁨을 찾지 말고, 하나님에게서 기쁨을 찾으라는 것입니다. 그런 것 대신에 나 하나님 자신을 줄 테니까 내게로 돌아오라는 말입니다.

그러자 사람들이 반발했습니다. 진실하게 살아 봐야 무슨 소용이 있는가? 다 무너지는데, 나라가 망하는데 나 혼자 의롭게 살고 거룩할 필요가 뭐가 있는가? 의인과 죄인이 똑같이 망하는 것 아닌가?

여기에 대한 대답이 10-11절입니다.

> 10 너희는 의인에게 복이 있으리라 말하라 그들은 그들의 행위의 열매를 먹을 것임이요 11 악인에게는 화가 있으리니 이는 그의 손으로 행한 대로 그가 보응을 받을 것임이니라(사 3:10-11).

"그 행위의 열매를 먹으리라!" 의인과 악인이 다 함께 망하는 것 같지만 아닙니다. 그 속에는 하나님의 개별적인 심판과 구원이 있습니다. 겉으로는 함께 고통을 받습니다. 왜냐하면 공동체의 일원이기 때문입니다. 그러나 내면적으로는 아닙니다. 의인에게는 망하는 가운데서도 살길을 열어 준다는 것입니다. 악인은 자기의 행위에 대한 보응을 받을 것이다. 하나님의 심판과 구원이 같은 사건 속에서도 모두에게 따로따로 정확하게 임하겠다는 것입니다.

하나님의 치료 방법

하나님이 예루살렘 사람들을 보니까, 너무나 세상의 것을 추구하고 그것을 가지려고 몸부림치고, 껄떡거리는데, 그것에 대한 하나님의 진단은 하나님을 떠났기 때문입니다. 그래서 하나님이 떠난 빈 마음을 세상 것으로 채우려는 것입니다.

그러나 우리 마음은 그것으로 채워지는 것이 아닙니다. 오히려 그것을 가지려고 원할수록, 소유하려고 집착할수록, 그것만 있으면 행복하겠다고 몸부림치면서 가지려고 할수록 하나님과 나의 거리는 멀어지기 때문에, 하나님은 그 거리를 좁히기 위하여 그들이 간절히 사모하는 것들을 제거하시겠다는 것입니다. 이것이 하나님의 치료방법입니다. "네가 의지하고 사랑하고 갈망하는 것이 얼마나 허무한 것인지, 그것을 추구한 대가가 얼마나 쓸쓸한 것인지 깨닫고 버리라"는 것입니다. 그런데 스스로 버리지 못합니다. 그래서 하나님이 그것을 빼앗아 버립니다. 이것을 제하여 버린다고 표현합니다.

찬송가 272장에 이런 가사가 나옵니다. "낭패와 실망 당한 뒤에 예수께로 나갑니다." 낭패와 실망을 당하기 전에 오면 얼마나 좋을까요? 그러나 인간은 약해요. 하나님은 보이지 않고, 세상 것은 눈에 보이고, 그것이 내 마음을 채울 것 같은 착각에 빠질 수밖에 없어요. "그런데 너희가 거기서 빠져나오게 하려면 내가 어떻게 해야 되겠느냐? 너희를 위해서 제하겠다"는 것입니다. 이 제해 버린다는 말 속에 들어 있는 하나님의 마음을 깨달을 수 있겠습니까?

그런데 이런 하나님의 마음을 깨달아야 하는데, 오히려 뭐라고 합니까? 왜 하나님은 내가 좋아하는 것을 빼앗으시는가? 왜 나에게 좋은 소리는 하지 않고 망한다고만 하시는가? 왜 나를 사랑하지 않고 저주하시는가? 그러나 아니라는 것입니다. 이 무서운 경고는 뒤집어 말하면 사랑의 말입니다. 세상을 의지하지 말고, 내게로 돌아오라는 강렬한 초청입니다. 정신 차리라는 복음입니다.

하나님이 원하시는 것

그렇다면 하나님이 원하시는 것은 무엇입니까? 내가 먼저 하나님으로 가득 채워지는 것입니다. 우리의 진정한 행복과 기쁨과 만족을 하나님께 두고 사는 것입니다. 하나님만으로 만족할 때 내게 필요한 모든 것을 아낌없이 부어 주시는 것입니다.

그러나 살다 보면 하나님보다 더 의지하고, 더 기뻐하고, 더 좋아하는 것이 생겨날 수 있습니다. 경우에 따라서는 자기도 그게 뭔지 모를 때도 있습니다. 하지만 그것이 뭔지 알아내는 방법이 있습니다. 이사야서 3장 8절에 보면 이런 말이 나와요. "그들의 언어와 행위가 여호와를 거역하여." 내 말과 내 행동으로 하나님을 거역한다는 것입니다. "내가 하나님을 믿는데 어떻게 하나님보다 다른 것을 더 의지하고 사랑하고 기뻐하겠는가?" 그러나 말을 들어 보고 행동을 관찰하면 알 수 있습니다. 우리는 무언가를 간절히 원할 때 이렇게 되었으면 좋겠다고 말합니다. 그것이 내 마음을 채워 주고 만족을 줄 수 있다고 생각하면 그것을 원합니다. "내가 부자라면 좋겠다." 돈을 의지하는 것입니다. "그 사람과 결혼하면 좋겠다." 그 사람을 의지하고, 그 사람을 내 마음에 채우면 만족하겠다는 것입니다. "그 회사에 취직하면 좋겠다." 일자리를 의지하는 것입니다. 그것으로 마음을 채우고 기쁨과 만족을 얻고 싶은 것입니다. 이런 것이 세상에 많습니다.

내가 무엇을 원할 수 있습니까, 없습니까? 원할 수 있습니다. 소원을 가져도 됩니다. 그런데 반드시 이것을 잊지 말아야 합니다. "내가 원합니다." 이것은 잘못이 아닙니다. "그것이 있으면 참 좋겠습니다." 괜찮습니다. "그러나 그것보다 하나님을 더 원합니다." 이런 고백이 있어야 하는 것입니다. "내가 원하는 모든 것보다 하나님을 더 원하게 하소서. 내가 의지하는 모든 것보다 하나님을 더 의지하게 하소서. 내가 기뻐하는 그 모든 것보다 하나님을 더 기뻐하게 하소서." 이런 자세를 가지라는 것입니다. 이런 고백이 항상 여러분에게 있기를 바랍니다.

"하나님이 없어도 나는 이것만 있으면 됩니다." 이것은 안 됩니다. 그것은 제거의 대상입니다. "이것을 원하지만 이것보다 하나님을 더 원합니다. 이것을 원하지만 이것이 없어도 하나님으로 인하여 기뻐할 수 있고 만족할 수 있습니다." 이 고백 위에 다른 것을 원하기도 하고, 기뻐하기도 하고, 그래야 한다는 것입니다. 왜냐하면 우리가 하나님의 백성이기 때문입니다.

내가 하나님 아닌 세상의 어떤 것을 원하면 원할수록 내 마음은 하나님으로부터 멀어져 있는 것이고, 그것은 하나님이 제거해야 할 대상이 되는 것입니다. 그래서 이사야는 말합니다. "너희가 사모하고 의지하는 것을 하나님이 제거하신다는 그 의미를 깨달아야 한다. 그것은 좋은 것이로되 하나님을 떠난 그것은 하나님을 버린 증거이다. 그래서 하나님은 그것을 제거함으로써 너희가 돌아오게 하시려는 것이다. 왜냐하면 너희는 하나님의 백성이기 때문이다." 이러한 하나님을 알라는 것입니다.

남은 인생을 살아가면서 세상에 필요한 것도 많고, 붙잡고 기뻐할 것도 많지만 하나님을 가장 목말라하고, 기뻐하고, 신뢰하며 살아가는 것이 우리에게 필요합니다.

"너희가 원하는 것을 제거하겠다는 말씀의 의미를 알게 하소서. 하나님만을 원하고 하나님으로 우리 마음을 채우고 살아가는 행복한 사람들이 되게 하소서."

복의 근원이신 하나님!

우리는 이 세상에 대하여 원하고 바라는 것이 많은 사람들입니다.

그런 소원과 갈망이 어디서 온 것인지 바르게 이해하고,

그 모든 것보다 하나님을 더 갈망하고 의지하게 해 주소서.

먼저 하나님으로 만족한 가운데,

이 세상의 것들을 우리에게 선물로 주사

진정한 풍요를 누리며 살게 하소서.

하나님 없는 빈 마음을 세상의 것으로 채우지 않고,

하나님으로 채워진 충만한 마음 위에

이 땅의 것들이 덤으로 주어지게 하소서.

많은 것을 가졌으나 그것에 마음을 빼앗기지 않고,

하나님만 사랑하며 살게 하소서.

◇ 함께 이야기하기

1. 하나님께서 유다와 예루살렘이 의지하는 모든 것을 제거하시려는 이유는 무엇
   인가요?

2. 하나님께서 내가 좋아하고 갖고 싶어 하는 것을 오히려 제하신 경험이 있다면
   나눠 봅니다.

3. 주어진 세상의 것들을 선물로 누릴 수 있는 방법은 무엇인가요?

5

내가 사랑하는 포도원을 위하여

(사 5:1-7)

어떤 사람이 왕을 찾아와서 인사를 나눈 후에 이렇게 말했습니다. "왕이여, 백성 중에 이런 사람이 있나이다. 아주 부자라서 양과 소가 심히 많았는데, 그 집에 손님이 찾아왔습니다. '어떻게 손님을 대접할까?' 생각하던 그 부자는 옆집에 사는 양 한 마리밖에 없는 가난한 사람의 그 한 마리 양을 빼앗아 자기 손님을 대접했습니다." 그 소리를 듣고 왕은 화가 나서 말했습니다. "내 나라에서 이런 일이 일어나다니! 맹세하건대 그 부자는 반드시 죽어야 한다. 그런데 그 못된 자가 도대체 누구냐?" 그 사람은 왕에게 말했습니다. "왕이여, 그 부자는 바로 당신입니다!" 어디서 들어 본 것 같지요? 사무엘하 12장에 나오는 다윗 왕과 나단 선지자의 대화입니다.

선지자 나단은 하나님의 말씀을 선포합니다. "내가 너에게 수많은 처첩과 아내와 궁녀들을 주었는데, 왜 우리아의 하나밖에 없는 아내를 빼앗았느냐?" 하나님의 질책을 받고 다윗은 엎드려 회개합니다.

사람들은 자기를 비난하는 이야기를 좋아하지 않습니다. 왕의 잘못을 지적한다는 것은 너무나도 어려운 일입니다. 목숨을 걸지 않으면 불가능한 일입니다. 그래서 나단 선지자는 남의 일인 것처럼 말했습니다. "이런 일이 있는데 어떻게 하면 좋겠습니까?" 그 말을 듣고 다윗 왕은 거기에 합당한 판단을 내렸습니다. 자기 일이 아니니까 공평하게 판단했습니다. 그런데 그 순간 다른 사람을 향하던 그 칼날이 다윗을 향해 날아온 것입니다. 이것은 이스라엘 백성의 죄를 지적하는 하나님의 방법이었습니다. 피할 수 없도록 만드는 것입니다.

포도원의 노래

이사야서 5장 1-7절 말씀은 "포도원의 노래"입니다. 어떤 사람이 이렇게 노래를 불렀습니다. "1절, 내가 너무나 사랑하는 분을 위해서 노래를 한 곡 부르겠습니다. 그분이 포도원을 사랑해서 가장 좋은 땅을 마련했습니다. 2절, 그리고 뿌리가 잘 자라도록 돌을 다 제거했습니다. 그리고 그곳에 극상품 포도종자를 심었습니다. 또한 포도원을 안전하게 보호하기 위해 망대와 담을 치고, 술틀까지 준비해 놓고 좋은 포도가 열리기를 기다렸습니다. 아, 그런데 엉뚱하게 들포도가 열린 것입니다. 어찌하면 좋겠습니까?" 3절입니다. "예루살렘 주민들과 유다 백성 여러분, 도대체 이게 어찌 된 일입니까? 이런 경우에 어떻게 하는 것이 좋은지 가르쳐 주기 바랍니다."

그 말을 듣고 사람들은 대답했습니다. "안됐지만 빨리 손 털고 포기해야 합니다. 미련을 버리고 갈아엎어 버리세요. 이미 들포도가 되었는데, 붙들고 있어 봐야 소용없어요." 이 말을 듣고 그 사람은 대답했습니다.

> 무릇 만군의 여호와의 포도원은 이스라엘 족속이요 그가 기뻐하시는 나무는 유다 사람이라 그들에게 정의를 바라셨더니 도리어 포학이요 그들에게 공의를 바라셨더니 도리어 부르짖음이었도다(사 5:7).

"말 잘했소. 그것이 바로 여러분의 모습입니다. 포도원 주인은 하나님이고, 그 나무들은 당신들이오."
그러므로 하나님이 말씀합니다.

> 4 내가 내 포도원을 위하여 행한 것 외에 무엇을 더할 것이 있으랴 내가 좋은 포도 맺기를 기다렸거늘 들포도를 맺음은 어찌 됨인고 5 이제 내가 내 포도원에 어

떻게 행할지를 너희에게 이르리라 내가 그 울타리를 걷어 먹힘을 당하게 하며 그 담을 헐어 짓밟히게 할 것이요 ⁶ 내가 그것을 황폐하게 하리니 다시는 가지를 자름이나 북을 돋우지 못하여 찔레와 가시가 날 것이며 내가 또 구름에게 명하여 그 위에 비를 내리지 못하게 하리라 하셨으니(사 5:4-6).

"내가 포도원을 위해 무엇을 더할 수 있겠느냐?" 더 이상 할 것이 없다는 것입니다. "그러므로 이렇게 하겠다." 5절, "울타리를 걷어 버리겠다." 그리고 6절, "망가지게 내버려 두겠다. 비도 내리지 않겠다. 그래서 황폐하게 되리라." 이것이 본문의 내용입니다.

변질된 포도

하나님이 이사야에게 이 노래를 지어 부르게 한 목적이 무엇일까요? 첫째, 이스라엘 백성이 지은 죄가 뭔지 깨닫게 하시려는 것입니다. 둘째, 왜 나라에 기근과 재앙과 전쟁이 있는지, 그 이유를 알게 하시려는 것입니다. 셋째, 그럼에도 불구하고 하나님이 얼마나 그들을 사랑하시는지 알게 하시려는 것입니다.

하나님은 왜 이런 말씀을 하셨을까요? 지금 유다 백성이 무슨 생각을 하고 있는지 아시기 때문입니다. "우리가 선민인데, 하나님의 백성인데, 왜 이방인들이 침략하고, 고난과 역경이 이렇게 많은가? 가뭄과 흉작과 전쟁이 있는 이유가 무엇인가? 왜 하나님은 우리를 돌보시지 않는가? 하나님은 정말 우리를 사랑하시는가?" 원망하고 불평했습니다. 고통의 원인을 하나님께 돌렸던 것입니다.

여기에 대한 하나님의 대답입니다. "뭐라고? 그것이 나 때문이라고? 나에게 실망했다고? 정말 실망한 것은 너희가 아니라 바로 나다. 내가 너희에게 얼마나 많은 정성을 기울였는가? 내가 이스라엘이라는 포도원을 어떻게 만들었는데!" 하나님은 그들을 위해 하신 일을 보여 주십니다.

여기서 출애굽 역사가 등장합니다.

- 하나님은 이스라엘 백성을 애굽에서 해방시키셨습니다. 축복의 통로가 되는 제사장 나라를 만들기 위해서 해방시키셨습니다.
- 40년 동안 광야에서 훈련시키고 씻어서 깨끗한 종자를 만드셨습니다.
- 가나안 땅 기름진 곳에 그들을 심으셨습니다.
- 그곳에 있던 더러운 우상을 섬기는 일곱 족속을 다 제거하고, 하나님의 율법을 따라 살게 하셨습니다.
- 제사장 나라, 하나님과 열방을 이어 주는 축복의 통로가 되게 하셨습니다.

그런데 들포도가 맺혔습니다. "들포도"란 변질된 포도입니다. 겉모양은 포도인데, 내용적으로는 포도가 아닙니다. 시고 떫어서 먹을 수가 없습니다. 쓸모가 없지요. 그런데 이스라엘이 딱 들포도였습니다. 겉으로 볼 때는 분명히 선택된 백성입니다. 할례도 받고, 율법도 배웠습니다. 하나님께 제사도 드립니다. 그러나 하나님이 보실 때는 들포도일 뿐입니다. 마음속에는 우상이 가득하고, 포악하며, 공평을 잃어버렸습니다. 하나님이 원하시는 일은 하지 않고 정반대의 일만 행하고 있기 때문입니다.

극상품 포도와 들포도의 차이

그런데 극상품 포도나무가 왜 들포도가 되었는가? 세 가지 경우를 생각해 볼 수 있습니다. 첫째, 외부에서 누가 몰래 들어와 극상품 포도나무를 뽑아내고 들포도를 심은 경우입니다. 그러나 이것은 불가능합니다. 왜냐하면 망대를 세워 안전하게 지켰으니까요. 둘째, 그렇다면 내부의 원인인데, 혹시 주인이 원래 들포도였는데 그것을 극상품 포도로 착각했는가? 그럴 수는 없습니다. 농부가 하나님인데 종자를 잘못 구분하실 리 없습니다. 그렇다면 마지막 가능성뿐입니다. 셋째, 나무가 변질된 것입니다. 즉 그들의 존재, 그들의 인격이 바뀐 것입니다.

여기서 우리는 사람의 인격이 무엇인지 생각해야 합니다. '인격'이란 내 마음이 첫째로 추구하는 것과 내가 맺은 관계입니다, 그다음에 오는 모든 대상은 거기에 종속됩니다. 예를 들면 내 마음의 가장 깊은 곳에 돈을 사랑하는 마음이 자리 잡고 있습니다. "돈만 있으면 행복하겠다. 돈만 있으면 내 마음이 꽉 차겠다. 만족하겠다." 이렇게 돈을 선택한 사람은 모든 것이 돈에 종속됩니다. 그의 모든 생각과 말과 행동이 다 돈과 연결되는 것입니다. 친구를 사귀어도 돈을 위하여, 결혼을 해도 돈 때문에, 공부를 해도 돈, 세상의 어떤 것도 돈과 연결됩니다. 돈이 그 사람의 인격의 핵심이기 때문입니다. 그가 권력을 첫째로 추구하는 인격이라면 권력을 중심으로 그의 모든 삶이 돌아가는 것입니다.

그렇다면 극상품 포도와 들포도의 차이가 뭘까요? "마음의 가장 깊은 곳에 무엇이 들어 있는가?" 거기에 따라 달라지는 것입니다. 겉으로는 똑같은 인간이지만 그 사람의 중심에 있는 것에 따라 인격이 달라집니다. 마음의 중심이 하나님을 붙잡느냐, 다른 것을 붙잡느냐? 그것이 극상품 포도와 들포도의 차이입니다. 결국 들포도는 하나님을 떠난 개인과 공동체의 모습입니다.

하나님은 그들의 마음을 하나님으로만 채우도록 그들을 정성껏 돌보고, 훈련시키며 극상품 종자를 만드셨습니다. 이를 위해 애굽을 무너뜨리고, "강대국을 의지하지 말고 하나님만 섬겨라." 광야 40년을 통해서 "물과 양식, 경제를 의지하지 마라. 하나님이 다 채워 주신다." 가나안 사람들을 진멸하시면서 "이방의 헛된 문화를 따라가지 마라. 그것은 죄악의 문화이며 다 심판의 대상이다. 너희는 극상품 포도가 되어 하나님과 세상을 기쁘게 하는 사람들이 돼라." 이렇게 만드셨습니다.

"그런데 어찌하여 마음에서 하나님을 버리고 세상을 따라갔단 말이냐?"

이것이 유다를 향한 하나님의 말씀입니다.

"이제 내가 어떻게 해야겠느냐? 너희를 다시 극상품으로 만들기 위해서 내가 어떻게 해야 하겠느냐?"

인격과 존재를 바꾸는 방법은 하나밖에 없습니다. 행동은 못 고칩니다. 왜냐하면 인격이 나무라면 행동은 열매이기 때문입니다. 잘못된 열매를 맺었는데, 그 열매를 바꿀 수 있나요? 없습니다. 나무를 바꿔야지 열매를 바꿀 수는 없습니다. 그러므로 행동만 바꾸는 것은 불가능합니다. 그러니까 인격이 바뀌려면 그 마음 가장 깊은 곳에서 그가 원하는 핵심 가치가 변해야 합니다.

그런데 그것이 마음속에서 빠져나가려면, 그것이 허무하고 무가치하다는 것을 느끼려면, 그가 가장 원했던 것이 무너져야만 합니다. 그것을 제거해야만 그 자리에 하나님이 들어오시는 것입니다. 그것을 위해 담을 헐어 버리겠다는 것입니다. 다시 말하면 "적들이 침공하고 짓밟도록 하겠다. 그리고 황폐하게 만들 것이라"는 뜻입니다.

하나님의 극약 처방

이전에 제가 구약윤리 과목을 강의하는 중에 어떤 학생이 질문을 했습니다. "이스라엘 역사를 보면 왜 범죄의 마지막은 나라가 망하는 것일까요? 꼭 그렇게까지 해야 하는 건가요? 그리고 왜 그렇게 해야만 돌아오는 건가요? 참 궁금합니다."

저는 이렇게 대답했습니다. "나라는 개인과 공동체의 마지막 보호막입니다. 그러므로 나라를 잃어버린다는 것은 가장 큰 고통을 의미합니다. 육체적 정신적 고통의 극치가 나라를 잃어버리는 것입니다. 그런데 나라를 잃은 고통 속에서 그들은 자신들이 누군지, 그들이 왜 그렇게 되었는지 깨닫고 돌아왔습니다. 돌아온 그들을 통해 새로운 나라를 건설했습니다. 나무가 거의 다 죽어 갈 때, 그 나무를 살리는 길은 죽은 가지들을 과감하게 잘라 내는 것입니다. 뿌리만 살리면 됩니다. 그러면 다시 거기서 새싹이 자라나는 것입니다. 그것이 그 나무를 사랑하는 것입니다. 이스라엘의 경우, 나라를 잃어버리기 전에 예언자들이 활동했고, 잃어버린 후에도 선지자들을 보내서 그 의미를 해석해 주었습니다. 그들이 가장 의지하고 믿었던 것들이 얼마나 허무한 것인가를 깨닫고 하나님께로 돌아오라는 가슴 아픈 처방입니다. 지금 보이는 나라를 잃더라도 영원한 나라를 잃지 말라는 뜻으로 받아들이라는 것입니다. 내가 모든 것을 잃는다 해도 영원한 나라, 영원한 생명은 결코 잃어버리지 않게 하려는 하나님의 극약 처방이 망하는 것이라고 생각합니다."

오늘의 역사를 인류역사로 확대해 볼까요? 지금 세상의 모습을 보십시오. 왜 이렇게 세상이 힘들고 고통스러운가? 하나님이 없기 때문인가요? 아닙니다. 사람들이 하나님을 버리고, 그 마음의 중심에 하나님이 아닌 어떤 것을 추구하고, 그것을 얻기 위해 얼마든지 악한 일을 자행하기 때문입니다. 그것을 통해 만족과 행복을 얻으려 하기 때문입니다. 그들을 돌아오게 하려면 그들이 가장 소중히 여기는 그것들을 제거해야만 합니다. 그래서 고통이 있는 것입니다. 그러므로 고통은 하나님이 없어서가 아닙니다. 하나님이 인간을 버렸기 때문도 아닙니다. 잘못된 것을 버리고 하나님께로 돌아오라는 사랑의 부르심입니다.

이 내용을 개인에게 적용해 볼까요? 하나님은 여러분에게 얼마나 투자하셨다고 생각하나요? 하나님은 여러분 때문에 이익을 보셨을까요, 손해를 보셨을까요? 질문해 보기 바랍니다. "아냐, 하나님은 나에게 이것도 해 주고, 저것도 더 해 주어야 한다. 지금 이 현실은 하나님이 나를 사랑하시지 않는 증거이다." 이것이 맞습니까? 아니면 "하나님은 나에게 충분히 해 주셨는데, 내가 하나님 외에 다른 것을 붙잡고 열매를 맺지 못해서 하나님이 나를 향해 탄식하고 계신가?" 어느 쪽입니까? 힌트를 드릴까요? 하나님은 이사야서 5장 4절에서 말씀하셨습니다. "내가 무엇을 더할 것이 있으랴?"

"하나님이 나에게 해 준 것이 없는 것이 아니라 많습니다. 그런데 제가 하나님을 버리고 헛된 것을 추구했습니다. 그래서 제가 들포도가 되었습니다. 제가 잘못했습니다. 지금 이대로가 은혜입니다. 내가 지금 힘들고 어렵지만, 이것도 나를 돌아오라고 부르시는 하나님의 사랑인 줄 믿습니다." 이것이 정답입니다.

사람들은 문제가 생기면 어떻게 해결해야 하는지 원인을 규명하고, 대책회의를 합니다. 하다 하다 안 되면 남을 탓하고 그래도 안 되면 하나님을 원망합니다. 그럴 수 있지요. 그러나 그것은 진정한 해결책이 아닙니다. 진정한 해결책은 하나님께로 돌아오는 것입니다.

우리가 "하나님의 영광! 하나님의 영광!" 그러는데 하나님의 영광이 뭡니까? 어떻게 하는 것이 하나님께 영광을 돌리는 것입니까? 하나님께 영광을 돌린다는 것은 쉽게 말하면 "하나님, 잘하셨습니다." 이렇게 칭찬하는 것입니다. "지금 제가 경제적으로 어렵고, 몸도 아프지만 하나님, 잘하셨습니다. 저 불평하지 않겠습니다. 하나님은 저에게 너무도 후하셨습니다. 그리고 참 오래 기다려 주셨습니다. 제가 잘못했습니다. 용서해 주세요. 주님께로 가까이 가겠습니다." 이것이 하나님께서 우리에게 진정으로 원하시는 대답입니다.

"우리가 들포도와 같이 될 때, 우리 마음을 하나님으로 다시 채워 주소서."

우리를 사랑하시는 하나님!
포도원이 망가졌지만 나는 아직도 이 포도원을 사랑한다는
하나님의 음성을 듣게 하소서.
모든 불평과 원망을 그치고 주께로 돌아오게 하소서.
변질된 우리를 다시 극상품 포도로 만들어 주소서.

◇ 함께 이야기하기

1. 하나님께서 이사야에게 포도원 노래를 지어 부르게 하신 세 가지 이유는 무엇
   인가요?

2. 인격이 바뀌려면 무엇이 바뀌어야 하나요?

3. 하나님께서 우리에게 고통을 주시는 이유는 무엇인가요? 고통의 문제 앞에서
   우리가 어떠한 행동을 취해야 하나요? 고통의 문제를 통해 하나님께로 돌아간
   경험이 있다면 나눠 봅니다.

6

성전에서 어떤 일이 일어났는가

(사 6:1-5)

"여기서 내가 너와 만나리라."

수서교회 성전 머릿돌에 새겨진 말씀입니다. '성전을 건축하고 어떤 말씀을 새겨 넣을까?' 많이 기도했습니다. 하나님이 우리에게 성전을 허락하신 목적이 무엇인가? 성전의 본질이 무엇인가? 그것은 하나님과의 만남입니다. '그렇다면 하나님과의 만남을 가장 잘 설명해 주는 성경구절이 뭔가?' 생각하고 찾아서 새겨 넣은 것입니다. 저는 교회에 올 때마다 "'여기서 내가 너와 만나리라'는 그 약속을 이루어 주소서. 언제나, 누구에게나 그 약속이 성취되게 하소서. 그래서 그냥 왔다 가는 사람이 한 사람도 없게 해 주소서."라고 기도합니다.

가끔 다른 교회 목사님들이 우리 교회를 방문하시면 교회를 살펴보시고, 마지막으로 머릿돌에 새겨진 말씀을 읽으면서 "머릿돌 말씀이 아주 맘에 들어요. 이거 우리 교회 머릿돌에 갖다 써도 됩니까?" 이렇게 물어보는 분이 계십니다. 그럼 저는 말합니다. "물론입니다. 얼마든지 갖다 쓰세요. 목사님 교회에서도 그 약속이 이루어지기를 바랍니다." 이렇게 대답하곤 합니다.

인생이 바뀌는 중요한 사건

하나님의 성전에서는 어떤 일이 일어나야 할까요? 하나님을 만나는 일이 일어나야 합니다. 이사야서 6장은 세 가지 내용으로 성전에서 일어나야 하는 일을 구체적으로 말씀하고 있습니다. 첫째, 성전에서 어떤 일이 일어났는가? 둘째, 그런 일이 계속 일어나려면 어떻게 해야 하는가? 셋째, 말씀을 전했는데, 왜 알아듣지 못하는가?

첫 번째 주제입니다. 성전에서 어떤 일이 일어났는가?

이사야서 6장 말씀은 이사야의 소명기사입니다. 이사야가 어떻게 소명을 받고 예언자가 되었는가를 설명하는 내용입니다. 그의 일생에서 가장 신비한 경험이었고, 이 경험은 한평생 그의 예언사역의 핵심 주제가 되었습니다.

이사야가 소명을 받았을 때, 그에게는 커다란 문제가 있었습니다.

웃시야 왕이 죽던 해에 내가 본즉 주께서 높이 들린 보좌에 앉으셨는데 그의 옷자락은 성전에 가득하였고(사 6:1).

웃시야 왕이 죽었습니다. 이것은 아주 큰 사건이었습니다. 웃시야는 52년이나 나라를 다스렸습니다. 남유다 역사에서 가장 오랫동안 다스린 왕입니다. 다윗과 솔로몬 이후 가장 강력한 나라를 세웠던 존경받는 왕이었습니다. 그 대단한 왕이 죽었습니다.

그 당시 왕의 죽음은 나라의 운명에 결정적인 영향을 줍니다. 종교적, 도덕적으로는 웃시야 왕의 번영으로 사람들이 돈맛을 알았습니다. 그래서 그들은 하나님을 떠나서 물질에 탐닉했고 사치와 방탕의 기운이 가득했습니다. 그리고 정치적, 외교적으로는 북쪽에 앗수르라는 강력한 나라가 있었습니다. 웃시야 왕이 잘 막아 냈지만, 앞으로 나라의 장래는 불안할 수밖에 없습니다. 웃시야 왕의 죽음은 이렇게 국가적으로도 위기였고, 또한 이사야 개인적으로도 위기였습니다. 왜냐하면 웃시야 왕은 이사야의 사촌형이었거든요. 든든한 우군이 사라진 것입니다. 그러니까 웃시야의 죽음은 국가적으로 위기인 동시에 개인적으로도 위기였던 것입니다.

이사야는 이런 문제를 가지고 고민하다가 어디로 갔는가? 성전으로 갔습니다. 성전에 가서 기도했습니다. 이것이 중요합니다. 우리가 살다 보면 언제나 문제가 생깁니다. 문제가 있을 때 어디로 가야 하는가? 성전으로 가야 합니다. 이것이 사는 길입니다. "문제가 생기면, 성전으로 간다." 이 변할 수 없는 원칙을 마음에 새기길 바랍니다.

이사야는 성전에서 기도하다가 하나님을 만납니다. "주께서 높이 들린 보좌에 앉으셨는데 그 옷자락이 성전에 가득하였다." 아주 영광스러운 장면을 보았습니다. 이렇게 하나님을 만나게 되면 반드시 일어나는 일이 있습니다. 그것이 무엇일까요?

첫째, 5절입니다.

그 때에 내가 말하되 화로다 나여 망하게 되었도다 나는 입술이 부정한 사람이요 나는 입술이 부정한 백성 중에 거주하면서 만군의 여호와이신 왕을 뵈었음이로다 하였더라(사 6:5).

자기 죄를 깨닫게 됩니다. 거룩하신 하나님 앞에서 초라한 자기 모습을 보고 죄를 회개하고 탄식합니다.

둘째, 그 결과가 6-7절입니다.

6 그 때에 그 스랍 중의 하나가 부젓가락으로 제단에서 집은 바 핀 숯을 손에 가지고 내게로 날아와서 7 그것을 내 입술에 대며 이르되 보라 이것이 네 입에 닿았으니 네 악이 제하여졌고 네 죄가 사하여졌느니라 하더라(사 6:6-7).

용서를 받게 됩니다.

마지막, 8절입니다.

내가 또 주의 목소리를 들으니 주께서 이르시되 내가 누구를 보내며 누가 우리를
위하여 갈꼬 하시니 그 때에 내가 이르되 내가 여기 있나이다 나를 보내소서 하
였더니(사 6:8).

소명을 받게 됩니다. 우리는 아무 목적 없이 이 땅에 태어나는 것이 아
닙니다. 목적이 있어서 태어나고, 이루어야 할 소명이 있습니다. 하나님을
만날 때 그 소명을 확인하는 것입니다. 그래서 하나님을 만난다는 것은 인
생이 바뀌는 가장 중요한 사건입니다.

스랍에게 배워야 할 것

두 번째 주제입니다. 성전에서 하나님을 만나는 일이 항상 일어나야 하
는데, 왜 요즘에는 일어나지 않는가? 왜 나에게는 일어나지 않는가? 어떻
게 해야 하나님을 만나는 사건이 일어날 수 있는가? 이것이 두 번째 주제
입니다.
그 대답은 바로 "스랍"입니다. 스랍이란 하나님을 가장 가까이에서 섬기
는, 천사 중에서 가장 높은 천사입니다.

스랍들이 모시고 섰는데 각기 여섯 날개가 있어 그 둘로는 자기의 얼굴을 가리었
고 그 둘로는 자기의 발을 가리었고 그 둘로는 날며(사 6:2).

스랍은 날개가 여섯 개 있는데, 두 날개로는 얼굴을 가렸고, 두 날개로는

발을 가렸고, 두 날개로는 날아다니면서 찬양합니다. 본문은 스랍을 자세하게 설명합니다. 왜냐하면 그것을 통해 배워야 할 것이 있기 때문입니다.

두 날개로 얼굴을 가렸습니다. 왜 가렸을까요? 하나님을 가장 가까이에서 섬기고 있지만 "하나님을 대면하기에는 나는 부족하다"는 고백입니다. 마치 시골에 사는 농부가 왕을 만났을 때, 감히 눈을 들지 못하는 모습과 같습니다. 하나님과 자신의 엄청난 차이, 그 앞에서 부끄러워 감히 얼굴을 들지 못합니다. 하나님 앞에서 자기의 부족함을 깊이 깨닫는 모습을 보여줍니다.

발을 가렸다는 것은 무슨 뜻일까요? 발이란 내가 살아온 지난날의 삶을 의미합니다. 내 발로 걸어온 길, 그것이 나의 과거입니다. 이력서는 자기의 과거역사입니다. 여기서 '이'는 밟을 리(履)입니다. '내가 밟고 지나온 길'이란 뜻입니다. 그러므로 발을 가린다는 것은 내 맘대로 행동하지 않는다는 의미입니다. 나를 위해서가 아니라 하나님을 위해서, 내가 원하는 길이 아니라 하나님이 원하시는 길을 걸어간다는 것입니다. 우리식으로 말하면 "내 인생은 내 것이 아닙니다. 나는 없습니다. 나에게는 오직 하나님만 있을 뿐입니다." 이런 고백이 되겠습니다.

두 날개로는 날아다니면서 찬양합니다. 어디로 날아가는가? 하나님을 향하여 날아갑니다. 그들의 관심과 목적은 하나님께 있습니다. 그리고 입으로는 하나님을 찬양합니다. "거룩하다, 거룩하다, 거룩하다. 만군의 여호와여 그의 영광이 온 땅에 충만하도다."

거룩하다는 말은 구별된다는 뜻입니다. "하나님은 이 세상의 어떤 것과도 구별되신다. 어느 것과도 비교할 수 없다." 다시 말하면 "하나님이 최고다, 하나님이 최고다, 하나님이 최고다. 하나님의 영광이 온 땅에 충만하다." 이렇게 외치는 것입니다.

여러분은 무엇이 최고라고 생각합니까? 자식인가요, 건강인가요, 돈인가요, 권력입니까? 입으로가 아니라 정말 마음 깊은 곳에서 이것이 최고라고 고백하는 것이 무엇입니까? 스랍들은 하나님이 최고라고 외칩니다. 하나님이 최고라고, 온 맘을 다하여 하나님을 찬양합니다.

정리하자면 스랍들은 어떤 존재입니까? 하나님을 가장 가까이 모시면서도 자기들의 부족함을 뼈저리게 느끼며, "나는 없고 오직 하나님만 있으며, 하나님께 온 맘을 드립니다. 하나님이 최고입니다." 이렇게 찬양하는 존재입니다. 그들의 마음은 하나님으로 꽉 차 있고, 그들의 입술에는 찬양이 가득합니다. 그 찬양소리가 성전의 터를 진동시켰습니다. 하나님에 대한 열정으로 충만한 존재, 그들이 스랍입니다.

자, 이제 돌아가서 성전에서 하나님을 만나는 일이 일어나려면 어떻게 해야 할까요? 스랍들을 본받아야 합니다. 그들처럼 하나님 앞에서 겸손히 자기를 낮추며, 하나님을 위한 삶을 살아가며, 하나님께 온 맘을 드리며 찬양해야 합니다. 이것이 우리가 하나님께 가져야 할 자세입니다. 이런 마음을 가지고 성전으로 나올 때, 언제나 하나님을 만날 수 있다는 것입니다.

거룩한 열정이 살아나려면

그런데 우리에게는 왜 이런 거룩한 열정이 없는가? 거룩한 열정이 생길 만큼 하나님 앞에 머물지 않기 때문입니다. 하나님 앞에 머물수록 하나님을 향한 열정이 불붙게 되어 있습니다. 햇볕을 한 점에 모으면 시간이 지나면 그곳이 탑니다. 불이 붙습니다. 마찬가지입니다. 하나님 앞에 좀 더 머물면, 마음을 모으고 그 앞에 서면, 그렇게 할수록 거룩한 열정이 회복되는 것입니다. 하나님께 집중할수록 하나님을 향한 열정이 불붙게 되는 것입니다. 그런데 세상은 우리의 관심을 자꾸만 분산시킵니다. 갈수록 더 그렇게 될 것입니다. 그러므로 하나님을 향한 열정을 유지하기 더욱 어려운 시대가 되었습니다.

지난달에 친구 목사님을 만났는데, 그분이 자기가 요즘 변했다고 하면서 매일 유튜브를 보았는데, 어느 날 시간을 재 보았더니 잠깐이라고 생각했는데, 3시간 이상 보고 있더랍니다. '큰일 났다. 내가 유튜브에 빠져 죽겠다'는 생각이 들어서 유튜브 보는 시간을 30분 이내로 줄이고, 그 대신 더 기도하고 더 독서에 몰두하겠다고 결심했는데 그 시간을 지키는 것이 너무 어렵다고, 기도해 달라고 부탁했습니다. 그러니 젊은 사람들은 어떻겠습니까?

세상으로 향하던 관심을 줄이고, 하나님께 더 집중하면 하나님을 만날 수 있습니다. 그렇게 되면 그 사람도 하나님을 만나게 되지만, 이런 사람들이 많아지면 성전에 찬양의 영이 가득하게 되고, 하나님의 임재가 더 많이 나타나게 될 것입니다.

거룩한 씨앗

마지막 세 번째 주제입니다. 이사야는 소명을 받았습니다. "내가 누구를 보내며 누가 우리를 위하여 갈꼬?" 그러자 이사야는 "내가 여기 있나이다. 나를 보내소서." 이렇게 응답했습니다. 그런데 하나님은 놀라운 말씀을 하셨습니다.

여호와께서 이르시되 가서 이 백성에게 이르기를 너희가 듣기는 들어도 깨닫지 못할 것이요 보기는 보아도 알지 못하리라 하여(사 6:9).

"가서 전하지만 그들은 들어도 깨닫지 못할 것이다." 이사야가 답답해서 물었습니다.

내가 이르되 주여 어느 때까지니이까 하였더니 주께서 대답하시되 성읍들은 황 폐하여 주민이 없으며 가옥들에는 사람이 없고 이 토지는 황폐하게 되며(사 6:11).

"어느 때까지입니까? 언제까지 깨닫지 못합니까?" "성읍들은 황폐하여 주민이 없으며, 가옥들에는 사람이 없고, 토지는 황폐하게 될 때까지다."

왜 그들은 하나님의 말씀을 들으면서도 깨닫지 못하는 것일까요? 대답 은 간단합니다. 그들의 마음에 하나님이 아닌 다른 것이 들어 있기 때문입 니다. 그런 사람들에게 "너희 마음속에서 하나님이 아닌 것을 다 몰아내 고, 하나님을 최고의 가치로 여기고 사랑하며 섬겨라. 하나님으로 만족하 는 영혼이 돼라." 이렇게 말하면 알아들을 수 있을까요? 귀로는 듣지만 마 음으로는 깨닫지 못합니다.

그렇다면 언제 깨달을 수 있을까요? 언제 하나님의 음성을 들을 수 있을 까요? 세상에서 믿던 모든 것이 다 끊어질 때입니다. "아, 내가 지금까지 중요하게 여긴 것들, 내 마음에 행복과 만족을 준다고 생각했던 이 모든 것 이 아무것도 아니구나." 그때가 되어서야 하나님의 음성이 들릴 것입니다.

그렇다면 자기가 소중하게 생각하는 것들을 다 잃어버리면 모든 사람이 하나님의 음성을 들을 수 있을까요? 아닙니다. 여기서 사람들은 둘로 갈 라집니다. 자기가 의지하고 사랑했던 것을 하나님이 다 제거하실 때, 원망 하는 사람들이 있습니다. "하나님은 왜 내가 소중하게 여기는 것을 다 빼 앗고, 나에게 고난을 주시는가? 나는 그런 하나님이 싫다. 하나님은 없다." 그래서 하나님을 떠나는 사람들이 있습니다. 그들은 원래 하나님을 사랑 한 사람들이 아닙니다. 하나님의 이름을 부르고 예배하는 자 같았지만 그들에게 있어서 하나님은 자기가 원하는 것을 주는 수단에 불과했습니다.

그러나 반대로 낭패와 실망을 당한 뒤에 예수께로 나오는 사람들이 있습니다. "내가 헛된 것을 추구했구나. 하나님으로만 만족할 수 있는 것인데, 내가 하나님을 떠나 세상의 헛된 것들을 구했구나." 이렇게 깨닫고 돌아오는 사람이 있습니다. 이렇게 돌아오는 사람들을 뭐라고 불렀습니까?

> 그 중에 십분의 일이 아직 남아 있을지라도 이것도 황폐하게 될 것이나 밤나무와 상수리나무가 베임을 당하여도 그 그루터기는 남아 있는 것 같이 거룩한 씨가 이 땅의 그루터기니라 하시더라(사 6:13).

"거룩한 씨앗"이라고 불렀습니다. 하나님은 그들을 그루터기로 삼아 새로운 역사를 시작하시겠다는 것입니다.

여러분의 마음은 무엇으로 가득 차 있습니까? 입으로는 하나님을 부르지만, 몸은 여기 와 있지만 여러분의 마음은 무엇으로 채워져 있습니까? 하나님인가요, 하나님이 아닌 다른 것인가요? 하나님이 아닌 것으로 채워져 있다면 하나님이 아무리 말씀하셔도 들리지 않을 것입니다. 그러므로 하나님을 입으로만 부르지 마세요. 마음으로 하나님을 간절히 찾고 부르세요. 그때, 하나님을 만날 것입니다. 그래서 하나님으로 채워질 것입니다.

"성전에서 일어나야 하는 일이 오늘도 우리 모두에게 일어나게 하소서."

살아계신 하나님!
성전을 찾는 모두에게, 언제나 하나님을 만나는 일이 일어나게 하소서.
스랍들처럼 하나님을 간절히 사모하게 하소서.
하나님의 음성을 듣지만 깨닫지 못하는 이유는
우리 마음이 하나님 아닌 것으로 차 있기 때문입니다.
우리 마음을 비워 주시고, 하나님으로만 채워 주소서.

◇ 함께 이야기하기

1. 성전에서 기도하다 하나님을 만날 때, 일어나는 세 가지 일은 무엇인가요?

2. 우리에게 거룩한 열정이 살아나려면 어떻게 해야 할까요?

3. 하나님께서 나에게 주신 소명은 무엇인지 나눠 봅니다.

7

믿지 않으면 서지 못하리라

(사 7:9)

어느 분께 이런 질문을 받았습니다. "목사님, 설교 말씀에서 이사야가 말씀을 전해도 사람들이 알아듣지 못할 것인데, 언제까지 알아듣지 못할 것인가? '그들이 하나님 대신 믿고 의지하던 것들이 다 망할 때까지 하나님의 말씀을 깨닫지 못할 것이다.' 그렇게 말씀하셨는데, 그렇다면 오늘 우리도 다 망하고 무너진 다음에야 하나님 말씀을 들을 수 있다는 말인가요? 우리가 하나님 앞에 바로 서려면 다 망해야 한다는 말인가요? 그것은 너무 비참하지 않습니까?" 이런 내용이었습니다.

저는 이렇게 대답했습니다. "설교를 잘 들으셨군요. 감사합니다. 그렇게 생각하실 수 있을 겁니다. 그러나 우리에게는 너무나 좋은 대안이 있습니다. 그것은 바로 예수님의 십자가입니다. 우리는 날마다 순간마다 내가 십자가 앞에서 죽었다는 것을 고백하면서, 내 마음을 사로잡는 하나님이 아닌 다른 것들을 몰아내야 합니다. 그래서 예수님의 십자가는 우리를 구원한 사건이지만, 빗나간 우리의 신앙을 제자리로 돌려 주는 아주 위대한 도구가 되는 것입니다. 신앙생활에 아주 중요한 고백이 있는데, "나는 십자가에 죽었습니다." 이 고백입니다. 이 고백은 내가 실존적으로 죽는 시간입니다. 다시 말하면 내 마음속에서 하나님이 아닌 것을 죽이는 시간입니다. 그러니까 실패한 후에 돌아오지 말고, 지금 잘되고 있을 때 '나는 십자가에 못 박혀 죽었습니다. 하나님으로만 내 마음을 채우게 하소서.' 이런 작업을 해야 합니다. 내 삶이 망가지지 않고도 얼마든지 하나님의 음성을 들으며, 하나님과 교제하며 살아갈 수 있습니다."

굳게 서는 비결

웃시야가 죽은 후, 요담을 거쳐 아하스가 왕이 되는데, 이사야서 7장에는 아하스 때의 사건이 등장합니다. 이사야서 7장은 이사야서뿐 아니라 열왕기서와 역대기서를 이해하는 데에도 중요한 내용입니다.

그럼 아하스 왕 때 어떤 사건이 벌어졌을까요?

> 웃시야의 손자요 요담의 아들인 유다의 아하스 왕 때에 아람의 르신 왕과 르말리
> 야의 아들 이스라엘의 베가 왕이 올라와서 예루살렘을 쳤으나 능히 이기지 못하
> 니라(사 7:1).

아람과 북이스라엘 연합군이 남유다를 공격했습니다. 그들은 왜 쳐들어 왔는가? 북쪽의 앗수르가 너무 강하니까 대항하기 위해서 원수였던 두 나라가 연합을 하였습니다. 그래도 힘이 부족하자 남유다도 함께 반(反)앗수르 정책에 가담하라고 했습니다. 그런데 아하스는 이를 거절합니다. 오히려 친(親)앗수르 정책을 고수합니다. 두 나라가 힘을 합쳐도 부족한데, 남쪽의 유다가 반대를 합니다. 자신들의 뒤에 적을 두고 앗수르에 맞설 수가 없으니 아예 유다를 쳐서 무너뜨리자는 것입니다.

두 나라 연합군의 공격을 받고 아하스는 어떻게 반응했습니까?

> 어떤 사람이 다윗의 집에 알려 이르되 아람이 에브라임과 동맹하였다 하였으므
> 로 왕의 마음과 그의 백성의 마음이 숲이 바람에 흔들림 같이 흔들렸더라(사 7:2).

숲이 바람에 흔들림같이 흔들렸습니다. 무서워서 정신을 차릴 수 없었다는 것입니다. 그러자 하나님이 이사야에게 말씀하셨습니다.

그 때에 여호와께서 이사야에게 이르시되 너와 네 아들 스알야숩은 윗못 수도 끝 세탁자의 밭 큰 길에 나가서 아하스를 만나(사 7:3).

"너와 네 아들이 아하스를 찾아가서 만나라." 아하스는 신앙이 없는 왕이었습니다. 그래서 이사야를 잘 만나 주지 않았던 것 같습니다. 왕이 성 밖으로 시찰을 나왔을 때, 이사야는 왕을 만나게 됩니다. 그곳이 윗못 수도입니다. 윗못 수도는 커다란 저수지로, 예루살렘 주민들의 식수원입니다. 예루살렘은 높은 곳에 있으니까 천연의 요새인데, 약점은 물이 귀했습니다. 적들에게 포위되면 어떻게 예루살렘 성의 식수를 확보할 것인지, 어떻게 하면 적들에게 물을 빼앗기지 않을 것인지 대책을 세우려고 왕이 시찰을 나온 것입니다.

이사야는 아하스에게 이렇게 말했습니다.

4 그에게 이르기를 너는 삼가며 조용하라 르신과 아람과 르말리야의 아들이 심히 노할지라도 이들은 연기 나는 두 부지깽이 그루터기에 불과하니 두려워하지 말며 낙심하지 말라 5 아람과 에브라임과 르말리야의 아들이 악한 꾀로 너를 대적하여 이르기를 6 우리가 올라가 유다를 쳐서 그것을 쓰러뜨리고 우리를 위하여 그것을 무너뜨리고 다브엘의 아들을 그 중에 세워 왕으로 삼자 하였으나 7 주 여호와의 말씀이 그 일은 서지 못하며 이루어지지 못하리라 8 대저 아람의 머리는 다메섹이요 다메섹의 머리는 르신이며 육십오년 내에 에브라임이 패망하여 다시는 나라를 이루지 못할 것이며(사 7:4-8).

"너는 삼가며 조용하라. 두려워하지 말라. 두 왕 르신과 베가가 대단한 것같이 보여도 연기 나는 두 개의 부지깽이와 같다. 불이 꺼진 나무막대기에 불과하다. 연기만 날 뿐이지 다른 것을 불태울 수 없다. 힘이 다 빠졌으니 두려워하지 말라. 그들은 너를 폐위시키고, 다브엘의 아들을 허수아비 왕으로 세워서 조종하겠다고 계획을 세웠다. 그러나 그들의 시도가 성공하지 못할 것이다. 왜냐하면 내가 허락하지 않았다. 르신이 아람의 절대 권력자라고 하지만 다 소용없고, 이스라엘이 강력해 보여도 65년 내에 완전히 망해서 역사에서 사라질 것이다. 그런데 지금 네 마음은 흔들리고 있다. 나라가 망할 것 같지? 그래서 두렵지? 어떻게 하면 흔들리지 않고 굳게 설 수 있겠느냐?"

하나님은 두려움 앞에 흔들리지 않고 굳게 설 수 있는 비결을 말씀하십니다.

에브라임의 머리는 사마리아요 사마리아의 머리는 르말리야의 아들이니라 만일 너희가 굳게 믿지 아니하면 너희는 굳게 서지 못하리라 하시니라(사 7:9).

"적들을 바라보면 굳게 서지 못한다. 흔들릴 수밖에 없다. 그러나 왕들이 역사를 만드는 것이 아니라 내가 세상을 경영한다. 그러므로 말씀을 굳게 믿어야 굳게 설 수 있다!"

징조를 주시는 하나님

지금 아하스 앞에는 두 가지가 있습니다. 눈에 보이는 적들과 그들이 별 것 아니라고 하시는 하나님의 말씀입니다. 전쟁과 하나님의 말씀입니다. 둘 중에 어느 것을 바라보는 것이 쉬울까요? 눈에 보이는 적들입니까, 보이지 않는 하나님의 말씀입니까? 당연히 보이는 적들을 바라보기 쉽죠. 우리 인간은 감각의 세계에 살고 있기 때문에 눈에 보이고 손으로 만질 수 있는 것에 마음을 빼앗기기 쉽습니다. 이것을 하나님이 아십니다. 그래서 아하스에게 뭐라고 하셨습니까? 11절입니다.

> 너는 네 하나님 여호와께 한 징조를 구하되 깊은 데에서든지 높은 데에서든지 구하라 하시니(사 7:11).

"징조를 보여줄 테니 원하는 징조를 구하라." 징조란 무엇입니까? 말씀을 믿기가 어려울 때 그 말씀을 믿을 수 있도록 해 주는 사건입니다. 사사기 6장에 보면 사사 기드온에게 하나님이 말씀하셨습니다. "나가서 미디안과 싸워라. 내가 너와 함께하리라. 반드시 이기리라." 그러나 그는 너무나 두려워서 기도합니다. "주께서 나와 함께할 징조를 보여 주소서. 양털 뭉치를 마당에 두리니 이슬이 양털에만 있고, 마당에는 없게 하소서." 아침에 나가 보니 마당은 말라 있는데 양털에는 이슬이 가득하여 짜니 물이 그릇에 가득 찼습니다. 그러자 기드온은 "한 번만 더 보여 주소서. 이번에는 반대로 양털만 마르고 땅은 이슬로 가득하게 하소서."라고 기도했고, 정말로 그렇게 되었습니다. 그러자 그는 확실히 믿고 전쟁에 나가 대승을 거두었습니다. 이렇게 약속을 믿을 수 있도록 해 주는 증거가 징조입니다. 그 징조를 보여줄 테니 그것을 보고 믿음을 가져라. 아주 은혜로운 제안입니다.

그런데 아하스는 뭐라고 대답했나요?

> 아하스가 이르되 나는 구하지 아니하겠나이다 나는 여호와를 시험하지 아니하겠나이다 한지라(사 7:12).

아하스는 징조를 구하지 않았습니다. "나는 하나님을 시험하지 않겠습니다." 말은 그럴듯하지만 사실 이 말의 의미는 하나님을 신뢰하지 않고,

믿지 않겠다는 것입니다. "나는 그런 약속은 신뢰할 수 없고 눈에 보이는 강한 군대를 믿습니다. 하나님의 약속보다는 앗수르의 군대가 더 좋습니다." 이런 뜻입니다. 그러자 이사야가 화를 냅니다.

이사야가 이르되 다윗의 집이여 원하건대 들을지어다 너희가 사람을 괴롭히고서 그것을 작은 일로 여겨 또 나의 하나님을 괴롭히려 하느냐(사 7:13).

왕은 믿음이 없습니다. 왕이 불신앙의 길을 가기 때문에 얼마나 백성이 힘든지 모르는데, 하나님을 또 괴롭히는 것입니까? 그러나 하나님이 친히 징조를 주실 것입니다.

그러므로 주께서 친히 징조를 너희에게 주실 것이라 보라 처녀가 잉태하여 아들을 낳을 것이요 그의 이름을 임마누엘이라 하리라(사 7:14).

아주 유명한 말씀이죠? "보라 처녀가 잉태하여 아들을 낳을 것이요 그 이름을 임마누엘이라 하리라." 예수님 탄생에 대한 예언입니다.

"나는 다윗의 가문에서 메시아가 탄생할 것이라고 약속했다. 하나님이 우리와 함께 계신다는 것을 보여 주기 위해서, 임마누엘을 증명하기 위해서 메시아가 오실 것이다. 그는 처녀의 몸에서 태어나게 될 것이고, 이름은 임마누엘이 될 것이다. 그런데 너희는 그런 약속을 받을 자격이 없다. 그러나 약속의 후손이므로 이번 전쟁으로 망하지는 않을 것이다. 그러니까 눈에 보이는 적들을 두려워하지 마라. 그러면 임마누엘의 약속을 누리게 되리라."

그런데 이 약속이 이루어지려면 너무나 오랜 시간이 흘러야 합니다. 700년이나 기다려야 합니다. 눈앞에서 전쟁이 벌어지고 있는데, 그 미래를 믿는다는 것이 막연하게 느껴질 수 있습니다. 그러므로 이 징조를 믿게 하기 위해서 더 빨리 이루어질 또 하나의 징조를 말해 줍니다. 그것이 16절입니다.

대저 이 아이가 악을 버리며 선을 택할 줄 알기 전에 네가 미워하는 두 왕의 땅이 황폐하게 되리라(사 7:16).

여기서 이 아이는 "임마누엘"이라는 이름을 가진 메시아 아기가 아니라, 이사야의 아들입니다. 지금 눈앞에 있는 이 아이가 악을 버리고 선을 선택할 때가 되기 전에 두 나라가 황폐하게 될 것입니다.

이사야가 이렇게 말하자 아하스가 묻습니다. "이 아이가 누군가? 그대의 아들인가?" "그렇습니다." "이름이 뭔가?" "스알야숩입니다." "스알야숩? 이름 참 이상하군. 그럼 '남은 자가 돌아온다'는 말 아닌가?" "왕이여, 그렇습니다. 하나님께로 돌아오십시오. 하나님은 이 나라를 구원하길 원하십니다. 그래서 영원한 메시아를 보낼 것입니다. 그것을 믿으세요. 그것이 너무 멀다면 이 아이가 악을 버리고 선을 선택하기 전에 두 나라가 황폐하게 될 것입니다. 이 말씀을 믿고 흔들리지 마세요. 이 말씀대로 될 것입니다."

여기서 악을 버리고 선을 선택한다는 것은 무슨 뜻일까요? 이것이 옳은 것인지, 옳지 않은 것인지 선악을 판단할 수 있다는 말이라면 선악을 판단하는 것은 몇 살이면 가능할까요? 대개 학교에 들어가는 나이, 그러니까 대여섯 살만 되면 알 수 있습니다. 그러므로 교육이 가능한 것입니다. 그런가 하면 철이 든다는 뜻으로 해석할 수도 있습니다. 그렇다면 사춘기는 되어야 합니다. 대개 12-13세는 되어야 합니다.

그런데 지금 이사야의 아들 스알야숩이 몇 살인지 우리는 모릅니다. 이사야와 아하스는 알겠지요. 어찌 되었건 오래되지 않아서 두 나라는 황폐하게 되고, 두 나라 왕은 죽을 것입니다. 그런데 언제 두 왕이 죽었는가? 이 예언을 하고 3년 정도 있다가 죽습니다. 베가는 호세아라는 사람이 반역을 일으켜 살해하고, 르신은 앗수르가 다메섹을 침공해서 죽였습니다. 그러니까 3년 안에 예언이 성취되었으니까 역으로 생각해 보면 스알야숩은 3-4세 정도였다는 것이고, 선악을 분별할 수 있는 나이는 6-7세 때라는 말입니다.

그런데 3년 후의 일도 미래의 일이라서 믿을 수 없다면 어떻게 할까요? 이 사건 이전에 어떤 일이 일어났습니까? 요담 왕 때 북이스라엘이 쳐들어와서 유다와 전쟁을 했습니다. 그때 유다 백성 12만 명이 죽었고, 20만 명이 포로로 잡혀갔습니다. 그런데 이스라엘의 선지자 오뎃이 예언을 했습니다. "너희가 형제를 사로잡아 왔는가? 하나님이 유다에게 진노하셔서 그들이 전쟁에 졌지만, 우리가 그들을 포로로 잡아오는 것은 하나님이 원하지 않으신다. 돌려보내라. 아니면 하나님의 진노가 우리에게 임할 것이다." 그 말을 듣고 이스라엘은 20만 명의 포로를 돌려보냈습니다. 역대하 28장 8-11절에 잘 나타나 있습니다. 그래서 남은 자가 돌아옵니다. 이 아기의 이름이 스알야숩입니다. 무슨 뜻이죠? "남은 자가 돌아오리라." 아이의 이름이 이미 성취된 것입니다.

여기서 예언의 메커니즘이 나옵니다. 이미 성취된 것을 통해서 바로 앞에 있는 일을 믿게 되고, 그 일을 통해 더 먼 미래의 일을 믿게 되는 것입니다. "스알야숩"이라는 이름이 이미 성취되었습니다. 이제 스알야숩을 통해서 앞으로 몇 년 후의 예언도 이루어질 것을 믿을 수 있습니다. 또 그 사건이 이루어지는 것을 보면서 한참 뒤에 있을 임마누엘 사건도 믿을 수 있게 되는 것입니다.

두 가지 현실 앞에서

그러나 이것을 믿지 못하고 앗수르를 의지하면 어떻게 될까요?

그 날에는 주께서 하수 저쪽에서 세내어 온 삭도 곧 앗수르 왕으로 네 백성의 머리 털과 발 털을 미실 것이요 수염도 깎으시리라(사 7:20).

"앗수르가 와서 두 나라를 망하게 하고, 너희도 큰 고생을 하게 될 것이다. 그러므로 말씀을 믿고 굳게 서라. 말씀을 믿지 못하고 두려워서 잘못된 일을 하지 마라." 안타까운 마음으로 예언했습니다. 이것이 7장의 내용입니다. 그런데 아하스는 어떻게 했을까요?

7 아하스가 앗수르 왕 디글랏 빌레셀에게 사자를 보내 이르되 나는 왕의 신복이요 왕의 아들이라 이제 아람 왕과 이스라엘 왕이 나를 치니 청하건대 올라와 그 손에서 나를 구원하소서 하고 8 아하스가 여호와의 성전과 왕궁 곳간에 있는 은 금을 내어다가 앗수르 왕에게 예물로 보냈더니(왕하 16:7-8).

온 나라의 보물과 성전 보물까지 갖다 바치면서 스스로 종이 되기로 약속했습니다. 하나님 말씀만 믿으면 굳게 설 수 있는데, 이 전쟁도 물러갈 수 있는데, 아하스는 앗수르의 종이 되는 길을 택했던 것입니다. 그러므로 이 장의 제목입니다. "믿지 않으면 서지 못하리라."

자, 이것은 지나간 과거의 사건입니다. 이사야 7장 말씀이 우리에게 주는 의미는 무엇일까요? 여러분이 아하스의 입장이 되었다고 생각해 보십시오. 내 앞에 두 가지 사실이 있습니다. 전쟁과 하나님이 함께하신다는 약속입니다. 둘 중에서 어느 것을 현실로 선택할 것인가, 묻는 것입니다. 하나님이 아하스와 함께하시려고 해도, 아하스가 적들을 바라보며 두려워하고 거기에 마음을 빼앗긴다면 하나님이 함께하실 수 없습니다. 함께하셔도 아하스는 느끼지 못합니다. 아하스의 마음이 두 왕에게 가 있기 때문입니다.

하나님은 우리와 함께하십니다. 임마누엘의 하나님이십니다. 그런데 이 약속이 진정으로 이루어지려면 어떻게 해야 합니까? 예를 들면 어떤 분이 나와 함께하십니다. 내 옆에 계십니다. 그런데 나는 그분을 쳐다보지도 않고, 관심도 없습니다. 그렇다면 그분이 나와 함께하고 있어도 내게는 함께하는 것이 아닙니다. 그분이 나와 함께하는 것을 느끼려면 나도 그분과 함께해야 합니다. 그분에게 관심을 가지고 쳐다보고 그분에게 마음을 드려야 합니다. 그러므로 임마누엘은 언제나 우리에게 선택을 요구합니다. '네 마음을 누구에게 줄 것인가?' 하나님께 내 마음을 드리면, 하나님이 나와 함께하신다는 임마누엘을 경험할 수 있습니다. 그 결과 굳게 설 수 있습니다. 우리 앞에는 언제나 두 가지 현실이 있습니다. 하나는 우리의 마음을 빼앗고 두렵게 만드는 일입니다. 또 하나는 하나님의 말씀입니다. 문제에 내 마음을 두면 우리는 숲이 바람에 흔들리는 것같이 정신을 못 차릴 것입니다. 그러나 그때에도 보이지 않는 하나님의 말씀, 임마누엘의 징표를 붙들어야 합니다. 하나님이 나를 사랑하시는 최고의 징표가 무엇일까요? 십자가입니다. 예수님의 십자가를 붙들어야 합니다.

보이는 현실이 아무리 커도 거기에 마음을 빼앗기지 말고, 언제나 십자가를 바라보고 하나님의 사랑에 마음을 두고 살아야 합니다. 그럴 때 큰 사건은 연기 나는 부지깽이에 불과한 것이 되고 맙니다. "굳게 믿지 않으면 굳게 서지 못하리라."

"수많은 사건 앞에서 거기에 마음을 빼앗기지 말고, 하나님의 말씀을 붙잡고, 굳게 서게 하소서."

역사를 주관하시는 살아계신 하나님!
우리 앞에는 언제나 많은 사건이 있습니다.
우리를 힘들게 하고, 두렵게 하고, 막막하게 하고, 낙심하게 만드는
수많은 사건에 빠져들지 말고,
임마누엘로 오신 예수님을 바라보게 하소서.
말씀을 굳게 믿고, 견고히 서게 하소서.

◇ 함께 이야기하기

1. 아하스 왕이 저지른 가장 큰 잘못은 무엇인가요?

2. 스알야숩의 이름이 성취된 것을 통해 알 수 있는 예언의 메커니즘은 무엇인 가요?

3. 우리에게 주어진 두 가지 현실은 무엇인가요? 여기에서 우리는 무엇을 선택해 야 할까요? 그리고 그 결과는 무엇인가요?

8

무엇을 버리고 무엇을 기뻐하는가

(사 8:5-8)

마음을 주기 때문에

옛날 그리스의 고린도라는 도시에 철학자 디오게네스(Diogenes)가 살고 있었습니다. 그는 현명하기도 했지만 아주 검소해서 어떤 소유물도 가지지 않았습니다. 그는 커다란 나무 항아리 안에 살면서 이리저리 옮겨 다니며 살았습니다. 알렉산더 대왕이 고린도를 방문했는데, 왕을 맞이하는 모임에 디오게네스가 보이지 않자 디오게네스를 존경했던 알렉산더 대왕은 그를 직접 찾아갔습니다. 디오게네스는 나무 항아리에 누워서 일광욕을 하다가 왕을 보고 일어나 앉았습니다. 왕이 그에게 말했습니다. "디오게네스, 나는 그대로부터 많은 지혜를 배웠고 감동을 받았소. 내가 그대를 위해 뭔가 해 주고 싶은데, 소원이 있으면 말해 보시오." 그러자 디오게네스는 말했습니다. "왕이여, 저는 왕이 햇볕을 가리지 말고 옆으로 조금 비켜 주시면 좋겠습니다. 제가 바라는 것은 그것뿐입니다." 깜짝 놀란 왕은 비켜선 다음에 신하들에게 이렇게 말했습니다. "내가 알렉산더가 아니었다면, 디오게네스가 되었을 것이다."

왕이 줄 수 있는 이 세상의 모든 것이 디오게네스에게는 사소한 것에 지나지 않았습니다. 왜냐하면 소유에 대해 마음이 없었기 때문입니다.

"우리는 사소한 것에 목숨을 건다"는 말이 있습니다. 그런데 사소한 것이란 무엇일까요? "이것이 사소한 것이다." 이렇게 사소한 것이 뭔지 객관적으로 설명할 수 있을까요? 아닙니다. 심리학적으로 말하면 사소한 것은 없습니다. 왜냐하면 모든 것의 가치는 내가 얼마만큼 내 마음을 거기에 두느냐에 따라 달라지는 것이기 때문입니다.

술을 좋아하는 사람이라면 그에게는 술이 가치 있습니다. 그러나 술을 먹지 않는 사람에게는 가치가 없습니다. 아무리 비싼 술이 있어도 나하고는 상관없습니다. 보석을 좋아하는 사람은 보석에 엄청난 가치를 둡니다. 그러나 보석에 관심이 없는 사람에게 보석은 사소한 것입니다. 하나님이 얼마나 위대한 분이십니까? 이 세상 무엇과도 바꿀 수 없는 분이고, 내 생명보다 더 소중한 분이십니다. 그런데 어떤 사람은 하나님에게 아무 관심이 없습니다. 하나님의 존재 자체도 인정하지 않습니다.

그러므로 어떤 것이 중요하고 어떤 것이 사소한가, 그것은 객관적인 대상의 가치에 있는 것이 아니고, 내가 그것에 어떤 가치를 부여하느냐, 내가 그것에 얼마나 내 마음을 주느냐에 달려 있습니다. 그러니까 그가 무엇을 좋아하는가? 그가 무엇을 소중히 여기는가? 어떤 것이 사소한 일이고, 어떤 것이 소중한 일인가? 이 질문을 통해 우리가 어떤 사람인지 알 수 있습니다.

증거를 남기라

이사야서 8장은 이렇게 행동하는 아하스와 아하스의 부탁을 받고 쳐들어오는 앗수르에 대한 하나님의 선포입니다. 하나님은 이사야에게 말씀하셨습니다.

> 여호와께서 내게 이르시되 너는 큰 서판을 가지고 그 위에 통용 문자로 마헬살랄
> 하스바스라 쓰라(사 8:1).

"큰 서판을 가지고." 서판이 무엇입니까? 그 당시에는 종이가 없었습니다. 글씨를 쓰려면 가죽에다 쓰든지 아니면 흙을 곱게 이겨서 얇은 판에 써야 했습니다. 이것이 토판입니다. 거기에 글씨를 쓰면 서판이 됩니다. 서판 크기는 대학 노트 사이즈인데, 본문에서는 그것보다 훨씬 크게 대자보처럼 만들어서 그 위에 통용 문자로 쓰라고 했습니다. 통용 문자란 보통 사람들이 사용하는 언어로 기록하라는 것입니다.

옛날에는 말과 글이 서로 달랐습니다. 그래서 말은 누구나 하지만 글을 읽거나 쓰기는 어려웠습니다. 우리나라도 말은 우리말이었지만 글은 한자였기 때문에 대부분의 평민은 글을 읽지 못했습니다. 그래서 하나님은 소수만 아는 어려운 글로 쓰지 말고, 모든 사람이 읽을 수 있는 말로 기록하라고 하신 것입니다.

왜 이런 명령을 하셨을까요? 이사야가 예언한 내용을 공식 기록으로 남기라는 것입니다. 그냥 말로만 예언하고 끝났다면 후세 사람들은 그 일이 성취된다고 해도 언제 어떤 예언을 했는지 기억도 못할 것입니다. 원하지 않는 일이 일어났을 때, '미리 이런 일이 일어날 것이라고 말해 주었다면 우리가 회개하고 돌아와서 이런 일을 만나지 않았을 텐데….' 사람들이 이런 소리를 못하도록 증거를 남기라는 것입니다.

무엇이라고 기록했습니까? 제목은 '마헬살랄하스바스.' 이는 '속히 노략을 당할 것이다.'라는 뜻입니다. 그 밑에다가 내용을 쓰라. "이사야가 아하스 왕에게 가서 하나님을 믿고 굳게 서라. 그러나 두 왕을 두려워하면, 그래서 앗수르 군대를 불러들이면 앗수르가 북이스라엘과 아람을 침공할 것이고, 그다음에 유다를 무척 괴롭힐 것이다." 이사야가 이렇게 예언했다는 것을 기록하고, 가장 믿을 수 있는 증인 두 사람 우리야와 스가랴가 사인을 해라. 이사야가 언제 어떤 예언을 누구에게 했고, 그 내용은 무엇인지 사인하라. 요즘 말로는 공중하라는 것입니다.

그런데 여기서 끝나지 않습니다. 하나님은 더 놀라운 방법을 말씀하십니다.

> 내가 내 아내를 가까이 하매 그가 임신하여 아들을 낳은지라 여호와께서 내게 이르시되 그의 이름을 마헬살랄하스바스라 하라(사 8:3).

이사야의 둘째 아들이 막 태어났는데, 그 아들의 이름을 서판의 제목과 똑같게 마헬살랄하스바스라고 지으라는 것입니다. 왜냐하면 서판은 움직이지 않습니다. 그러나 아이는 살아서 움직이는 존재입니다. 이사야의 아들, 마헬살랄하스바스가 이동 광고판이 되는 것입니다.

> 이는 이 아이가 내 아빠, 내 엄마라 부를 줄 알기 전에 다메섹의 재물과 사마리아의 노략물이 앗수르 왕 앞에 옮겨질 것임이라 하시니라(사 8:4).

"아이가 아빠, 엄마라고 말하기 전에." '다메섹'은 아람의 수도이고, 사마리아는 북이스라엘의 수도입니다. 두 나라가 앗수르에게 망한다는 것입니다.

이사야는 그 당시 최고로 유명한 예언자입니다. 그 이사야 선지자가 아들을 낳았는데, 아들 이름이 마헬살랄하스바스, '속히 노략을 당할 것이다.' 이렇게 지었다면 빅뉴스가 될 수 있습니다. 예를 들면 6.25전쟁 몇 년 전에 아주 유명한 김 목사님이 있었다고 합시다. 그분이 예언을 했습니다. "우리나라에 곧 큰 전쟁이 일어날 것이다." 그리고 막 태어난 아들을 '김전쟁'이라고 불렀습니다. "이 아이가 엄마, 아빠라고 말하기 전에 전쟁이 일어날 것이다." 이렇게 예언했다면 사람들이 어떻게 생각할까요? '전쟁은 무슨 전쟁이야?' 그러나 그 아이를 바라볼 때마다 전쟁이 일어날 것이라는 예언이 생각나겠지요? 그런데 아이가 말을 시작할 때 정말 전쟁이 났다면 어떻게 될까요? "아, 맞아. 그때 목사님이 그렇게 예언했었지." 깨닫게 될 것입니다. 당시에는 믿지 않았지만 그 예언의 진실성을 뒤늦게라도 인정할 수 있을 것입니다.

왜 이런 일을 하라고 하십니까? 하나님은 말씀을 주시고, 거기서 끝나지 않습니다. 그 말씀을 잊어버리지 말라. 말씀을 기억하고, 그 말씀에 응답하는 삶을 살라는 것입니다. 왜냐하면 말씀은 확실하니까요.

세 종류의 물

이사야는 또다시 예언합니다.

> ⁵ 여호와께서 다시 내게 말씀하여 이르시되 ⁶ 이 백성이 천천히 흐르는 실로아 물을 버리고 르신과 르말리야의 아들을 기뻐하느니라(사 8:5-6).

유다의 행동은 마치 무엇과 같은가, 비유를 들어서 설명합니다. 본문에는 세 종류의 물이 등장합니다. 그 당시 나라들과 그들의 성격을 세 종류의 물로 설명합니다.

첫째, 조용히 흐르면서 예루살렘 사람들에게 생수를 공급하는 '실로아'입니다. 히브리어로는 '실로아'이고, 헬라어로는 '실로암'입니다. 실로아는 어떤 물인가? 예루살렘을 둘러싸고 있는 모리아산과 시온산 사이를 흐르는 시냇물입니다. 예루살렘의 물의 근원입니다. 그러므로 예루살렘의 상징이며, 예루살렘을 향한 하나님의 고요하고 풍성한 은혜의 상징입니다.

둘째, 정반대로 아주 흉용하고 창일한 큰 하수가 있습니다. 이사야서

8장 7절입니다. 앗수르 왕과 그들의 위력을 상징합니다. 엄청난 군대와 홍수같이 속히 밀어닥치는 그들 앞에서는 아무것도 남아나지 않습니다.

셋째, 그 중간에 아람과 북이스라엘을 나타내는 중간 크기의 강물이 있습니다. 앗수르보다는 약하지만, 고요한 실로아보다는 훨씬 크고 강한, 중간 크기의 물이 아람과 북이스라엘입니다.

그런데 6절에 보면 유다는 실로아를 버렸습니다. 하나님의 은혜를 버리고, 오히려 르신과 르말리야의 아들을 기뻐했습니다. 그런데 정말 아하스가 두 왕을 기뻐했나요? 아닙니다. 숲이 바람에 흔들리듯이 정신을 못 차릴 정도로 두려워했습니다. 그런데 기뻐했다니 무슨 뜻일까요? 여기서 우리는 기쁨이 어떻게 생기는지를 살펴보아야 합니다.

내가 그것을 의지하고 그것으로 내 마음을 채우려고 할 때, 그것이 나에게 기쁨이 되는 것입니다. 반대로 내가 의지하고 그것으로 내 마음을 채우려는 것을 누가 뺏으려고 할 때, 우리는 두려워하게 됩니다. 그러니까 두려워한다는 것은 뒤집어 말하면 내가 그것을 의지하고 그것으로 내 마음을 채우려 한다는 것입니다. 두려워하는 것과 기뻐하는 것은 동전의 양면과 같습니다. 결국 내가 얼마나 거기에 마음을 주었느냐와 관계가 있는 것입니다. 내가 가치 있게 여긴다는 말을 부정적으로 표현하면 두려워하는 것이고, 긍정적으로 표현하면 기뻐하는 것입니다.

돈을 사랑하고 돈에 가치를 많이 두면 그 사람은 가난을 두려워하게 되어 있습니다. 반대로 부자가 되는 것을 기뻐하게 되어 있습니다. 그러나 돈에 대해 관심이 없으면 가난하거나 부자가 되어도 별로 기뻐하거나 두려워하지 않게 됩니다.

아하스가 르말리야의 아들을 기뻐했다는 것은 르말리야가 뺏으려는 것, 나라의 안전, 그것을 가능하게 하는 군대의 강함을 의지하고 사랑했다는 뜻입니다. 결국 하나님에게 마음을 주지 않고, 르신과 베가에게 마음을 준 것입니다. 그러니까 기뻐한다는 말은 거기에 마음을 준다는 의미입니다. 그에게 심판이 내려집니다.

> [7] 그러므로 주 내가 흉용하고 창일한 큰 하수 곧 앗수르 왕과 그의 모든 위력으로 그들을 뒤덮을 것이라 그 모든 골짜기에 차고 모든 언덕에 넘쳐 [8] 흘러 유다에 들어와서 가득하여 목에까지 미치리라 임마누엘이여 그가 펴는 날개가 네 땅에 가득하리라 하셨느니라(사 8:7-8).

눈에 보이는 두 나라의 군대를 크게 생각하고 거기에 마음을 빼앗겨서 거대한 앗수르를 불러들였는데 "그 앗수르가 커다란 홍수처럼 다가와서 두 나라도 쓸어버리고, 너의 목을 조일 것이다. 예루살렘을 포위하고 너를 괴롭힐 것이다." 이렇게 말씀했습니다.

진노의 막대기, 앗수르

이제 앗수르에 대한 예언이 주어집니다. 그들은 지금 신이 났습니다. 몸이 근질거렸는데, 원정을 가게 되었습니다. 조공을 받고 멸망시키고 싶은 나라를 치러 가니 얼마나 신이 나겠습니까? 9절입니다.

> 너희 민족들아 함성을 질러 보아라 그러나 끝내 패망하리라 너희 먼 나라 백성들아 들을지니라 너희 허리를 동이라 그러나 끝내 패망하리라 너희 허리에 띠를 띠라 그러나 끝내 패망하리라(사 8:9).

좋아서 함성을 지르고 싸우려고 합니다. 그러나 열심히 싸워 보아라. 잠간은 이길지 몰라도 결국은 패망하리라. 너희가 아무리 계획을 해도 끝내 이루지 못할 것이다.

왜냐하면 10절입니다.

너희는 함께 계획하라 그러나 끝내 이루지 못하리라 말을 해 보아라 끝내 시행되지 못하리라 이는 하나님이 우리와 함께 계심이니라(사 8:10).

하나님이 유다와 함께 계시기 때문입니다. 앗수르는 진노의 막대기, 하나님께서 훈련시키시는 도구인데, 자기들이 스스로 강하다고 생각합니다. 그러나 때가 되면, 다 사용하고 나면 그들은 폐기될 것입니다. 이것이 그들의 미래입니다. 세상 나라 앗수르는 이것을 모릅니다.

우리가 잊지 말 것은 언제나 하나님의 목적은 그 백성에게 있다는 것입니다. 이 전쟁 속에서도 하나님은 함께하고 계십니다. 죄짓고 침략을 받아도, 임마누엘의 나라이기 때문입니다. 전쟁은 하나님의 징계일 뿐입니다. 유다가 무너지는 것이 하나님의 최종 뜻은 아닙니다. 결국은 무너져 없어지는 것이 아니라 그들을 하나님의 백성으로 바로 세우려는 것이고, 그것을 위해 사용된 앗수르는 오히려 패망하는 것입니다. 이것을 깨달아야 합니다.

성소인가 함정인가

하나님은 다시 유다를 향해 말씀합니다.

¹¹ 여호와께서 강한 손으로 내게 알려 주시며 이 백성의 길로 가지 말 것을 내게

깨우쳐 이르시되 ¹² 이 백성이 반역자가 있다고 말하여도 너희는 그 모든 말을 따라 반역자가 있다고 하지 말며 그들이 두려워하는 것을 너희는 두려워하지 말며 놀라지 말고 ¹³ 만군의 여호와 그를 너희가 거룩하다 하고 그를 너희가 두려워하며 무서워할 자로 삼으라 ¹⁴ 그가 성소가 되시리라 그러나 이스라엘의 두 집에는 걸림돌과 걸려 넘어지는 반석이 되실 것이며 예루살렘 주민에게는 함정과 올무가 되시리니(사 8:11-14).

11절, "이 백성들이 행하는 어리석은 짓을 하지 말라. 그들은 뭐라고 떠드는가? 원수가 쳐들어오니 어쩌면 좋은가? 이제 우리는 망했다. 이런 소리 하지 말라." 12절, "두려워 말라. 왜냐하면 모든 일이 하나님 안에 있기 때문이다." 13절, "오히려 만군의 여호와를 거룩하다 하라. 하나님이 역사를 다스리고 주관하신다. 세상을 두려워하지 말고, 하나님을 두려워하라. 연기 나는 부지깽이를 두려워하면 되겠는가?" 14절, "하나님의 말씀을 마음에 두고 소중히 여기면, 하나님을 두려워하면, 하나님께 나오면 그가 성소가 되리라."

성소는 하나님을 만나는 곳입니다. 하나님의 보호와 위로, 축복을 받는 곳입니다. 내 영혼이 쉬는 피난처입니다. 하나님을 소중히 여기면 하나님이 성소가 될 것입니다. 그러나 무시하고 외면하면 걸림돌이 되리라. 함정이요 올무가 될 것이다. 하나님을 무시하고 인간을 두려워하면 너는 올무에 걸리고, 함정에 빠질 것이라는 말입니다.

오늘 우리도 그렇습니다. 하나님은 전능하신 하나님입니다. 그 하나님을 믿고 산다면, 하나님께 마음을 주고 산다면 세상에 큰일이 없습니다. 어떤 일이 너무나 힘들게 합니다. 그러나 거기서 마음을 떼어 내어 하나님께 드리면, 그 일이 작은 일이 됩니다. 두려워 놀랄 일이 없습니다. 그에게는 하나님이 성소가 될 것입니다. 하나님이 나에게 성소가 될 것인가, 걸림돌이 되고, 함정이 되고, 올무가 될 것인가, 내가 선택해야 합니다.

이 장의 제목을 읽어 봅시다. "무엇을 버리고 무엇을 기뻐하는가". 하나님을 버리고 세상을 기뻐하는가? 안 됩니다. 모두 하나님께 마음을 두고 임마누엘의 은혜를 누리며 살기를 축원합니다.

"하나님을 버리고 세상을 기뻐하지 않게 하소서."

하나님!

세상에 큰일이 많습니다.

그 이유는 세상에 우리의 마음을 주기 때문입니다.

그러나 정말 우리의 마음을 둘 곳은 하나님뿐입니다.

그렇게 되면 임마누엘을 경험하게 되고,

아무리 요란한 세상도 두려울 것이 없게 됩니다.

그러므로 하나님, 하나님을 버리고 세상을 기뻐하는 사람이 아니라

하나님을 사랑하고, 세상을 두려워하지 않게 하소서.

◇ 함께 이야기하기

1. 하나님께서는 왜 선지자 이사야의 아들 이름을 "마헬살랄하스바스"로 짓게 하셨나요?

2. 하나님의 말씀을 마음에 두고 소중히 여길 때, 어떤 일이 일어날까요?

3. 세상의 많은 것 대신 하나님께 마음을 드렸을 때 경험한 은혜가 있다면 나눠 봅니다.

9

나는 기다리며 바라보리라

(사 8:17)

소설가 박완서 씨가 쓴 《한 말씀만 하소서》라는 책이 있습니다. 사랑하는 아들의 죽음을 경험하고 너무나 큰 슬픔 속에서 몸부림치며 쓴 책입니다. "하나님, 그렇게 사랑스럽고, 자랑스럽던 제 아들을 왜 불러가셨나요? 그 이유가 뭔지 한 말씀만 해 주소서. 아무리 스스로 마음을 다스리려고 노력을 해도, 아무리 많은 사람이 나를 위로해 주어도… 하나님이 주시는 한마디 말씀이 없다면 해결이 되지 않습니다. 그러므로 나에게 한 말씀만 하소서. 간절한 마음으로 한마디의 말씀을 기다립니다." 이런 내용입니다.

그런데 그렇게 간절히 듣고자 하는 하나님의 그 말씀 한마디를 어디서 들을 수 있겠습니까? 하나님께서 높은 곳에서 "아무개야, 네 아들은 왜 죽었느니라. 그 아들은 내 품에 있으니 염려하지 마라." 이렇게 음성으로 들릴까요? 그렇지 않습니다. 저도 슬픔을 만나서 애타게 그 말씀 한마디를 기다렸습니다. 그러나 들려오지 않았습니다. 그런데 성경을 펴서 읽기 시작했을 때, 하나님은 수많은 말씀을 들려 주셨습니다.

우리가 하나님께 들어야 할 모든 말씀, 하나님이 우리에게 하고 싶은 모든 말씀을 다 기록해 놓은 책이 바로 성경입니다. 그러므로 하나님의 말씀을 들으려면 성경을 읽어야 합니다. 그런데 사람들은 하나님의 말씀을 필요로 하고, 그 음성 듣기를 원하면서도 성경을 읽지 않습니다. 사람들은 말합니다. "성경을 읽어도 이해가 안 됩니다. 무슨 말인지 모르겠습니다." 이렇게 변명합니다. 여기에 대해 칼 바르트(Karl Barth)는 이렇게 말했습니다. "성경은 우리에게 이렇게 다가온다. 4단계가 있다"는 겁니다.

첫째, "Bible is not the Word of God." "성경은 하나님의 말씀이 아니다."

왜냐하면 '아무리 읽어 봐도 이해되지 않고, 그 속에서 하나님의 음성을 들을 수 없다. 그러므로 하나님의 말씀이 아니다.' 이렇게 생각하는 사람이 제일 많습니다.

둘째, "Bible contains the Word of God." "성경은 하나님의 말씀을 포함한다." '성경 속에는 하나님의 말씀도 있고, 하나님의 말씀이 아닌 부분도 섞여 있다. 성경을 읽다 보면 그 속에서 가끔 하나님의 말씀을 발견하게 된다'는 것입니다.

셋째, "Bible becomes the Word of God." "성경은 하나님의 말씀이 된다." 전에는 하나님의 말씀이 아니었는데, 신앙이 성장하고 이해가 깊어지면서 그 뜻이 깨달아지고, 그것을 통해 하나님의 음성을 듣게 된다는 것입니다.

마지막 넷째, "Bible is the Word of God." "성경은 하나님의 말씀이다." 이제는 성경 어디를 펴도 그 속에서 하나님의 말씀을 들을 수 있다는 것입니다. 이렇게 단계가 발전하는 것입니다.

여러분은 어느 단계입니까? 성경을 펴서 읽어도 전혀 하나님의 말씀을 들을 수 없나요, 아니면 가끔 그 속에서 하나님의 말씀을 발견합니까? 전에는 그런 뜻인지 몰랐는데, 성경을 읽으면서 새록새록 깨달아집니까? 이제는 어디를 펴도 그 속에서 하나님의 말씀을 들을 수 있습니까? 여러분에게 성경이 점점 더 완전한 하나님의 말씀이 되길 축원합니다.

말씀을 봉함하라

이사야서 8장은 하나님의 말씀을 끝까지 거부하는 아하스와 백성에 대해 세 가지를 선포합니다.

첫째는 말씀을 봉함하라고 합니다. 16절입니다. "말씀을 싸매며, 율법을 봉함하라." 봉함한다는 것은 열어 볼 수 없게 한다는 것인데, 율법을 봉함한다는 의미는 두 가지입니다.

하나는 고난의 때가 온다는 뜻입니다. 마음대로 성경을 읽거나 들을 수 없는 환란의 시간이 다가온다는 것입니다. 예를 들면 전쟁이 일어납니다. 특별히 이방인들이 유다를 침략해서 성전까지 함락되면 어떤 일이 벌어질까요?

다른 나라를 정복하게 되면 반드시 정복자들이 하는 일이 있습니다. 그 나라의 정체성을 부수는 것입니다. 그래야 다시 일어나지 못하고 오랫동안 나라를 지배할 수 있기 때문입니다. 그런데 이방인들이 볼 때 유다는 하나님의 백성이라는 자기 정체성을 가지고 있습니다. 그 정체성의 뿌리가 성경입니다. 그러므로 유다의 정체성을 뺏기 위해서는 그들이 가지고 있는 성경을 없애 버리면 됩니다. 이것이 적들이 원하는 것입니다.

반대로 국가에 위기가 닥치면 유다는 무엇부터 해야 할까요? 성경을 감추어야 합니다. 지금 우리는 개인이 성경을 몇 권씩 가지고 있지만 그 당시에는 성전에만 성경이 있었습니다. 사람들은 성전에 와서 하나님의 말씀을 듣고, 그 뜻을 해석해 주는 소리를 들으면서 하나님의 뜻을 이해했던 것입니다. 이렇게 소중한 성경을 빼앗기지 않으려면 어떻게 해야 할까요? 성경 두루마리들을 항아리에 담아서 땅에 파묻거나 깊은 굴속에 숨겨 두어야 합니다. 그런데 하나님의 말씀을 기록한 사본은 굉장히 무겁습니다.

전에 이스라엘에 가서 랍비들을 만나서 성경사본을 본 적이 있는데, 사본 뭉치가 이사야서 한 권만 해도 큰 덩어리로 몇 개씩 됩니다. 그러니 창세기부터 기록한 것을 다 모으면 엄청난 양입니다. 그래서 한 개의 항아리로는 안 됩니다. 수십 개의 항아리에 분산해서 감추어야 합니다.

성전 건물이 무너져도 성경만 남아 있다면 다시 그 말씀을 기초로 모든 것을 회복하면 됩니다. 그러나 성경을 빼앗겨 버리면 회복할 방법이 없어요. 그래서 성경을 봉함하라는 말은 큰 전쟁이 일어나서 성전이 적들에게 함락되어도 성경을 빼앗기지 않기 위해 숨기라는 의미가 되는 것입니다.

그런데 숨겨 놓았는데, 그 장소를 아는 사람들이 죽었다면 그 성경을 찾을 수 없습니다. 찾았다고 해도 전부 다 찾지 못하고 일부만 찾는 경우도 굉장히 많았습니다. 그래서 구약성경을 읽다 보면 사람들이 성경을 읽으면서도 그 내용을 정확하게 모르고 있어요. 그러다가 잃어버린 부분을 찾아내고, 하나님의 말씀에 이런 부분이 있었구나, 깨닫고 감격하고, 그 내용을 근거로 개혁하는 것을 볼 수 있습니다. 그러니까 봉함한다는 것은 성경을 빼앗기거나 읽을 수 없게 될 날이 올 것이니 빼앗기지 않도록 봉함하고 감추라는 것입니다. 고난의 때가 온다는 의미입니다.

얼굴을 가리시는 하나님

봉함한다는 두 번째 의미는 성경은 있지만 그 말씀을 더 이상 설명하지 말라는 뜻입니다. 성경을 읽고 설명해 주어야 그 뜻을 알게 되는데, 설명을 하지 말라는 것은 듣거나 읽더라도 그 뜻을 깨닫지 못하게 하라는 것입니다. 왜 이런 말씀을 하실까요?

이제 야곱의 집에 대하여 얼굴을 가리시는 여호와를(사 8:17상).

하나님이 얼굴을 가리셨기 때문입니다. 마치 무엇과 같을까요? 아버지가 자녀를 위해서 여러 가지 말을 해 줍니다. 이건 이렇게 하고, 저건 저렇게 하라고 가르쳐 줍니다. 그런데 자녀가 계속해서 그 말을 무시하고 듣지 않습니다. 그러면 나중에는 뭐라고 합니까? "그렇게 듣기 싫으냐? 그렇다면 네 마음대로 해라. 나는 더 이상 말하지 않겠다. 네 얼굴도 보기 싫다." 아무리 사랑하는 자식이라도 내 말을 전혀 듣지 않으면 꼴도 보기 싫습니다.

하나님과 우리의 관계도 그렇습니다. 하나님이 성경을 통해서 수없이 말씀하는데, 귀로는 듣는 것 같은데, 전혀 말씀을 마음에 두지 않고 외면하면 하나님이 얼굴을 가린다는 말입니다. 대화를 하기 위해서는 서로 마주 보아야 합니다. 우리가 하나님의 말씀을 읽고 듣는다는 것은 하나님을 쳐다보며 그분의 입에서 나오는 음성을 듣는다는 뜻인데, 하나님은 나를 보고 계시는데 나는 하나님을 바라보지 않습니다. 그러면 하나님도 나를 쳐다보던 얼굴을 돌려 버립니다. "너는 내 말을 들을 마음이 없구나. 나도 너에게 더 이상 말하지 않겠다." 그리고 얼굴을 돌려 버립니다. 그다음부터는 하나님의 말씀이 들려오지 않습니다. 이제는 들으려고 해도 들을 수 없게 됩니다. 이것이 말씀이 봉함된다는 의미입니다.

그러므로 하나님의 말씀이 봉함된다는 것은 국가적으로나 개인적으로나 무서운 심판입니다. 하나님의 백성이 절대로 경험하지 말아야 하는 현상 중의 하나가 말씀이 봉함되는 것입니다.

교회 갈 때 어떤 마음으로 가나요? '오늘은 무슨 말씀을 주실까?' 이렇게 말씀을 사모하는 마음으로 가나요? 말씀을 들으면서 '아, 이런 뜻이었구나.' 깨닫고 기뻐하고 감사하고, 그 말씀대로 살아 보려고 애를 씁니까? 그런 사람은 행복한 사람입니다. 그러나 앉아는 있는데, 귀로는 듣는데, 아무리 들어도 말씀이 이해되지 않는다면 잘못된 것입니다.

그렇다면 말씀이 봉함되어 들리지 않을 때는 어떻게 해야 합니까? 들리지 않는 데는 분명한 이유가 있습니다, 그러므로 들리지 않는 이유를 제거하고, 들을 자세를 회복해야 합니다. 이사야는 그 자세가 뭔지를 말해 줌니다.

나는 기다리며 그를 바라보리라(사 8:17하).

누구를 기다립니까? "말씀하시는 하나님을 나는 기다리며 바라보리라! 들리지 않을지라도, 다시 말씀해 주시기를 기다리며 바라보리라!"

"안 들리면 할 수 없지." 이렇게 나오면 안 됩니다. 들리지 않아도 말씀해 주시기를 기다리며 바라보아야 합니다. 마치 무엇과 같으냐면, 내가 부모님의 말씀을 너무 무시하고 외면했어요. 부모님도 말씀하시다가 지쳐서 대화가 단절되었습니다. 힘들고 괴로워요. 그럼 어떻게 해야 하는가? 부모님을 찾아가서 "아버지, 제가 잘못했습니다. 이제 말씀을 잘 듣겠습니다. 그러니 용서해 주시고 저에게 말씀해 주세요. 아버지의 말씀이 필요합니다." 이렇게 나와야 합니다.

자녀들이 이렇게 나온다면 여러분은 어떻게 하겠어요? 외면할까요? 자녀를 품에 안아 주고, 그들이 듣고 싶은 말, 내가 해 주고 싶은 말을 들려줄 것입니다.

하나님과 우리의 관계도 마찬가지입니다. 하나님의 말씀이 들리지 않을 때, 어떻게 해야 합니까? "하나님, 수없이 말씀하셨는데 제가 외면하고 듣지 않았습니다. 말씀을 들으면서도 딴생각만 하고, 내 생각을 비우지 않고, 내 마음을 내려놓지 않고, 내 마음을 말씀으로 채우지 못했습니다. 용서해 주세요. 저는 말씀을 듣지 못하면 살 수 없습니다. 제게 말씀을 들려주소서." 이것이 우리가 가져야 할 자세입니다.

말씀만 따라가는 삶

그런데 하나님을 기다리며 바라보지 않고, 말씀이 들리지 않는다고 다른 우상을 찾아간다면 어떻게 됩니까?

> 어떤 사람이 너희에게 말하기를 주절거리며 속살거리는 신접한 자와 마술사에게 물으라 하거든 백성이 자기 하나님께 구할 것이 아니냐 산 자를 위하여 죽은 자에게 구하겠느냐 하라(사 8:19).

"하나님의 음성이 안 들리면 다른 신에게 물으면 되지." 이런 말 듣지 말라는 것입니다. 인간은 하나님의 형상으로 창조되었습니다. 그 의미는 하나님과 교통할 수 있는 존재, 하나님의 말씀이 없으면 살 수 없는 존재라는 것입니다. 그런데 하나님과의 관계가 깨졌어요. 말씀이 들리지 않아요. 그러면 그 영혼은 하나님 이외에 다른 초월적인 존재를 찾게 되어 있습니다. 그것이 우상입니다. 그래서 하나님과의 관계가 끊어진 영혼은 다른 신을 찾고, 그 음성을 들으려고 하는데, 그래서는 안 된다는 것입니다.

19절 마지막 부분입니다. "산 자를 위하여 죽은 자에게 구하겠느냐." '살아 있는 우리의 미래를 죽은 귀신에게 질문해서야 되겠느냐?' 이런 뜻입니다. 구체적으로는 사울 왕을 생각하면 됩니다. 사울은 이스라엘의 초대 왕입니다. 하나님이 사울에게 명령하시는 것을 그가 듣지 않으니까 하나님도 사울에게 아무 말씀을 하시지 않았습니다. 그러니까 그는 답답해졌는데, 전쟁이 일어났습니다. 어떻게 싸워야 할지 하나님께 물어보아도 대답이 없자, 그는 신접한 여인을 찾아가서 죽은 사무엘을 불러 달라고 했습니다. 사무엘에게 하나님의 뜻을 물어보려고 말입니다. 이런 짓을 하지 말라는 것입니다. 그게 진짜 사무엘이 아니거든요. 사무엘의 모양으로 나타난 귀신이 미혹하는 것이지.

그래서 우상에게 가서 자기 영혼의 갈망을 해결하려고 하면 어떻게 되는가?

21 이 땅으로 헤매며 곤고하며 굶주릴 것이라 그가 굶주릴 때에 격분하여 자기의 왕과 자기의 하나님을 저주할 것이며 위를 쳐다보거나 22 땅을 굽어보아도 환난과 흑암과 고통의 흑암뿐이리니 그들이 심한 흑암 가운데로 쫓겨 들어가리라(사 8:21-22).

"우상에게 묻고 질문하면 할수록 그 영혼은 더욱 어둡게 될 것이다." 그러므로 20절입니다.

마땅히 율법과 증거의 말씀을 따를지니 그들이 말하는 바가 이 말씀에 맞지 아니하면 그들이 정녕 아침 빛을 보지 못하고(사 8:20).

어떤 경우에도 하나님의 말씀을 따라가야 합니다. 그래야 우리 영혼이 환하게 동터 오는 아침의 빛을 보게 될 것입니다. 왜냐하면 하나님의 말씀만이 진리의 빛이기 때문입니다.

"하나님의 말씀이 봉함되지 않고 내게 활짝 열리게 하소서. 그래서 언제나 하나님의 말씀을 분명히 듣고, 그 말씀에 응답하며 살게 하소서."

하나님 아버지!

아하스는 하나님 말씀을 버리고 어두운 길로 걸어갔습니다.

이 시대도 그렇습니다.

간절히 바라오니 우리에게 하나님 말씀이 언제나 봉함되지 않고

들려지기를 기도합니다.

때로 들리지 않을 때에도 말씀하시는 하나님을 기다리고 바라보며,

그래서 마침내 다시 들을 수 있게 하소서.

진리의 빛이신 하나님의 말씀만을 따라가게 하소서.

◇ 함께 이야기하기

1. 율법을 봉함한다는 의미 두 가지는 무엇인가요?

2. 하나님의 말씀이 우리에게 들리지 않을 때, 우리는 어떻게 해야 하나요?

3. 나에게 있어서 '말씀'의 의미와 그에 대한 고백을 나눠 봅니다.

10

예수님은 누구신가

(사 9:6-7)

제2차 세계대전 당시 독일군 포로수용소에 갇혀 있던 영국의 맥도널드 (Murdo Ewen Macdonald) 목사님은 어느 날 새벽, 놀라운 소식을 들었습니다. 자기와 함께 갇혀 있던 전기 기술자인 친구가 몰래 라디오를 조립하여 영국의 BBC 방송을 듣고 있었는데, 그날 새벽 자기를 흔들어 깨우면서 귓속 말로 이렇게 말했습니다. "Hey, they have come!"(이봐, 그들이 왔어!).

기다리고 기다리던 연합군이 노르망디 상륙작전에 성공했다는 뜻이었습니다. "그들이 왔다!" 이 소식을 듣는 순간, 잠자던 포로들은 모두 일어나 "와!" 하고 환호성을 질렀습니다. 몇 사람은 어둠 속에서 춤을 추었고, 옷도 입지 않은 채 소리를 지르며 밖으로 뛰어나가 웃으면서 "왔다, 왔어!" 이렇게 소리를 지르기도 했습니다. 그러나 내용을 모르는 독일 감시병들은 '저것들이 미쳤나?' 하며 노려보았습니다.

포로들의 환경은 아무것도 변하지 않았습니다. 수용소의 철조망은 여전히 높았고, 담은 견고하고, 포로들을 향한 독일군의 총부리도 여전히 살벌했지만, 그러나 포로들은 달라졌습니다. 아이젠하워(Dwight David Eisenhower)가 이끄는 연합군이 그 땅에 도착했고, 눈에 보이진 않지만 자기들을 향해 전진해 오고 있다는 확신을 갖게 되자 그들의 마음은 새로워졌습니다. 얼굴에는 기쁨이 넘치고, 몸에는 새 힘이 솟고, 막막하던 미래는 소망으로 가득 차게 되었습니다.

맥도널드 목사님은 그후로 '크리스마스란 무엇인가'에 대해서 이렇게 설명했습니다. "크리스마스는 적들이 점령하고 있는 이 땅에 하나님이 상륙하신 사건입니다. 하나님이 사람이 되어 우리 가운데 오셔서 '내가 너와 함께한다'는 것을 눈으로 보고, 손으로 만지고, 느끼게 해 준 사건이 바로 크리스마스입니다. 그러므로 크리스마스는 아무리 힘들고 어렵더라도, 죄악이 가득하고 고통 속에 있다 하더라도, 기뻐하고 감동하기에 충분한 사건입니다."

마지막이 중요합니다

이사야서 8장은 아하스 왕에 대한 말씀입니다. 유다를 침략한 두 나라 왕을 두려워하고 있었는데, 하나님은 그에게 두려워하지 말고 하나님을 굳게 붙잡고, 그 말씀을 믿으면 안전하다고 하셨는데, 아하스는 그 말씀을 믿지 않고 앗수르 군대를 불러들였습니다. 하나님을 버리고, 군대의 힘을 기뻐한 것입니다.

그에게 어떤 일이 일어났을까요? "말씀을 봉함하라." 말씀을 외면하는 너에게 더 이상의 말씀을 들려주지 않겠다는 선포였던 것입니다. 이제는 들을 수 없게 됩니다. 하나님이 얼굴을 가리고 외면하셨기 때문입니다. 그 결과 영혼은 어두워질 것이고, 나라는 적들의 침입으로 고통을 당할 것입니다.

그런데 갑자기 9장에서는 밝고 희망찬 미래를 예언합니다. 왜 이렇게 갑자기 상황이 변한 것일까요? 그 이유가 뭘까요? 잘못하면 꾸짖고 징계하지만, 하나님의 뜻은 유다가 망하는 것이 아니기 때문입니다. 아버지가 사랑하는 아들에게 잘되라고, 올바른 길로 가라고 하는데 그 아들이 말을 듣지 않고 외면합니다. 그래서 아버지는 화가 나서 아들을 꾸짖고 혼내 줍니다. 아버지는 그 자녀가 망하기를 원하는 것일까요? 아닙니다. 더 잘되라는 것입니다.

그런데 아들이 꾸중과 징계를 받으면서 아버지가 나를 버렸다고 낙심하면 되겠습니까? 아니지요. 그것은 아버지의 뜻이 아닙니다. 그래서 예언서를 보면 어두운 이야기 다음에는 반드시 밝고 희망찬 메시지가 나옵니다. "왜 이런 말을 했다가 또 저런 말을 하는가? 종잡을 수가 없다." 그 이유는 징계하면서도 미래에 대한 희망을 잃지 않게 하려는 하나님의 마음 때문입니다. 이 역학을 잘 이해해야 예언서를 잘 이해할 수 있습니다.

미래를 말하는 방법도 아주 많습니다. 아주 가까운 미래를 말할 수도 있고, 그보다 좀 더 먼 미래를 말할 수도 있고, 가장 먼 미래, 역사의 최종점을 말할 수도 있습니다. 미래 중에서도 가장 중요한 시점은 언제일까요? 가장 먼 미래, 최종 미래입니다. 왜냐하면 과정은 엎치락뒤치락 할 수 있거든요. 문제는 마지막이 어떻게 될 것인가, 그것이 중요합니다.

예수님이 오셔서 하는 일

그래서 이사야서 9장은 암담한 현실 속에서도 소망을 잃지 않도록 하기 위해서 가장 먼 미래, 그들을 구원할 메시아가 올 것을 예언하는 것입니다. 예수님이 오셔서 하시는 일 세 가지를 설명합니다.

첫째, 영광을 주십니다.

¹ 전에 고통 받던 자들에게는 흑암이 없으리로다 옛적에는 여호와께서 스불론 땅과 납달리 땅이 멸시를 당하게 하셨더니 후에는 해변 길과 요단 저쪽 이방의 갈릴리를 영화롭게 하셨느니라 ² 흑암에 행하던 백성이 큰 빛을 보고 사망의 그늘진 땅에 거주하던 자에게 빛이 비치도다(사 9:1-2).

모든 인간은 영적으로 예수님을 만나기 전에는 흑암 속에 있는 존재입니다. 그런데 우리에게 그리스도라는 가장 큰 빛이 비칩니다. 그래서 그 빛을 보고, 어둠에 있던 자들이 거기서 벗어나고 환하게 밝아집니다. 이것을 영화롭게 한다고 표현합니다.

영광이란 철학적으로 자기의 위치를 찾아가는 것입니다. 놓일 곳에 놓이는 것이 영광입니다. 예수님을 만나기 전에는 내가 누군지 제대로 알 수 없습니다. 그래서 어두워지고 자기 자신을 보면서 낙담하게 되고, 내가 왜 태어났는지, 왜 이렇게 살아야 하는지 생각합니다. 어둠 속에서, 무의미 가운데서 헤매는 것입니다. 그러나 예수님을 만나고 나면 내가 하나님 앞에서 어떤 존재인지, 얼마나 큰 사랑을 받았는지, 나의 가치와 존재 의미가 깨달아지면서 내 존재의 의미와 가치를 알게 됩니다.

그래서 예수님을 만나게 되면 진리의 빛으로 인해 나를 알게 되고, 더 나아가서 예수님을 사랑하고, 자랑하게 되는 것입니다. 그래서 찬송가 423장에도 있잖아요? "나의 평생 자랑은 주의 십자가로다." 이것이 예수님이 우리를 위해 해 주시는 첫 번째 일입니다.

둘째, 기쁨을 주십니다.

> 주께서 이 나라를 창성하게 하시며 그 즐거움을 더하게 하셨으므로 추수하는 즐거움과 탈취물을 나눌 때의 즐거움 같이 그들이 주 앞에서 즐거워하오니(사 9:3).

예수님은 우리에게 진정한 기쁨을 주려고 오셨습니다. 하나님의 형상으로 창조된 사람에게 가장 큰 기쁨은 하나님과의 관계가 회복되는 것입니다. 여기서 오는 기쁨이 가장 큽니다. 인간이 경험하는 큰 기쁨 중에는 다음 두 가지가 있습니다. 하나는 추수의 기쁨입니다. 내가 땀 흘려 수고한 것이 풍성한 결실을 맺을 때, 인간은 기뻐합니다. 추수의 기쁨은 수고의 기쁨입니다. 또 하나의 기쁨은 전쟁에서 승리한 기쁨입니다. 전쟁이 났습니다. 죽을 수도 있었는데, 싸워서 이겼습니다. 생명을 얻게 될 뿐 아니라 엄청난 전리품도 얻게 됩니다. 큰 기쁨입니다. 그런데 이런 기쁨보다 더 큰 기쁨은 하나님이 주시는 기쁨입니다. 예수님을 만나는 기쁨은 어떤 기쁨과도 비교할 수 없습니다. 이런 기쁨을 주시려고 예수님이 오셨습니다. 찬송가 325장의 고백처럼 "기쁨의 근원 되시는 예수를 위해 삽시다."

셋째, 자유와 평화를 주십니다.

이는 그들이 무겁게 멘 멍에와 그들의 어깨의 채찍과 그 압제자의 막대기를 주께서 꺾으시되 미디안의 날과 같이 하셨음이니이다(사 9:4).

인간은 죄와 죽음의 노예였습니다. 그런데 예수 그리스도의 은혜로 죄에서 자유를 얻습니다. "죄에서 자유를 얻게 함은 보혈의 능력 주의 보혈…"(찬송가 268장). 예수님은 진정한 자유를 주십니다. 이것은 어떤 자유입니까? "미디안의 날과 같게 하셨다"는 것은 무슨 뜻일까요?

사사기에 보면 기드온이라는 사사가 나오는데, 미디안과 엄청난 전쟁을 하게 됩니다. 수많은 병사가 모였는데, 하나님은 300명만 남기고 다 돌려보내라는 거예요. 그 300명도 무기를 갖지 말고, 횃불을 항아리에 숨겨 가지고 적들과 대치하라고 했는데, 신호가 나는 순간 항아리를 깨자 그 속에 숨겨져 있던 횃불이 환하게 비쳤고, 그 빛을 본 미디안 대군이 놀라서 자기들끼리 서로 죽이고 싸우다가 멸망하게 되어 이스라엘이 승리한 사건을 말하는 것입니다. 자유와 승리를 얻었는데, 내 힘이 아니었다는 것입니다. 전적인 하나님의 은혜로 승리하고 얻은 자유, 이것이 주님이 우리에게 주시는 자유라는 뜻입니다.

이사야 9장 5절에 보면 "전쟁에 나가 싸우면서 피범벅이 된 군인들의 옷과 신발이 불에 타 버릴 것이다." 이런 말씀을 하는데, 무슨 뜻일까요? 전쟁의 마지막에는 육박전을 벌입니다. 그러면 군인들의 군복과 군화에 피가 묻습니다. 그런 군복과 군화를 태워 버린다. 이 말은 전쟁이 그치고 참된 평화가 온다는 것입니다. 진정한 자유와 평화를 누가 주시는가? 예수님으로부터 오는 것입니다.

영광, 기쁨, 자유와 평화. 이것의 공통점이 뭔지 아세요? 인간이 가장 갈망하는 것입니다. 그러나 인간 스스로는 얻을 수 없는 것입니다. 하나님의 선물입니다. 이 선물을 주시기 위해 예수님이 오신다는 말씀입니다.

성육신의 신비

이런 메시아가 어떻게 오시는지 그 방법을 설명합니다. 6절입니다.

이는 한 아기가 우리에게 났고 한 아들을 우리에게 주신 바 되었는데 그의 어깨에는 정사를 메었고 그의 이름은 기묘자라, 모사라, 전능하신 하나님이라, 영존하시는 아버지라, 평강의 왕이라 할 것임이라(사 9:6).

메시아가 어떻게 오실까요? 천사들이 하늘에서 나팔을 불며 나타나실까요? 아닙니다. 한 아기로 태어납니다. 육신의 눈으로 볼 때는 아기인데, 영적으로는 하나님이 그 아들을 우리에게 주신 것입니다. 그 아들은 어깨에 정사를 멨는데, 정사를 멨다는 말은 지도자라는 뜻입니다. 예수님은 이 세상과 온 우주와 보이는 세계와 보이지 않는 세계를 모두 다스리는 진정한 통치자입니다. 위대한 통치자인 아들이 이 땅에 한 아기로 태어날 것이다, 이것이 성육신의 신비입니다.

그 아기의 본질은 무엇인가? 예수님의 본질을 가장 자세하고 정확하게 다섯 가지로 설명합니다. 6절 하반절입니다. 첫 번째 이름은 '기묘자'입니다. 영어로는 'wonderful'입니다. "놀라운 분이다!" 이런 뜻입니다. 하나님의 아들이 한 아기로 태어났습니다. 인간의 논리와 상식으로는 설명할 수 없습니다. 하늘과 땅의 모든 신비를 한 몸에 담고 있는 분, 너무나 놀라운 분, 그래서 그 이름이 기묘자입니다.

두 번째 이름은 '모사'입니다. 현대인에게 '모사'라는 말은 약간 부정적인 의미를 가집니다. 모사꾼, 그러면 '잔꾀를 써서 일이 잘 이루어지게 하는 사람.' 이런 뜻을 가지고 있기 때문입니다. 그런데 모사라는 말은 영어로 카운슬러입니다. '조언자, 전문가, 상담자'란 뜻입니다. 어려운 일을 당하면 찾아가서 카운슬러와 상담합니다. 우리의 모든 문제를 도와주고 가르쳐 주고 해결해 주시는 분이라는 뜻입니다.

그러나 '모사'의 히브리어 본래 뜻은 '계획을 이룬다, 실행한다'는 뜻입니다. 하나님이 플래너, 계획자라면 예수님은 하나님의 계획을 풀어내는, 시행하는, 완성하는 분이라는 뜻입니다. 하나님의 구원계획, 그것을 완벽하게 풀어내는 방법이 예수님께 있다는 의미입니다. 예수님께 길을 물으면 반드시 해답이 나옵니다. 예수님은 누구도 생각하지 못하는 놀라운 방법으로 우리가 만나는 어떤 어려움도 해결할 능력을 가지셨다는 것입니다. 그래서 모사입니다.

셋째, '전능하신 하나님'입니다. 예수님은 성자 하나님으로, 스스로 전능하신 분입니다. 또한 예수님만이 하나님이 얼마나 전능하신지 우리에게 알게 하시는 분입니다. 본인도 전능하시지만 전능하신 하나님이 어떤 분인가를 가장 잘 보여 주는 분이므로 전능하신 하나님이라고 부르는 것입니다

넷째, '영존하시는 아버지'입니다. 앞에서는 "아들"이라고 했는데, 그분

이 또 아버지라니 무슨 뜻일까요? 예수님은 말씀하셨습니다. "나와 아버지는 하나이니라"(요 10:30). 예수님은 사람이 되어 이 땅에 오셨지만 영원하신 아버지와 하나입니다. 그리고 '영존', 영원히 존재하시는 분입니다. 태초부터 지금까지, 또한 세상 끝날까지, 그리고 그 이후에도 영원히 존재하시는 분입니다.

마지막, '평강의 왕'입니다. 세상은 평화를 원하지만 진정한 평화는 세상이 줄 수 없습니다. 진정한 평화는 예수님이 주시는 것입니다. 그래서 예수님은 말씀하셨습니다. "나의 평안을 너희에게 주노라 내가 너희에게 주는 것은 세상이 주는 것과 같지 아니하니라"(요 14:27). 예수님은 세상이 줄 수 없는, 세상이 알 수도 없는 평안을 우리에게 주십니다. 이 얼마나 놀라운 약속입니까? 예수님이 누구신가? 다섯 가지 이름을 가지고 설명하면 됩니다.

여호와의 열심

이런 약속을 듣고 사람들은 질문할 수 있습니다. "이대로만 된다면 얼마나 좋겠어요? 그런데 정말 그것이 가능할까요?" 여기에 대한 대답이 7절 마지막 부분입니다.

만군의 여호와의 열심이 이를 이루시리라(사 9:7하).

이 위대하고 놀라운 구원사역은 인간이 계획하고 만들어 낼 수 있는 게 아닙니다. 인간의 힘으로는 안 됩니다. 그러나 하나님의 열심이 이루십니다.

예수님이 이 땅에 오시지 못하도록 수많은 방해가 있었습니다. 요한계시록을 보면 나옵니다. 얼마나 사탄이 방해했는가. 그러나 하나님께서 그 모든 방해를 물리치시고, 그 일을 이루십니다. 어떻게, 무엇을 가지고? 하나님의 열심을 가지고 하셨습니다. 하나님의 열심이라는 말 들어 보았나요? 우리가 하나님을 향해 열심을 낸다고 생각하나요? 아닙니다. 하나님이 열심을 내십니다. 하나님의 열심이라는 단어를 기억하기 바랍니다.

하나님의 열심은 쉽게 말하면 이런 것입니다. 내가 예수를 믿은 것이 내 힘이었을까요? 아닙니다. 내 힘으로 믿은 것이 아니라면 무엇이 나의 믿음을 가능하게 했을까요? 하나님의 열심입니다. 하나님의 열심이 내가 하나님을 믿도록 만들어 준 것입니다. 믿지 않을 수 없도록 간섭하시고, 도와주시고, 믿게 하신 후에 또 나보고 잘 믿는다고 칭찬해 주십니다. 예수님을 통해 나를 구원하시고, 더 나아가서 오늘의 내가 있도록 만들어 주셨습니다.

하나님은 내가 부족하다고, 맘에 안 든다고 우리를 버리거나 포기하시지 않습니다. 어떻게 해서라도 나를 그 나라에 합당한 사람으로 만들어 가십니다. 나는 실패해도 나를 향한 하나님의 뜻은 실패하지 않습니다. 내가 자격이 있어서가 아닙니다. 나를 향한 하나님의 열심 때문에 가능한 것입니다.

성악을 전공하고 사회활동을 많이 하는 어느 분이 제게 이런 말을 했습니다. "목사님, 성경을 읽다가 완전히 제 얘기를 하는 것 같아서 깜짝 놀랐습니다." "그 성경이 어디예요?" "이사야 9장 1-7절입니다." '내가 그 내용을 아는데, 그 내용이 어떻게 이분의 상황을 정확하게 표현했다는 거지?' 전혀 짐작이 가지 않아서 다시 물었습니다. "왜 그런지 설명 좀 해 보세요." 그분은 이렇게 대답했습니다. "1절에 보면 흑암이 없어지고, 영화롭게 된다고 했습니다. 저, 예수 믿기 전에는 정말 고통을 많이 받았습니다. 늘 마음이 어둡고 고독했습니다. 내가 왜 사는가, 존재 의미도 없었고 늘 불안했습니다. 그런데 예수님을 믿고 나서 제 마음에 어둠이 사라졌습니다. 그리고 내가 얼마나 하나님의 사랑을 많이 받았는지, 내가 얼마나 소중하고 가치 있는 사람인지 알게 되었습니다. 3절에 즐거워한다는 말이 여러 번 나오는데, 정말 제 마음에 즐거움이 생겼습니다. 혼자서 찬송을 부르다가 깜짝 놀랐습니다. '내가 즐겁게 노래를 부르다니, 언제 이렇게 변했지?' 제가 음대를 나왔는데도 제 마음속에는 노래가 없었거든요. 뭔가 저를 누르던 무거운 짐이 사라진 해방감을 느낍니다. 4절에 보면 멍에를 꺾어 주신다고 했는데, 제 영혼이 자유로워졌습니다."

저는 그분에게 이렇게 말했습니다. "이 구절은 메시아가 오셔서 하실 일을 예언한 내용입니다. 정말 제대로 이루어졌군요. 감동입니다. 저도 덕분에 이 본문을 깊이 알게 되었습니다. 감사합니다."

그렇다면 마지막으로 우리가 할 일은 무엇일까요? 예수님이 나를 위해 오셨다는 것을 믿어야 합니다. 하나님이 그 아들을 나를 위해 보내셨다는 것을 믿어야 합니다. 그럴 때 나도 하나님 앞에서 다시 태어나는 것입니다. 그래서 하나님의 아들과 딸이 되는 것입니다. 그럴 때 흑암에 있던 우리는 큰 빛을 보게 되고, 진정한 영광과 기쁨과 자유와 해방을 누리게 되는 것입니다. 이 신비한 은혜를 깊이 묵상하고 충만한 은혜를 누리기를 축원합니다.

"예수님은 누구시며 어떤 일을 하시는지 알고, 믿고, 그 은혜를 누리게 하소서."

아들을 이 땅에 보내 주신 하나님!
예수님을 우리에게 보내 주신 하나님을 찬양합니다.
사람이 되어 이 땅에 오신 예수님을
바로 알고, 믿고, 영접하게 하소서.
그래서 예수님을 통해 이루실 그 모든 은혜를 누리게 하소서.

◇ 함께 이야기하기

1. 예수님이 오셔서 하시는 일 세 가지는 무엇인가요?

2. 성경이 말하는 예수님의 본질 다섯 가지는 무엇인가요?

3. 예수님을 통해 하나님께서는 나를 향한 열심을 보여 주십니다. 나를 포기하지
   않으시고, 실패하지 않으시는 하나님을 경험한 적이 있다면 나눠 봅니다.

11

임마누엘의 의미

(사 11:1-5)

크리스마스 며칠 전에 교회학교 선생님이 아이들에게 물었습니다. "얘들아, 이번 크리스마스에는 무슨 선물을 받고 싶니?" "나는 강아지." "나는 자전거." "나는 여행을 하고 싶어요." 아이들은 나름대로 자기가 받고 싶은 선물을 얘기했습니다. 아버지가 없는 아이가 대답할 차례가 되었습니다. "너는 뭘 받고 싶니?" 그 아이는 잠시 머뭇거리더니 "저는 아버지가 보고 싶어요. 보고 싶을 때마다 사진을 꺼내 보았는데, 이번 크리스마스 때는 아버지가 사진 속에 있지 말고, 나에게 직접 오셔서 나를 안아 주셨으면 좋겠어요." 이렇게 말하고 울었습니다.

마음이 아파서 아이를 꼭 안아 주던 선생님은 이렇게 말했습니다. "얘들아, 아빠가 사진 속에서 웃고만 있지 않고 '나도 너를 보고 싶었다'고 말하면서 직접 오신다면 얼마나 기쁘고 놀라운 일이겠니? 하나님은 높은 보좌에서 우리를 쳐다만 보지 않으시고, 언제든지 우리가 보고, 만지고, 만날 수 있게 예수님을 보내 주셨어. 크리스마스란 하나님이 '우리와 함께하신다'는 것을 보여 주신 날이란다." 이렇게 크리스마스의 의미를 설명했습니다.

말씀이 육신이 되어

성경은 이렇게 표현합니다.

말씀이 육신이 되어 우리 가운데 거하시매(요 1:14상).

그렇다면 예수님을 왜 말씀이라고 하셨을까요? 이것은 하나님과 예수님의 관계를 설명하기 위한 것입니다. 생각과 말씀의 관계는 어떠한 것일까요? 어떤 사람이 생각을 합니다. 그런데 생각은 안에 있는 것입니다. 그 생각이 밖으로 나오면 말씀이 됩니다. 예수님은 하나님의 생각을 그대로 드러내는 분이라는 뜻입니다.

예를 들어 봅시다. 아버지가 어떤 생각을 했는데, 아들이 아버지의 생각을 알고 이렇게 말했습니다. "아버지, 그 생각이 너무 좋아요. 저는 아버지의 그 의견에 100퍼센트 찬성합니다." "그렇지만 너도 네 의견이 있을 것 아니냐? 네 생각도 말해 보거라." "아닙니다. 저는 아버지의 생각이 너무나 좋아서 더 이상 어떤 생각을 하고 싶지 않습니다. 아버지의 생각보다 더 좋은 것은 없습니다." 이런 아들이 있다면 어떻겠습니까? 사랑스럽겠지요? 이것이 하나님 아버지와 예수님의 관계입니다.

하나님 아버지가 어떤 생각을 하시면 그 생각을 아들 예수님이 그대로 받아서 말씀하고 실행하십니다. 그래서 하나님 아버지와 아들 예수님은 두 분이면서, 동시에 하나인 것입니다. 그래서 하나님은 예수님을 향해 뭐라고 하셨습니까? "이는 내 사랑하는 아들이요 내 기뻐하는 자라"(마 3:17)고 하셨습니다. 그러니까 예수님이 하나님의 말씀이란 무슨 뜻인가? '예수님은 하나님의 뜻에 완전히 순종하는 분이다. 하나님께 온 마음을 다 드렸고, 하나님으로 그 마음을 꽉 채운 분이다.'라는 말입니다.

임마누엘 예수님

이사야서 11장의 주제는 세 가지입니다. 첫 번째 주제는 예수님은 우리에게 임마누엘로 오셨다는 것입니다. 그런데 예수님이 임마누엘로 오셨다는 뜻이 무엇일까요? 첫째, 예수님의 이름 자체가 임마누엘입니다. 예수님은 하나님이 우리와 함께 계시다는 것을 보여 주는 징표입니다. 둘째, 예수님은 임마누엘로 산다는 것이 어떤 삶인지 직접 보여 주셨습니다. 예수님은 자기 뜻보다 항상 하나님의 뜻을 앞세우셨으며, 마지막 순간까지 아버지의 뜻이 이루어지기를 원하셨습니다. 하나님의 뜻을 행하는 것이 삶의 목적이었습니다. 다시 말하면 예수님 자신이 임마누엘의 모델입니다. 셋째, 더 나아가서 우리가 어떻게 임마누엘로 살 수 있는지, 그 방법과 능력을 제공하시는 분입니다. 우리가 임마누엘의 삶을 못 사는 이유가 뭘까요? 내 생각을 내려놓고 죽지 않기 때문입니다. 그러니까 임마누엘로 살려면 어떻게 하면 될까요? "나는 십자가에 죽었습니다. 하나님만이 나의 전부입니다." 이렇게 자기를 내려놓고 하나님을 붙잡으면 됩니다. 요약하면 예수님은 임마누엘의 징표이며, 임마누엘의 모델이며, 우리가 임마누엘의 삶을 살 수 있도록 힘과 능력을 공급하시는 분입니다. 예수님은 이렇게 진정한 임마누엘로 우리에게 오셨습니다.

임마누엘에 응답하는 방법

두 번째 주제는 임마누엘에 대한 인간의 응답은 무엇인가입니다. 임마누엘에 응답하는 방법은 세 가지입니다. 첫째, 앗수르 유형입니다. 하나님을 모르는 사람들의 임마누엘에 대한 반응입니다. 앗수르는 임마누엘에 대해 어떻게 응답했는가를 보여 주는 내용이 이사야서 10장입니다.

[5] 앗수르 사람은 화 있을진저 그는 내 진노의 막대기요 그 손의 몽둥이는 내 분노라 [6] 내가 그를 보내어 경건하지 아니한 나라를 치게 하며 내가 그에게 명령하여

나를 노하게 한 백성을 쳐서 탈취하며 노략하게 하며 또 그들을 길거리의 진흙
같이 짓밟게 하려 하거니와(사 10:5-6).

앗수르의 역할은 "진노의 막대기"입니다. 하나님이 심판하기 위해 사용
하시는 도구입니다. 그래서 강하게 해 주었더니 그들이 어떻게 착각했습
니까?

그의 말에 나는 내 손의 힘과 내 지혜로 이 일을 행하였나니 나는 총명한 자라 열
국의 경계선을 걷어치웠고 그들의 재물을 약탈하였으며 또 용감한 자처럼 위에
거주한 자들을 낮추었으며(사 10:13).

"내 힘과 능력으로 세상을 정복했다." 이것이 얼마나 웃기는 일입니까?

도끼가 어찌 찍는 자에게 스스로 자랑하겠으며 톱이 어찌 켜는 자에게 스스로 큰
체하겠느냐 이는 막대기가 자기를 드는 자를 움직이려 하며 몽둥이가 나무 아닌
사람을 들려 함과 같음이로다(사 10:15).

그러므로 사명이 끝나면 "그들을 길거리의 진흙같이 짓밟아" 버리시겠
다는 것입니다. 그들은 하나님의 도움, 임마누엘 때문에 강해졌지만 오히
려 그것 때문에 망하게 됩니다. 이것이 세상 사람들의 모습입니다. 임마
누엘을 가장 잘못 사용하는 경우입니다. 그런데 이런 사람들이 가장 많습
니다.

둘째, 아하스 유형입니다. 하나님을 믿지만 임마누엘을 잘못 사용하는
유형입니다. 하나님은 아하스에게 "내가 너와 함께할 것이다. 그러니 나를
믿고 너도 나에게 마음을 주면 너는 안전하다"고 하셨습니다. 그런데 그는

하나님을 버리고, 앗수르 군대를 기뻐했습니다. 하나님께 마음을 드리지 않고, 하나님을 업신여기면서 하나님이 함께하신다면 자기가 두려워하는 적들을 물리쳐 달라고 요구했습니다. 그것이 임마누엘이라고 생각했습니다. 마음은 세상에 가 있으면서, 그것을 얻기 위해 하나님이 나를 위해 임마누엘 해 달라는 것입니다. 이것이 아하스가 생각하는 임마누엘이고, 대부분의 신앙인들이 생각하는 임마누엘의 개념입니다. 그러나 진정한 임마누엘은 그것이 아닙니다. 진정한 임마누엘 상태가 되면, 적을 두려워하지 않게 됩니다. 적을 두려워하는 이유는 내 마음을 눈에 보이는 적들에게 주었기 때문입니다. 하나님을 붙잡고 세상을 내려놓는 것이 임마누엘인데, 세상을 붙잡고 하나님을 내려놓으면서 하나님이 내 소원을 이루어 주시는 것이 임마누엘이라고 생각하는 사람들이 많습니다. 입으로는 임마누엘을 원하지만 진정한 임마누엘을 모르는 사람들이 많습니다.

셋째, 남은 자 유형입니다.

그날에 이스라엘의 남은 자와 야곱 족속의 피난한 자들이 다시는 자기를 친 자를 의지하지 아니하고 이스라엘의 거룩하신 이 여호와를 진실하게 의지하리니(사 10:20).

진정으로 임마누엘의 의미를 알고 응답하는 자들입니다. 아주 쉽게 말하면 예수님 유형이라고 생각하면 됩니다. 이사야서 11장 1절은 예수님에 대한 설명입니다.

이새의 줄기에서 한 싹이 나며 그 뿌리에서 한 가지가 나서 결실할 것이요(사 11:1).

"이새의 줄기에서." 이새는 다윗의 아버지입니다. 그러므로 예수님은 육신적으로는 이새의 후손입니다. 그러나 그분의 본질은 이새의 뿌리입니다. 이새보다 먼저 계신 분입니다. 예수님의 신성을 의미합니다.

하나님이 우리와 함께하시려고 얼마나 희생하셨는가? 이렇게 아들까지 보내셨습니다. 오늘도 함께하십니다. 그런데 우리는 거기에 제대로 응답하지 않습니다. 우리가 하나님의 임마누엘에 조금만 더 응답한다면 임마누엘의 엄청난 능력을 경험할 것입니다. 임마누엘에 응답한다는 의미가 뭔지, 임마누엘의 능력이 뭔지 안다는 것은 신앙생활에서 아주 중요합니다. 정말 임마누엘의 삶을 사는 사람은 신앙인 중에도 아주 소수입니다.

임마누엘의 결과

세 번째 주제는 진정한 임마누엘의 결과는 무엇인가입니다.

> 그가 여호와를 경외함으로 즐거움을 삼을 것이며 그의 눈에 보이는 대로 심판하
> 지 아니하며 그의 귀에 들리는 대로 판단하지 아니하며(사 11:3).

첫째, 여호와를 경외하면서 즐거워합니다. 이것이 바로 임마누엘의 삶입니다. 그렇게 되면 눈에 보이는 대로 보지 않고, 들리는 대로 듣지 않게 됩니다. 믿음의 눈으로, 하나님의 눈으로 세상을 바라보게 되는 것입니다. 임마누엘이 되면 이렇게 내 시각이 변합니다.

둘째, 이웃과의 관계도 변합니다.

> 그 때에 이리가 어린 양과 함께 살며 표범이 어린 염소와 함께 누우며 송아지와
> 어린 사자와 살진 짐승이 함께 있어 어린 아이에게 끌리며(사 11:6).

임마누엘이 될 때 다투고 싸울 수밖에 없는 관계가 평화롭게 변합니다. 짐승들이 서로 함께 먹고 눕고 한다니까 마치 동화 속 이야기 같지요? 그런데 여기서 동물은 진짜 동물을 말하는 것일 수도 있지만, 사람 속에 있는 동물성을 의미하기도 합니다. 독사 같은 사람도 있고, 사자나 이리 같은 사람도 있고, 어린 양 같은 사람도 있습니다. 도저히 함께할 수 없는 사람들이지만 임마누엘이 이루어지면 예수님 안에서 평화를 누리게 되는 것입니다.

이렇게 될 때 9절입니다.

> 내 거룩한 산 모든 곳에서 해 됨도 없고 상함도 없을 것이니 이는 물이 바다를 덮음 같이 여호와를 아는 지식이 세상에 충만할 것임이니라(사 11:9).

물이 바다를 덮음같이 여호와를 아는 지식이 세상에 충만해집니다. 다시 말하면 나도, 내 이웃도 서로를 하나님의 눈으로 보게 되고, 서로를 통해 하나님을 알게 되고, 하나님의 뜻이 우리를 통해 이루어진다는 것입니다.

셋째, 예수님이 만방의 기치가 되고, 열방이 그에게로 돌아오게 됩니다. 예수님께 영광이 돌아갑니다.

> 그 날에 이새의 뿌리에서 한 싹이 나서 만민의 기치로 설 것이요 열방이 그에게로 돌아오리니 그가 거한 곳이 영화로우리라(사 11:10).

이해를 돕기 위해 예를 들어 보겠습니다. 장애아를 둔 어머니가 있다고 합시다. 내가 무슨 죄가 많아서 이런 아이를 주셨느냐고 탄식할 수 있습니다. 그리고 내 아이를 제대로 길러 보려고 몸부림을 칠 수 있습니다. 그러나 그 어머니의 사명은 아이를 다른 아이들처럼 완벽하게 기르는 것이 아닙니다. 그 아이에게 마음을 다 써도 안 됩니다. 그러면 힘들어서 살 수 없습니다. 하나님께 마음을 드려야 합니다. 그러면 자녀 때문에 힘들어도 하나님으로 인해 기뻐하고 감사할 수 있습니다. 이사야서 11장 3절 말씀처럼 "여호와를 경외함으로 즐거움을 삼을" 수 있습니다. 그럴 때 어떻게 된다고 했습니까? 보고 듣는 것이 달라진다고 했습니다. 자녀를 하나님의 눈으로 볼 수 있습니다.

그리고 먼저 자신이 평화롭게 됩니다. 또한 자녀를 괴롭히지 않게 되므로 자녀와 평화를 누릴 수 있습니다. 그리고 여호와를 아는 지식이 충만해진다고 했습니다. 그 자녀를 통해 하나님을 알게 됩니다. 자녀도 부모를 통해 하나님을 알게 됩니다. 그리고 결국은 그런 자녀를 주신 것에 대하여 하나님께 감사하게 됩니다. 그래서 하나님이 영광을 받으시게 되는 것입니다. 본문의 내용과 똑같습니다.

그래서 임마누엘 상태가 되면 어떻게 되는가? 찬송가 438장의 가사처럼 "슬픔 많은 이 세상도 천국으로 화하도다." 이렇게 되는 것입니다. 하나님과 나의 관계가 가장 가깝기 때문에, 하나님이 주시는 기쁨이 내 안에 가득하기 때문에, 세상의 어떠한 문제도 넉넉히 이길 수 있습니다. 임마누엘의 능력입니다.

임마누엘로 오신 예수님을 우리가 영접한다는 것은 무슨 뜻일까요? 예수님을 임마누엘의 징표로 받고, 예수님처럼 임마누엘의 삶을 살아가는 것입니다. 그럴 때 우리의 삶은 눈에 보이는 것에 마음을 빼앗기지 않고 믿음으로 보고 들으며, 진정으로 평화를 누리며, 하나님께 영광을 돌리는 삶이 될 것입니다.

"임마누엘로 오신 예수님을 맞이하며, 임마누엘의 의미를 알고, 임마누엘에 응답하며, 임마누엘의 능력으로 살게 하소서."

우리를 위해 아들을 보내 주신 하나님!
하나님의 임마누엘에 대하여 우리도 하나님께
임마누엘로 응답하게 하소서.
예수님처럼 하나님만 바라보고, 그 하나님으로 마음을 채우며
진정한 임마누엘의 삶을 살게 하소서.
그래서 어떤 환경에서도 흔들리지 않고, 낙심하지 않고,
하나님이 주시는 기쁨과 평안을 누리며 살게 하소서.

◇ 함께 이야기하기

1. 예수님이 임마누엘로 오셨다는 것의 세 가지 의미는 무엇인가요?

2. 임마누엘에 대한 인간의 응답 세 가지 유형은 무엇인가요?

3. 임마누엘로 오신 예수님을 영접할 때, 지금 나의 삶에는 어떠한 변화가 일어날까요?

12

구원의 샘에서 물을 길으리라
(사 12:2-3)

"아라비아의 로렌스"라는 영화의 실제 주인공으로 잘 알려진 토머스 로렌스(Thomas E. Lawrence)는 영국의 학자이며, 군인이며, 저술가입니다. 국제연맹을 탄생시킨 파리평화회의 때, 그의 임무는 아랍 대표들과 서방 외교관들을 연결하는 역할이었습니다. 그는 아랍 대표들을 위해 프랑스의 최고급 호텔을 잡고, 파리를 구경시켜 주었습니다. 그런데 그들의 마음을 사로잡은 것은 에펠탑이나 루브르 박물관이 아니라 호텔 목욕탕이었습니다. 사막에서 얼마나 물이 귀합니까? 그런데 호텔 목욕탕에서는 수도꼭지만 틀면 물이 펑펑 쏟아지는 것입니다. 그것을 보고 아랍 대표들은 감탄했습니다. "그것 참 신기하다."

그런데 며칠 후 회담 중에 호텔에서 급한 연락이 왔습니다. "큰일 났습니다. 지금 아랍 대표들이 호텔 목욕탕을 뜯어내고 있습니다." 달려가 보았더니 그들이 열심히 목욕탕을 뜯어내고 있었습니다. "아니, 지금 뭐 하는 것입니까?" 그들은 웃으면서 말했습니다. "걱정 마시오. 비용은 얼마든지 내겠소. 우리가 원하는 것은 이 목욕탕입니다. 이 목욕탕만 우리나라로 가져가면 언제나 물이 펑펑 나올 텐데, 그러면 사막도 살 만하지 않겠습니까?" 로렌스는 기가 막혔지만 차분하게 설명했습니다. "아무리 목욕탕을 가져가도 소용없습니다. 수원지와 연결된 수도 파이프가 없다면 가져가도 헛것입니다." 이렇게 설득했다고 합니다. 목욕탕을 사막에 갖다 놓는다고 물이 나옵니까? 물 근원과 연결되어 있지 않으면 아무리 목욕탕을 통째로 가져가도 소용없습니다.

신앙인의 미래

본문은 어떻게 해야 미래를 향해 두려움 없이 나갈 수 있는가? 어려운 상황을 잘 극복하려면 어떻게 해야 하는가? 어떻게 하면 환경의 지배를 받지 않고, 환경을 지배하는 사람이 될 수 있는가? 여기에 대해 말씀하고 있습니다.

먼저 신앙인은 나의 미래가 밝다는 것을 믿어야 합니다. 왜냐하면 하나님이 역사를 그 방향으로 인도하시기 때문입니다.

> 그날에 네가 말하기를 여호와여 주께서 전에는 내게 노하셨사오나 이제는 주의 진노가 돌아섰고 또 주께서 나를 안위하시오니 내가 주께 감사하겠나이다 할 것이니라(사 12:1).

"네가 나중에 이렇게 말할 것이다. '하나님이 전에는 내게 진노하셨지만 이제는 주의 진노가 돌아섰고, 나를 안위하시니 감사합니다.'" 하나님이 언제 그들에게 진노하셨나요? 아하스가 하나님을 믿지 않고 앗수르의 군대를 의지하고 앗수르를 불러들였을 때 진노하셨습니다. 그 결과 북이스라엘이 멸망하고 유다까지도 아주 힘들게 될 것이라고 했습니다.

그런데 이사야서 10장을 보면 앗수르가 교만해졌습니다. 하나님이 진노의 막대기로 사용했을 뿐인데, 힘을 주니까 자기 힘으로 강해진 줄 알고 한없이 교만해졌습니다. 그러자 하나님은 그들을 꺾어 버리겠다고 하셨습니다. 이런 가운데 앗수르에게 고통을 당하면서 많은 사람이 '우리가 고통을 당하는 이유는 하나님을 바로 믿지 못했기 때문이다.'라고 깨달을 것이고, 이렇게 고난을 겪은 후에 남은 자들이 돌아올 것인데, 그들이 부르는 찬양이 1절입니다. 아직 앗수르에게 망하지 않았습니다. 그러나 그렇게 될 것이라고 말씀합니다.

무엇을 바라보는가

여기서 하나님의 역사 인도 방법이 나옵니다. 하나님은 때로 그 백성을 징계도 하시지만, 그러나 결국은 잘되게 하십니다. "너희를 괴롭힌 앗수르는 망하겠지만, 너희는 오히려 회복될 것이다. 그러므로 지금 아무리 힘들고 어려워도 이 고난은 하나님이 더 좋은 길로 인도하는 과정이라는 것을 믿어야 한다." 결국 내 인생의 결론은 감사와 찬송이다. 하나님은 우리를 그렇게 인도하신다. 이것을 믿으라는 것입니다. 이것이 우리가 가져야 하는 신앙적 역사관입니다.

역사가 이런 방향으로 진행될 것인데, 그렇다면 우리가 무엇을 의지해야 할까요? 앗수르를 의지할 것인가, 하나님을 의지할 것인가? 지금 아하스 앞에는 두 가지 사실이 있습니다. 하나는 적들이 쳐들어온 사건, 전쟁이라는 사실입니다. 또 하나는 하나님입니다. 눈에 보이는 전쟁과 눈에 보이지 않는 하나님, 둘 중에 어느 것에 마음을 두는가? 어느 것을 더 실제로 느끼는가? 육체를 가진 인간은 눈에 보이는 것에 마음을 두기 쉽습니다.

예를 들어 볼까요? 다윗과 골리앗을 생각해 봅시다. 블레셋에 골리앗이라는 무서운 장수가 나타났습니다. 아무도 그를 이길 수가 없습니다. 이스라엘 군대는 하나님의 군대였지만 그들에게는 하나님이 보이지 않았습니다. 하나님과 골리앗이라는 두 존재 앞에서 오직 골리앗만 보았고, 하나님께 마음을 드리지 않았습니다. 보이는 골리앗에게 마음을 준 것입니다. 아니, 정확하게 말하면 골리앗에게 마음을 빼앗겼다고 해야지요. 그래서 골리앗을 무서워했고, 그와 싸워서 이길 수 없었습니다.

그런데 다윗은 골리앗과 하나님 사이에서 하나님께 마음을 두었습니다. 하나님으로 그의 마음을 채웠습니다. 하나님의 눈으로 보니 골리앗이 만군의 여호와를 모욕하는 멸망받을 짐승에 불과한 존재로 보였습니다. 그러므로 골리앗을 향해 하나님의 이름으로 담대히 나가서 무너뜨린 것입니다. 골리앗이 아니라 하나님을 바라보는 것, 내 앞에 보이는 문제가 아니라 하나님을 바라보는 것, 이것이 임마누엘 신앙입니다.

보라 하나님은 나의 구원이시라 내가 신뢰하고 두려움이 없으리니 주 여호와는 나의 힘이시며 나의 노래시며 나의 구원이심이라(사 12:2).

우리는 구원이신 하나님을 바라보아야 합니다. 그런데 우리는 무엇을 구원이라고 생각합니까? 돈이 구원이고, 건강이 구원이고, 합격이 구원이고, 취직이 구원이고…. 내가 원하는 대로 되는 것을 구원이라고 생각합니다. 그러나 아닙니다. 하나님 자신이 구원입니다.

그러므로 문제를 바라보는 것이 아니라 구원이신 하나님을 바라보아야 합니다. 구원의 하나님을 바라보면 어떤 일이 생기나요? 하나님에 대한 신뢰가 생깁니다. 그럴 때 두려움이 없어집니다. 이 메커니즘을 이해해야 합니다.

두려움 물리치기

두려움은 왜 생기는 걸까요? 두려움은 어떤 실체가 있는 것이 아닙니다. 우리 마음은 하나님으로만 채워질 수 있을 만큼 엄청나게 큽니다. 그 큰 공간이 텅 비어 있는 느낌, 이것이 두려움입니다. 왜냐하면 그 속에 무엇이 들어올지 모르기 때문입니다. 그러니까 하나님이 없는 빈 마음이 두려움의 근원입니다. 그런데 두려움은 그 자체로 있는 것이 아니라, 계속 다른 형태로 모습을 바꿉니다.

예를 들면 내가 실직했습니다. 그런데 실직 자체는 두려운 것이 아닙니다. 변화일 뿐이지요. 두려움이 있을 때, 두려움이 실직이라는 것과 결합해서 "내가 실직했기 때문에 두려운 것이다." 이렇게 포장하는 것입니다. 내가 병이 들었습니다. 질병 자체는 두려운 것이 아닙니다. 치료하면 됩니다. 그런데 하나님 없는 텅 빈 마음, 공허한 마음이 병과 결합해서 "병 때문에 두렵다"고 느끼는 것입니다. 교묘하죠.

그렇다면 두려움을 물리치는 방법이 뭘까요? 마음을 하나님으로 채우는 것입니다. 다른 말로는 하나님을 신뢰하는 것입니다. 하나님을 신뢰하게 되면 질병이 있어도, 직장이 없어도, 사업이 어려워도, 내 상황이 여의치 않아도 두려움에 빠지지 않을 수 있습니다. 그러니까 두려움의 본질은 하나님이 없는 마음입니다.

그러므로 여러분이 두렵다면 "나, 이것 때문에 두려워." 이렇게 말하면 속는 것입니다. 두려움이 느껴지면 '아, 내가 지금 하나님을 바라보지 않는구나. 내 마음이 하나님으로 채워져 있지 않구나.' 이렇게 깨닫고, "하나님, 하나님을 바라보게 하소서. 하나님으로 내 마음을 채우게 하소서. 그래서 두려움이 물러가게 하소서. 그래서 문제는 그대로지만 두려워하지 않게 하소서." 이렇게 고백해야 합니다. 하나님을 바라보면 오히려 힘을 얻게 되고, 노래를 부를 수 있습니다.

여러분, 이런 경험 해 보셨지요? 문제가 많고 힘들지만 하나님을 바라보고 기도하다 보면 어느새 내 입에서 찬송이 나오지 않습니까? "내 앞길 멀고 험해도 나 주님만 따라가리"(찬송가 370장). 이렇게 찬송이 나오게 되어 있는 것입니다. 왜일까요? 구원이신 하나님을 바라보았기 때문입니다.

우리는 문제 해결이 구원이라고 생각하는데, 아닙니다. 하나님 자체가 구원이고, 그래서 그 문제를 내려놓고 하나님을 바라볼 때, 우리 마음이 임마누엘 상태가 되면 구원을 맛보게 되고, 내 마음이 구원을 맛볼 때, 그 결과로 내 삶의 문제도 해결되는 것입니다.

많은 사람이 착각합니다. 돈 문제에서 구원받는 것은 돈을 많이 버는 것이다. 그러나 아닙니다. 돈에 마음을 빼앗기지 않고, 하나님께 내 마음을 드리는 것입니다. 그럴 때 돈 문제는 나에게 사소한 것이 되고, 하나님을 신뢰하면서 돈 문제로부터 내 마음이 일단 구원을 받게 되고, 더 놀라운 것은 하나님이 그 문제에 개입하셔서 돈 문제를 해결하시는 것입니다.

구원의 우물

그래서 임마누엘 신앙을 가질 때, 현실은 어떻게 변하는가? 3절입니다.

그러므로 너희가 기쁨으로 구원의 우물들에서 물을 길으리로다(사 12:3).

구원의 우물이 무엇입니까? 사막에서 목말라 죽어 가던 사람이 우물을 발견했습니다. 그 우물로 달려갔습니다. 그런데 그 우물이 텅 빈 우물이면 그는 죽습니다. 그러나 그 우물에 물이 가득합니다. 물을 길어 마셨습니다. 살아났습니다. 이것이 구원의 우물입니다.

구원의 우물이란 말이 왜 나왔을까요? 세상은 광야와 같습니다. 그러나 내 삶이 광야와 같아도 언제나 달려가서 생수를 퍼낼 우물이 있다면 되는 것입니다. 그런데 그 우물은 언제까지나 마르지 않아요. 나를 실망시키는 일이 없어요. 언제나 기대하는 마음으로, 기뻐하며 달려가서 생수를 얻을 수 있습니다. "아, 좋다. 아, 시원하다. 아, 살았다." 이런 고백과 기쁨과 만족을 얻을 수 있습니다. 어디서? 하나님이라는 구원의 우물에서요!

임마누엘 신앙을 가지면 언제나 기쁨이 있습니다. 이것은 상황과 무관합니다. 아니, 상황이 어려우면 어려울수록 더욱 그 효과가 커집니다. 구원의 우물에서 물을 긷는 그 체험이 더 강력해지는 것입니다. 그러므로 하나님께 나오면, 하나님으로 내 마음을 채우면, 하나님 자신이 구원의 우물이 되어 우리에게 그 생수를 마시게 한다는 이 약속을 잊지 말기를 바랍니다. 그럴 때 광야 같은 세상을 힘들고 어려워도 넉넉히 이길 수 있고 승리할 수 있는 것입니다.

이제 4절부터는 대상이 변합니다.

그날에 너희가 또 말하기를 여호와께 감사하라 그의 이름을 부르며 그의 행하심을 만국 중에 선포하며 그의 이름이 높다 하라(사 12:4).

1-3절은 하나님과 우리였는데, 4절부터는 우리와 세상의 관계입니다. "너희가 다른 사람들에게 이렇게 말할 것이다. 여호와께 감사하라. 이렇게 세상을 향해서 외치게 된다"고 말합니다. 다시 말하면 1-3절의 경험이 나에게서 끝나지 않고, 다른 사람에게 이 기쁨과 감격이 흘러가는 것입니다. 즉 간증이 있는 삶이 되는 것입니다. 내가 감사할 뿐 아니라, 내 감사와 기쁨이 다른 사람에게로 번져 가는 것입니다.

신약성경 요한복음 7장에서 예수님은 명절 끝날에 유명한 말씀을 하셨습니다. "누구든지 목마르거든 내게로 와서 마시라." 여기서 명절은 초막절을 말합니다. 초막절은 광야에서 목마른 이스라엘 백성에게 하나님이 생수를 주신 것을 기념하는 절기로 마지막 날 특별한 행사를 합니다.

성전에서부터 실로암 우물까지 몇 킬로미터나 되는 거리인데, 모든 백성이 길 양쪽으로 늘어섭니다. 실로암 샘물에서 물을 길어 금 항아리에 담습니다. 그리고 그것을 늘어선 사람들이 릴레이로 예루살렘 성전까지 나릅니다. 마지막에 제사장이 그 물을 받아서 성전 제단에 부으며 "너희가 기쁨으로 구원의 우물들에서 물을 길으리로다." 하고 이사야서 12장 3절 말씀을 낭독합니다. 이 말씀에 대해 모든 백성이 "아멘!" 하면서 나뭇가지를 흔들며 찬송합니다.

예수님은 왜 그 시간에 누구든지 목마르거든 내게로 와서 마시라고 했을까요? 그때는 물이 가장 풍성할 때인데, 아무도 목마른 사람이 없는 순간인데! 사람들이 모든 것을 가졌고, 모든 것이 풍성하고, 그들의 꿈이 완전히 성취되었어도 그들의 영혼 깊은 곳에는 목마름이 있다는 것을 아셨기 때문입니다. 이 세상 모든 것을 다 가졌어도 우리 영혼의 목마름은 예수님으로만 해결될 수 있습니다. 인생의 진정한 목마름, 그것을 채우려면 내게로 오라는 것입니다. 예수님은 진정한 구원의 우물입니다. 이사야서 12장을 완성하는 분이 예수님입니다.

세상의 모든 사람은 변화를 맞이하고 미래를 향해 나아갈수록 두려워하고 걱정하고 염려할 것입니다. 그러나 그럴수록 어디를 보아야 할까요? 구원이신 하나님께로 나가야 합니다. 그때마다 구원의 우물이신 주님께서 목마른 여러분에게 생수를 부어 주실 것입니다.

"하나님을 바라보며 기쁨으로 구원의 우물에서 물을 긷는 한 해가 되게 하소서."

미래를 선물로 주시는 하나님 아버지!

하나님이 역사를 어떻게 진행하시는지 알게 하소서.

감사의 찬송을 부르도록 내 삶을 인도하실 것을 믿게 하소서.

그러므로 세상의 문제를 바라보며 두려워하지 말고,

하나님을 신뢰하고, 두려움이 없게 하시고,

우리의 힘과 노래가 되어 주소서.

"임마누엘 신앙을 가지라. 그러면 구원의 샘에서 물을 길으리라."

엄청난 도전이며 약속임을 믿습니다.

주여, 이 말씀이 우리에게 믿음이 되고, 사건이 되고,

간증이 되게 하소서.

◇ 함께 이야기하기

1. 삶의 문제 앞에서 우리가 바라봐야 할 분은 누구인가요? 그렇게 행동할 때, 우리에게 주어지는 결과는 무엇인가요?

2. 임마누엘 신앙을 가질 때, 우리의 현실은 어떻게 변할까요?

3. 두려움과 걱정, 염려 가운데 하나님을 의지하였을 때, 경험한 변화나 은혜가 있다면 나눠 봅니다.

13

이 세상의 영적 본질

(사 14:12-15)

전에 믿지 않는 친구에게 전도를 했는데, 그 친구가 이렇게 말했습니다. "나도 하나님을 믿고 싶어. 그런데 하나님이 참 신이라는 것을 증명해 봐. 그럼 믿을게." 깜짝 놀랐습니다. 내가 목사인데, 이런 경우에 어떤 말을 해야 하는가? 정말 다급해서 성경을 읽고 또 읽었습니다. 그리고 마침내 찾았습니다. 이사야 41장 21-24절입니다. 우상들에게 하나님이 하시는 말씀입니다. 21절, "(너희가 신이라면 나에게) 확실한 증거를 보이라." 22절, "앞으로 올 일을 듣게 하며" 23절, "뒤에 올 일을 알게 하라." 앞으로 올 일은 예언입니다. 뒤에 올 일은 역사입니다. "앞으로 어떻게 될지 먼저 예언해 보아라. 그리고 그것이 어떻게 이루어졌는지 역사를 통해 증명해라. 그러면 참 신이라고 인정해 주겠다. 그렇게 하지 못한다면 신이 아니다." 그러니까 하나님이 참 신이라는 것을 증명하는 방법은 두 가지입니다. 예언과 역사입니다. 그래서 그 친구에게 성경에 나오는 예언이 어떻게 성취되었는지 설명하면서 전도한 적이 있습니다.

예를 들어 보죠. 제가 어떤 아가씨에게 예언을 했습니다. "당신은 언젠가 결혼할 것입니다." 그런데 세월이 흐른 후에 이 아가씨가 결혼하게 되었다면, 제가 한 예언이 맞았다고 감격할까요? 하지 않겠지요. 얼마든지 이뤄질 수 있는 거니까요. 그러나 "당신은 10년 후 오늘, 백악관에서 결혼식을 올릴 것인데, 신랑은 아프리카 사람이고, 주례는 바이든 대통령이고, 그 자리에 세계 각국 정상 25명이 참석할 것이고, 축사는 이란의 대통령이 할 것입니다. 그런데 그날 아시아 어느 지역에서 지진이 크게 날 것입니다." 이렇게 말했다고 합시다. 들으면서 '말도 안 돼.' 이런 생각이 들겠죠?

그런데 전혀 가능성이 없는 일인데, 그날이 다가오면서 뭔가 징조가 보이더니, 정말 그날이 되자 예언이 그대로 이루어졌습니다.

그럼 놀랄까요, 놀라지 않을까요? 놀라겠지요! 정확하게 맞았다면 "오, 마이 갓!" 이렇게 될 것입니다. 막연하게 예언하고, 막연하게 맞는 것은 의미가 없어요. 그러나 예언이 구체적일수록, 그 예언의 스케일이 클수록, 그 예언이 정확하게 이루어지는 것은 거의 불가능합니다. 예언을 하고 그것을 이루어 간다는 것은 어떤 의미가 있습니까? 그 예언을 이루기 위해서는 전 세계의 정치가들을 마음대로 주무를 수 있는 능력이 있어야 합니다. 또한 세상의 모든 환경을 마음대로 조종할 수 있어야 합니다.

"그런데 너희에게 그럴 능력이 있는가? 있다면 증거를 대 보라. 그럼 신으로 인정해 주마. 그럴 수 없지? 그래서 너희는 우상일 뿐이다. 그러나 나는 그렇게 할 수 있다. 그러므로 나 여호와는 참 신이다." 이런 뜻입니다. 그러므로 하나님이 참된 신이라는 것을 증명하는 방법은 예언과 역사입니다.

이런 말이 있습니다. "5분 후에 무슨 일이 일어날지 정확하게 안다면 세상을 지배하게 될 것이다." 그러나 인간은 1분 1초 후의 일도 알 수 없습니다. 그러나 하나님은 역사의 주관자이십니다. 하나님은 미리 예언하시고, 그 사건을 성취하시며 역사의 주인이라는 것을 증명하십니다. 그래서 성경에서는 예언과 역사가 중요합니다.

바벨탑을 만든 이유

이사야서 1장부터 12장까지의 내용은 유다의 아하스가 북이스라엘과 아람의 공격 앞에서 하나님의 말씀을 듣지 않고, 적들을 보며 두려워하는 것을 보면서 하신 말씀입니다. 왜 하나님을 버리고 보이는 세상에 마음을 빼앗겼는가 지적하면서 하나님의 심판과 구원에 대해 예언했습니다.

이사야서 13장부터 23장까지는 남왕국 유다를 둘러싸고 있는 열 나라에 대한 예언이 나옵니다. 그런데 맨 처음으로 등장하는 나라가 바벨론입니다.

> 아모스의 아들 이사야가 바벨론에 대하여 받은 경고라(사 13:1).

그런데 왜 갑자기 바벨론에 대한 이야기가 나올까요? 이사야가 예언하는 그 당시에 세계에서 가장 강한 나라는 앗수르입니다. 바벨론은 막 생겨난 신생국일 뿐입니다. 유다에게 아무 역할도 못하고 있습니다. 그런데 왜 바벨론부터 언급할까요?

여기서 한 가지 짚고 넘어갈 것이 있습니다. 인류 역사 속에 존재했던 가장 악한 나라는 어느 나라일까요? 바로 바벨론입니다. 창세기부터 요한계시록까지 계속 바벨론에 대한 이야기가 나옵니다. 창세기 10장 8-10절을 먼저 보겠습니다.

> [8] 구스가 또 니므롯을 낳았으니 그는 세상에 첫 용사라 [9] 그가 여호와 앞에서 용감한 사냥꾼이 되었으므로 속담에 이르기를 아무는 여호와 앞에 니므롯 같이 용감한 사냥꾼이로다 하더라 [10] 그의 나라는 시날 땅의 바벨과 에렉과 악갓과 갈레에서 시작되었으며(창 10:8-10).

니므롯이라는 사냥꾼이 있었는데, 그 당시의 영웅이었습니다. 그가 나라를 세웠는데, 어디서 시작되었다고 했어요? 바벨에서 시작되었다고 했습니다. 그 나라가 발전하면서 더 넓은 땅이 필요했고, 그래서 동쪽으로 확장하다가 엄청난 평지를 만나게 되고, 거기서 한 일이 바벨탑을 만든 것입니다.

바벨탑을 만든 이유는 홍수에 대한 반발이었습니다. 이러한 바벨탑의 정신을 보여 주는 구절이 나옵니다.

또 말하되 자, 성읍과 탑을 건설하여 그 탑 꼭대기를 하늘에 닿게 하여 우리 이름을 내고 온 지면에 흩어짐을 면하자 하였더니(창 11:4).

"하늘에 닿게 하자. 우리 이름을 내자. 그리고 흩어짐을 면하자."

"하늘에 닿게 하자"는 것은 홍수의 수면보다 높은 곳에 거주지를 만들겠다는 것입니다. "하나님이 인간을 홍수로 진멸했어? 그렇다면 우리는 홍수보다 더 높은 곳에 거주지를 만들겠다." 이런 뜻입니다. 그리고 "우리 이름을 내겠다." 이 말은 "우리에게 능력이 있는데, 뭐하러 하나님 앞에 머리를 숙이고 '하나님 도와 주세요.' 이렇게 치사하고 나약한 소리를 하느냐? 우리 문제는 우리 스스로 해결할 수 있다. 이것이 위대한 인간이 할 일이다!" 이런 뜻입니다. 마지막으로 "흩어짐을 면하자"는 것은 하나님이 온 땅에 흩어져서 생육하고 번성하라고 하신 말씀에 대한 거역입니다. "흩어지라고? 그럼 힘이 없어지지. 우리는 뭉칠 것이다. 그래서 힘을 키울 것이고, 하나님에게 대항하겠다"는 말입니다.

바벨론을 세운 사람이 "니므롯"이었습니다. 니므롯이란 이름은 "님"(높은 존재)과 "마라드"(반역한다, 대항한다)가 합쳐진 단어로, 억압하는 자에게 반항한다는 의미입니다. 쉽게 말해 "나는 반항아다!" 이런 말입니다. 왜 이런 이름을 가지게 되었는가? 노아가 함과 그 후손들에게 "너는 형제들의 종의 종이 되기를 원하노라!" 이렇게 예언적으로 기도한 것에 대한 거부감입니다. "뭐야, 나보고 형제들의 종이 되라고? 나는 그럴 수 없어. 나는 절대로 그렇게 살지 않을 거야. 하나님이 나를 그렇게 만든다고? 천만에! 오히려 내가 강력한 나라를 만들어 온 세상을 호령하겠다." 이런 의도가 그의 이름 속에 깔려 있는 것입니다.

바벨론의 세 가지 특징

역사학자들이 평가하는 바벨론의 특징은 세 가지입니다. 첫째, 엄청난 우상숭배입니다. 각종 우상과 사술에 몰두했습니다. 요즘에도 모든 권위 있는 점술책은 그 뿌리가 모두 바벨론입니다. 왜냐하면 하나님을 고의로 대적한 자들이기 때문에, 하나님 대신에 초월적인 힘을 얻기 위해, 신비한 힘을 얻을 수만 있다면 수단과 방법을 가리지 않았습니다. 둘째, 폭력이 난무하고 무력을 숭배했습니다. 그래서 바벨론과 전쟁을 하려면 각오를 해야 했습니다. 졌다, 하면 완전히 끝나는 것입니다. 그러므로 이를 악물고 싸우든지, 아니면 일찌감치 항복하든지였습니다. 그만큼 바벨론은 잔인했습니다. 반항하면 산 채로 사람의 가죽을 벗겼습니다. 아주 잔인함이 극에 달한 나라입니다. 셋째, 아주 사치하고, 음란했습니다. 니므롯 자신이 자기 어머니와 살았습니다. 그리고 모든 바벨론의 예배의식이 음란했고, 호모와 레즈비언 등 모든 변태적인 성행위가 다 바벨론에서 시작됩니다. 조사에 의하면 아주 화려하고 충격적인 포르노는 지금도 바벨론을 배경으로 해서 찍는다고 합니다.

그러니까 바벨론은 포악한 절대 왕권의 시초이며, 하나님의 뜻과 질서를 일부러 깨뜨리기로 작정한 나라입니다. 니므롯이 세운 나라가 바벨론인데, 이것을 고(古)바벨론이라고 합니다. 고바벨론은 히타이트족에게 멸망했습니다. 그런데 고바벨론이 망한 후 약 천 년 뒤에 신(新)바벨론 왕국이 세워집니다. 그러니까 성경이 바벨론을 지칭할 때는 신바벨론을 의미합니다. 지금 신바벨론이 아직은 미약한 상태인데, 이사야는 신바벨론에 대해 예언하고 있는 것입니다.

신바벨론도 고바벨론의 정신을 이어받았습니다. 그런데 여기에 더해진 신바벨론의 결정적인 죄가 무엇인가? 그들은 이스라엘 역사에서 가장 비극적인 일을 했습니다. 바로 성전을 파괴한 것입니다. 그러니까 바벨론은 하나님께 정면으로 대적하는 나라입니다. 그래서 바벨론이란 나라는 역사 속에서 완전히 사라졌지만, 하나님을 대적하는 악한 나라를 말할 때 바벨론이라고 부르는 것입니다.

세상의 본질

이제 요한계시록으로 가 보겠습니다. 요한계시록 17-18장 두 장에 걸쳐서 바벨론이 어떻게 망할지를 자세하게 말해 주고 있습니다. 여기서 바벨론은 하나님을 거역하는 세상 나라를 의미합니다.

> 또 일곱 대접을 가진 일곱 천사 중 하나가 와서 내게 말하여 이르되 이리로 오라 많은 물 위에 앉은 큰 음녀가 받을 심판을 네게 보이리라(계 17:1).

"이리로 오라. 많은 물 위에 앉은 큰 음녀가 받을 심판을 네게 보이리라." 왜 음녀라고 할까요? 2절입니다.

> 땅의 임금들도 그와 더불어 음행하였고 땅에 사는 자들도 그 음행의 포도주에 취하였다 하고(계 17:2).

창녀들이 사람을 취하게 한 후에 죄를 짓게 만드는 것처럼, 세상 모든 사람을 취하게 만들어 죄를 짓게 했다는 것입니다. 그 여자의 이름이 5절, 바벨론입니다.

그의 이마에 이름이 기록되었으니 비밀이라, 큰 바벨론이라, 땅의 음녀들과 가증한 것들의 어미라 하였더라(계 17:5).

그런데 바벨론이 특별히 누구를 괴롭히는가? 6절입니다.

또 내가 보매 이 여자가 성도들의 피와 예수의 증인들의 피에 취한지라 내가 그 여자를 보고 놀랍게 여기고 크게 놀랍게 여기니(계 17:6).

하나님의 백성을 괴롭히고 예수 믿는 자들을 핍박했습니다.

여기에 대해 요한계시록은 "바벨론은 영적으로 귀신을 섬기고, 정치적으로 잔인하고, 사치와 방종을 일삼고, 그들의 죄는 하늘에 사무친다. 그래서 반드시 심판하겠다"고 기록하고 있습니다.

2 힘찬 음성으로 외쳐 이르되 무너졌도다 무너졌도다 큰 성 바벨론이여 귀신의 처소와 각종 더러운 영이 모이는 곳과 각종 더럽고 가증한 새들이 모이는 곳이 되었도다 3 그 음행의 진노의 포도주로 말미암아 만국이 무너졌으며 또 땅의 왕들이 그와 더불어 음행하였으며 땅의 상인들도 그 사치의 세력으로 치부하였도다 하더라 4 또 내가 들으니 하늘로부터 다른 음성이 나서 이르되 내 백성아, 거기서 나와 그의 죄에 참여하지 말고 그가 받을 재앙들을 받지 말라 5 그의 죄는 하늘에 사무쳤으며 하나님은 그의 불의한 일을 기억하신지라(계 18:2-5).

이것이 바벨론의 운명입니다. 그래서 이방 나라의 심판을 말하면서 맨먼저 등장하는 것입니다.

우리가 살아가는 이 세상은 바벨론과 같습니다. 세상의 영적 본질은 바벨론입니다. 그러므로 세상을 알려면 바벨론을 알아야 합니다. 그렇다면 바벨론을 바벨론 되게 하는 것, 즉 바벨론 정신은 무엇일까요? 하나님을 대적하고, 성전을 파괴하며, 사치하고 방탕하며, 잔인하고 음란하며, 성도들의 피에 취한 것입니다. 그리고 사람의 영혼을 사고팔았습니다. 영혼을 가지고 장난했습니다. 이것이 바벨론 정신이자, 세상의 본질입니다.

하나님의 백성이 승리하는 비결

이런 세상에 대한 성도의 자세는 무엇일까요? 바벨론의 그 가치관에 물들지 말아야 합니다. 그런데 사람들은 점점 바벨론 정신에 물들어 가고 있습니다. 바벨론의 가장 결정적인 문제가 뭐라고 했지요? 성전 파괴입니다.

성전은 예배하는 곳입니다. 그러면 예배의 본질이 뭔가요? 예배의 본질은 하나님께 나와서 떼를 쓰고 내 욕망을 이루어 달라고 하는 것이 아닙니다. 정반대로 세상으로 가던 내 마음을 회개하고, 하나님과 나의 관계를 회복하는 것입니다. 눈에 보이는 세상에 내 마음을 빼앗기고 그것이 전부인 양 살아가는 내가 잘못되었음을 깨닫고, 회개하고, 세상으로 향하던 내 마음을 내려놓고, 하나님과 나의 관계를 회복하는 것이 예배의 본질입니다. 이것을 하려고 성전이 있는 것입니다. 그런데 바벨론은 성전을 파괴합니다. 그러니까 바벨론과 싸운다는 것은 성전을 부수려는 이 가치관에 대항해서 보이는 성전을 소중히 여기고, 더 나아가서 보이지 않는 마음의 성전을 굳게 세우는 것입니다.

우리는 지금 영적으로 바벨론 한복판에서 살아가고 있습니다. 어떻게 하면 바벨론을 이길 수 있는가? 바벨론 정신과 정반대는 무엇인가? 그것은 바로 임마누엘 신앙입니다. 우리는 눈으로 보고 느끼는 일에 마음을 빼앗기는데, 하나님은 "눈에 보이는 것은 별것 아니다. 앗수르라는 나라도, 바벨론같이 엄청난 나라도 하나님의 손에 의하여 움직이는 도구에 불과하다. 그러니까 눈에 보이는 나라, 그들의 강함을 바라보면서 기죽지 말고, 거기에 마음을 빼앗기지 말고, 정말 보이지 않는 하나님께 네 마음을 두고, 그 하나님을 바라보면 네 마음은 하나님으로 채워질 것이고, 그럴 때 하나님이 가장 중요한 분이 되고, 세상은 하나님에 의하여 움직여지니까, 너희는 이러한 임마누엘 신앙을 가지라"는 것입니다. 임마누엘 신앙을 가진다면 전쟁 한가운데서도 하나님을 바라보며 안심하고, 흔들리지 않고 살아갈 수 있습니다. 그러나 임마누엘 신앙이 없으면 문제에 빠져 헤어나지 못할 것입니다.

언젠가 아침에 중요한 회의에 갔다가 교회로 오는데, 머리가 복잡했습니다. 해결하기 어려운 문제였고, 신앙적으로 낙담하기 쉬운 문제라서 마음이 많이 상했습니다. 그래서 저는 차 안에서 기도했습니다. "주님, 제가 임마누엘 신앙을 모를 때는 참 힘들었습니다. 문제에 빠져서 헤어 나오기 어려웠습니다. 그러나 이제는 아닙니다. 보이는 문제가 복잡한 것 같아도 사실은 별것 아닙니다. 그 문제 위에 계시는 살아계신 하나님을 내가 바라보면 안심할 수 있고, 평안할 수 있고, 감사할 수 있고, 넉넉히 풀어 갈 수 있고, 하나님이 개입하실 것을 믿습니다. 아하스 왕처럼 적군을 바라보며 두려워하지 말게 하시고, 하나님을 바라보며 안심하게 하소서. 하나님은 나와 함께 계시니, 나도 하나님을 바라보며 하나님과 함께하게 하소서." 기도를 마치고 찬송하며 돌아왔습니다.

임마누엘 신앙을 가지고 살아야만 바벨론을 이길 수 있고, 이 세상에 물들지 않고 하나님의 백성으로, 믿음의 삶을 살아갈 수 있습니다. 이것이 흔들리는 세대, 악하고 음란한 세대 속에서 하나님의 백성이 승리하는 비결입니다.

"이 세상의 영적 본질이 무엇인지 알게 하소서. 이 세상이 바벨론이라는 것을 알게 하시고, 그 바벨론의 성전 파괴적 가치관에 대항하여 임마누엘 신앙을 가지고 승리하게 하소서."

역사의 주인이신 하나님 아버지!

우리에게 세상을 보는 눈을 열어 주소서.

이 세상은 영적으로 바벨론입니다.

바벨론은 하나님을 대적하고, 성전을 파괴하는 나라입니다.

우리가 이런 세상에서 살아간다는 것을 잊지 않게 하소서.

성전을 부수려는 이 세대에 보이는 성전을 소중히 여기고,

더 나아가서 보이지 않는 마음의 성전을 굳게 세우며 살게 하소서.

바벨론의 가치관에 물들지 않고, 임마누엘 신앙으로 승리하게 하소서.

◇ 함께 이야기하기

1. 역사에서 평가되는 바벨론의 세 가지 특징은 무엇인가요? 그를 통해 알 수 있
   는 세상의 본질은 무엇인가요?

2. 이런 세상에서 성도는 어떠한 자세를 가져야 하나요?

3. 임마누엘 신앙을 가지고 살아가며 세상의 유혹에서 승리한 경험이 있다면 나
   눠 봅니다.

14

죄의 본질

(사 14:12-15)

우리는 '죄'라는 말을 참 자주 사용합니다. 그리고 죄의 종류도 엄청나게 많습니다. 그런데 죄 중에서 가장 근본이 되는 죄, 죄의 뿌리가 되는 죄는 무엇일까요? '교만'입니다. 그렇다면 이 교만의 내용은 무엇일까요? '하나님 없이 하나님처럼 되려는 것'입니다. 하나님 없이 하나님같이 되려는 마음이 죄의 뿌리이고, 죄의 본질입니다.

그렇다면 인간은 왜 하나님같이 되려고 할까요? 그것은 하나님의 형상으로 창조되었기 때문입니다. 하나님과 함께 교제하며 행복을 누리는 것! 그것이 인간을 창조하신 목적이고, 그 목적을 위해 하나님의 형상을 주셨습니다. 그래서 사람들은 하나님과의 관계를 갈망하게 되어 있습니다. 죄로 인하여 하나님의 형상이 깨졌어도 그 흔적은 남아 있기 때문에, 인간은 하나님처럼 되고 싶어 하는 것입니다.

하나님처럼 되는 방법에는 두 가지가 있습니다. 첫 번째 방법은 하나님이 가르쳐 주신 방법인데 하나님을 인정하고, 하나님의 자녀가 되어, 하나님이 주시는 모든 은혜와 복을 누리고 하나님과 함께 살아가는 것입니다. 인간인 동시에 하나님의 자녀로서 누리는 신적인 행복, 이것이 하나님이 계획하신 뜻입니다. 두 번째 방법은 사탄이 가르쳐 준 방법입니다. 에덴동산에서 사탄이 뱀을 통하여 사람에게 한 말이 뭔지 아세요? "너희가 선악과를 먹으면 하나님같이 되리라." 창세기 3장 5절입니다. "하나님과 같이 되어…." 여기서 하나님과 같이 된다는 것은 하나님 없이 하나님처럼 된다는 것입니다.

문제는 이것입니다. 하나님 없이 하나님같이 될 수는 없습니다. 그래서 인류 최고의 거짓말은 하나님 없이 하나님처럼 될 수 있다는 말입니다. 이 것이 사탄의 속임수입니다.

《하나님의 임재 체험》(Christian Meditation)의 저자인 제임스 핀리(James Finley)는 말했습니다.

우리가 스스로 하나님이 될 수 없는 이유는 그것이 존재론적 거짓말이기 때문이다. 인간은 하나님이 아니다. 우리는 스스로 존재하지 않았고, 궁극 적인 자기 성취에도 이를 수 없다. … 이 땅은 신들이 모여 사는 곳이 아니 다. 인간은 피조물이며 죄인이며, 하나님을 갈망하는 존재다. … 하나님의 선하심을 의지한다면 우리가 가장 깊이 갈망하는 모든 것이 하나님 안에 서 우리 것이 될 것이다. 그러나 하나님 없이 얻으려고 하면 결국 아무것도 얻지 못한다. … 그것은 자아에 대한 헛된 믿음으로, 일종의 자살 행위다.

쉽게 말해 하나님을 거부하면 하나님이 만드신 진정한 내가 될 수 없고, 내가 스스로 만들어 낸 가짜 내가 되는데, 이런 사람은 실제로 존재할 수 없다. 그것은 환상에 불과하다는 것입니다.

어떻게 살아야 하는가

세상의 영적 본질은 무엇인가요? 이 세상은 영적으로 '바벨론'입니다.

어느 분이 이런 말을 했습니다. "목사님, 세상이 왜 이 모양이죠? 너무 악 해요." 맞습니다. 왜냐하면 이 세상이 바벨론이기 때문입니다. 역사적으로 바벨론이 한 일이 무엇입니까? 고바벨론은 바벨탑을 세웠습니다. 신바벨 론은 하나님의 성전을 파괴했습니다. 이런 바벨론 같은 세상에서 우리는 어떻게 살아야 하는가? "내 백성아, 거기서 나와 그의 죄에 참여하지 말고 그가 받을 재앙들을 받지 말라." 하나님은 이렇게 말씀하셨습니다.

그러므로 우리는 이 땅의 가치를 중심으로 성전을 파괴하는 세력에 대항해야 합니다. 보이는 성전을 소중히 여기고, 우리 마음의 성전이 무너지지 않도록 몸부림쳐야 합니다. 그런데 너무나 많은 성도가 점점 더 성전을 멀리하고, 예배를 소홀히 하고, 모이기에 힘쓰지 않습니다. 나는 이전보다 성전을 더 사랑하고, 사모하는지 스스로 진단해 보기 바랍니다. 성전에 와서 세상을 바라보던 내 마음이 잘못되었음을 회개하고, 하나님으로 내 마음을 꽉 채우고, 하나님과의 관계를 회복하려고 힘쓰고 있습니까? 아니면 세상을 얻기 위해 하나님을 끌어당기고 있나요? 많은 성도가 자신도 모르게 세상 속으로 빠져 들어가고 있습니다. 여기서 빨리 나와서 임마누엘 신앙을 회복해야 합니다.

바벨론의 멸망과 이스라엘의 회복

이사야서 14장은 바벨론의 멸망에 대해 예언합니다. 이 내용은 13-14장 두 장에 걸쳐서 나옵니다. 먼저 13장을 보겠습니다.

산에서 무리의 소리가 남이여 많은 백성의 소리 같으니 곧 열국 민족이 함께 모여 떠드는 소리라 만군의 여호와께서 싸움을 위하여 군대를 검열하심이로다 (사 13:4).

여호와 하나님이 바벨론을 멸망시키기 위해 수많은 나라의 군대를 소집하고 검열하신다는 내용입니다. "호출된 군사들은 다 소집되었는가?" 하나님이 검열하십니다.

그런데 그중에서 특별히 어느 한 나라를 지명하고 있습니다.

¹⁷ 보라 은을 돌아보지 아니하며 금을 기뻐하지 아니하는 메대 사람을 내가 충동하여 그들을 치게 하리니 ¹⁸ 메대 사람이 활로 청년을 쏘아 죽이며 태의 열매를 긍휼히 여기지 아니하며 아이를 애석하게 보지 아니하리라 ¹⁹ 열국의 영광이요 갈대아 사람의 자랑하는 노리개가 된 바벨론이 하나님께 멸망 당한 소돔과 고모라 같이 되리니(사 13:17-19).

"메대"입니다. 바벨론을 침공하는 핵심 국가가 메대입니다. 메대는 어떤 나라인가? 원래 '메대'와 '바사'라는 두 나라가 붙어 있었는데, 처음에는 메대가 더 컸습니다. 그런데 바사가 점점 커져서 메대를 합병하고, 바사로 통합됩니다. 그래서 바사 사람들을 메대 사람이라고도 불렀습니다. 이 바사가 우리가 말하는 페르시아입니다. 바벨론이 역사적으로 어느 나라에게 망했지요? 페르시아에게 망했습니다.

그런데 바벨론이 망한 결과는 무엇입니까?

¹ 여호와께서 야곱을 긍휼히 여기시며 이스라엘을 다시 택하여 그들의 땅에 두시리니 나그네 된 자가 야곱 족속과 연합하여 그들에게 예속될 것이며 ² 민족들이 그들을 데리고 그들의 본토에 돌아오리니 이스라엘 족속이 여호와의 땅에서 그들을 얻어 노비로 삼겠고 전에 자기를 사로잡던 자들을 사로잡고 자기를 압제하던 자들을 주관하리라(사 14:1-2).

하나님은 바벨론을 무너뜨리시고, 그 결과 이스라엘 백성이 포로에서 해방되어 고국으로 돌아오게 된다고 말씀합니다. 그런데 이스라엘의 회복

은 그들의 힘이나 의로움이나 공로에 있지 않습니다. 오직 하나님의 긍휼 때문입니다. 하나님이 그들을 택하셨기 때문에, 그들을 사랑하셨기 때문에, 잘못할 때는 징계를 주지만 징계가 끝나고 나면 다시 너희를 회복시키겠다고 예언하는 것입니다.

그렇다면 이사야가 이 예언을 선포했던 그 당시 유다는 어떤 상태였을까요? 지금 아하스 왕은 앗수르를 보면서 두려워하고 있습니다. 그런데 앗수르도 바벨론에게 망할 것이고, 바벨론도 지금 너희가 모르는 메대에서 나온 페르시아에게 망할 것이고, 바벨론이 망하면서 포로에서 해방될 것이라고 이사야는 예언하는 것입니다. 그러니까 아하스의 통치 연대와 바벨론 멸망 연도를 계산해 보면 지금 이사야는 거의 200년 후를 예언하고 있는 것입니다. 당시로서는 믿기 어렵지만 이 말씀을 믿는다면 그들은 앗수르나 바벨론을 바라보지 않고, 하나님을 바라보며 흔들리지 않고 믿음의 길을 걸어갈 수 있는 것입니다.

바벨론이 멸망한 이유

이사야서 14장 말씀은 바벨론이 멸망하는 이유가 무엇인지 정확하게 설명하고 있습니다.

> 너 아침의 아들 계명성이여 어찌 그리 하늘에서 떨어졌으며 너 열국을 엎은 자여 어찌 그리 땅에 찍혔는고(사 14:12).

계명성은 우리말로 '샛별, 금성'입니다. 별명은 '아침의 아들'입니다. 샛별은 해가 뜨기 직전에 밝게 보이다가 해가 떠오르면 금방 사라지는 별입

171

니다. 우리나라에서는 샛별이 희망의 상징입니다. 왜냐하면 어둠이 물러 가고 해가 곧 뜰 것이라고 알려 주는 별이기 때문입니다. 그런데 이사야는 샛별의 기능이 아니라, 샛별 자체의 시간적 운명에 주목했습니다. 잠깐 반 짝이다가 금방 사라질 운명이라는 것입니다.

바벨론이 그렇습니다. 잠깐 빛나는 별이었습니다. 하나님이 잠깐 힘을 주셔서 다른 나라를 징계하기 위한 진노의 막대기 역할을 하게 하셨습니 다. 그런데 자기 힘으로 그렇게 된 줄 알고 세상을 무시하고 교만했습니다.

네가 네 마음에 이르기를 내가 하늘에 올라 하나님의 뭇 별 위에 내 자리를 높이 리라 내가 북극 집회의 산 위에 앉으리라(사 14:13).

"하나님의 뭇 별"은 세상의 왕들을 말합니다. 세상의 어떤 왕보다도 높 아지려고 했다는 것입니다. "북극 집회"란 무엇일까요? 신화에 따르면 모 든 신이 모이는 집회 장소가 북극 아래에 있다고 생각했습니다. "그 산 위 에 앉으리라." 이 말은 "내가 신이 되리라"는 말입니다.

가장 높은 구름에 올라가 지극히 높은 이와 같아지리라 하는도다(사 14:14).

"지극히 높은 이와 같아지리라." 지극히 높은 이는 하나님입니다. "결국 하나님과 같아지리라." 점점 교만해지죠? "왕 중에 최고 왕이 되겠다. 그 래서 신이 되고, 더 나아가서 하나님과 같이 되리라." 이런 교만의 결과는 15절입니다.

그러나 이제 네가 스올 곧 구덩이 맨 밑에 떨어짐을 당하리로다(사 14:15).

"스올에 떨어지리라. 지옥 아랫목에 떨어질 것이다." 교만한 바벨론이
철저히 멸망당할 것을 예언하고 있습니다.

그런데 이사야서 14장 말씀이 중요한 이유는 사탄의 기원을 설명한다고
생각하기 때문입니다. 라틴어 성경에서는 계명성을 루시퍼로 번역했습니
다. 루시퍼는 사탄의 이름입니다. '빛나는 자, 빛을 가져오는 자' 그런 뜻입
니다. 그래서 가장 높고 빛나던 천사장 루시퍼가 하나님같이 높아지겠다
고 천사 3분의 1을 데리고 하나님께 반역했다가 벌을 받고 지옥으로 떨어
졌다는 것입니다. 그런데 사실은 성경에 그런 내용이 정확하게 나와 있지
는 않습니다. 몇몇 구절에 암시되어 있을 뿐입니다. 누가복음 10장 17절에
다음과 같은 말씀이 있습니다. "칠십 인이 기뻐하며 돌아와 이르되 주여 주
의 이름이면 귀신들도 우리에게 항복하더이다." 그러자 예수님이 "사탄이
하늘로부터 번개 같이 떨어지는 것을 내가 보았노라"(18절)고 말씀하십니
다. 사탄이 하늘에서 떨어졌다는 말은 바로 이사야서 14장 15절에 대한 해
석이라고 볼 수 있습니다. 고린도후서 11장 14절에 보면 사탄도 자기를 광
명(빛)의 천사로 가장했다는 말이 나옵니다. 또한 요한계시록 12장 4절을
보면 별들의 3분의1이 하늘에서 떨어졌다고 했습니다. 이런 것을 종합해
서 단테(Dante)가 《신곡》이란 책에 문학적 상상력을 발휘하여 루시퍼가 반
역을 했다는 이야기를 했고, 이것이 너무나 유명해지다 보니까 밀턴(John
Milton)도 《실낙원》(*Paradise Lost*)에 인용합니다. 그러다 보니 이것이 성경의
내용이라고 믿게 된 것입니다. 그러나 성경에 이런 얘기는 없습니다.

하나님이 없는 인간의 마음

이사야서 14장 말씀의 실상은 사탄의 기원을 설명하는 것이 아니라, 바

벨론의 죄를 설명하는 내용입니다. 그런데 여기서 하나님을 거부하고 하나님처럼 되겠다는 죄의 본질이 등장합니다. 이것이 바벨론의 마음이고, 사탄의 마음입니다. 그리고 그 원인은 인간에 대한 사탄의 미혹입니다.

더 중요한 것은 이것이 바벨론만의 죄가 아니라는 것입니다. 하나님이 없는 인간의 마음이 이렇다는 것입니다. 그러니까 사탄의 마음, 바벨론의 마음, 모든 인간의 마음에 공통점이 있는데, 그것은 교만입니다.

"에이, 나에겐 그런 교만 없습니다. 나 같은 평범한 사람이 무슨 그런 마음을 갖겠어요? 내가 왕도 아닌데!" 이렇게 말할 수 있습니다. 그러나 정말일까요? 우리 마음을 우리가 모릅니다. 그래서 "내 마음 나도 몰라." 그러지 않습니까? 우리 마음은 엄청나게 큰 공간입니다. 하나님으로만 채울 수 있습니다. 그런데 하나님을 부정하고 나면 어떻게 되는가? 하나님이 아닌 다른 것으로 이 큰 공간을 채워야 합니다. 그 커다란 공간을 하나님이 아닌 그 무언가로 채우려는 갈망, 그것을 야망이라고 합니다. 그러므로 모든 인간의 마음에는 나름대로의 야망이 있습니다. 큰 야망 작은 야망, 이런 야망 저런 야망 등 야망이 없는 사람은 없습니다.

그런데 이 야망이 "샛별" 같다는 거예요. 잠깐 빛나는 것 같고, 뭔가 이루어지는 것 같지만 결국에는 금방 사라지고 마는 것입니다. 그런데 그것을 채우려고 인간은 몸부림을 칩니다. 야망을 채우려고 아귀다툼을 하는 것입니다. 그래서 그 야망을 가진 인간은 피곤한 것입니다. 근무 시간이 길어서 피곤한 것이 아닙니다. 그것은 육체의 작은 피곤에 불과합니다. 엄청난 실존적인 피로는 뭔가로 끝없이 채우려 하지만 채워지지 않는 갈증, 그것이 인간을 진정으로 피곤하게 만드는 것입니다.

진정한 만족

여러분은 야망이 없을 것 같죠? 야망을 채우는 단계가 있습니다. 맨 처음에는 같아지려는 야망입니다. 내가 못살고 어려울 때는 다른 사람과 같아지고 싶어요. "나도 남들처럼 살아 보고 싶어." 그렇잖아요? 그런데 같아지면 야망이 사라질까요? 아닙니다. 또 다른 야망을 원하게 됩니다. 이제는 달라지고 싶어요. 이것이 더 큰 야망이죠. "너와 나는 다르다."

물건이 비싸면 왜 잘 팔릴까요? 명품은 기능이 똑같아도 가격이 일반 제품보다 열 배 정도 더 비쌉니다. 안 팔려야 정상인데 팔립니다. 불경기도 없어요. 도대체 왜 살까요? 문화적인 용어로 말하자면, 내가 어떤 브랜드를 소비함으로써 자기를 남과 차별화하려는 것입니다. '나는 너와 다르다'는 심리가 들어 있는 것입니다.

처음에는 같아지고 싶었어요. 나도 잘살아 보고 싶었어요. 그래서 열심히 돈을 벌었어요. 돈을 가지게 되었습니다. 그런데 문제는 다른 사람도 돈이 있어요. 그럼 어떻게 달라져야 할까요? 또 다른 차별을 만들어야 합니다. 여기서 족보가 나오는 겁니다. 나는 너와 근본부터 다르다. 그래서 인간은 수없이 남과 자기를 구분하면서, 너와 내가 다르다고 차별을 시도합니다. 결국 인간은 처음에는 인정받으려 하고, 그다음에는 존경받으려 하고, 마침내 하나님같이 모든 사람으로부터 경배를 받고 싶은 것입니다.

그것을 얻으려고, 그것을 맛보려고 내가 가치 있게 생각하는 것으로 내 빈 마음을 채웁니다. 권력으로, 돈으로, 자식으로, 그리고 지식으로 끝없이 채워 넣으려 하지만 문제는 아무리 채워도 채워지지 않습니다. 이것이 야망의 한계입니다. 그런데도 끝없이 채우려니 얼마나 피곤하고, 얼마나 갈증에 시달립니까? 그것이 우리 삶의 모습입니다.

그렇다면 진정한 만족은 어디 있을까요? 하나님으로부터 나오는 것입니다. 며칠 전에 어떤 분이 교회를 오랫동안 떠나 있었는데 다시 나오셨기에 너무 반가워서 손을 잡고 반갑다고 했더니 그분이 "목사님, 저, 참 엄청나게 맞고 돌아왔습니다."라고 말했습니다. 그 말을 듣고 얼굴을 자세히 살펴보니 참 많이 상해 있었습니다. 그런데 그다음 말이 더 중요해요. "그런데 목사님, 맞고 돌아오니 이렇게 행복할 수가 없습니다. 더 이상 다른 소원이 없습니다. 하나님이 나를 참 사랑하시는 것 같아요. 나는 만족합니다."

제가 목사로서 성도들에게 가장 듣고 싶은 말이 무엇일까요? "저는 행복합니다. 더 이상 바랄 게 없습니다. 하나님 한 분으로 만족합니다." 이 말입니다. 이 말이 왜 중요할까요? 하나님이 듣고 싶으신 소리가 이것이거든요. "하나님, 저는 제 마음을 뭔가로 채우려고 몸부림쳤습니다. 이 세상의 모든 것을 집어넣고 채우려 했지만, 만족함이 없었습니다. 우물가의 여인처럼 계속 목이 말랐을 뿐입니다. 그러나 이제 하나님을 만나고 너무 행복합니다. 하나님 한 분으로 충분합니다." 이것이 하나님이 우리에게 듣고 싶어 하시는 말입니다. 그리고 이것이 행복의 정답입니다.

우리가 볼 때 야심을 가진 사람들이 굉장히 멋져 보이지만 별거 없어요. 이루기도 어렵지만 이루어 봤자 허무한 것입니다. 그러니까 세상 바라보면서 다 이루지 못했다고 너무 기죽을 필요 없습니다.

문제의 해결책은 하나님께로 돌아와서, 하나님으로 여러분의 마음을 채우는 것입니다. 하나님으로 여러분의 마음을 충만하게 채우는 거예요. 하나님을 인정하고, 나의 연약함을 고백하고, 하나님의 자녀가 되어 그 은총을 누리는 것, 이것이 진정한 해결책입니다. 그럴 때 잘못된 야망은 사라지고, 하나님으로 충만한 인생이 되는 것입니다. 이것이 죄를 이기는 비결이고, 하나님같이 되는 비결입니다.

"죄의 본질이 뭔지 알게 하소서."

살아계신 하나님!

죄의 본질은 하나님 없이 하나님처럼 되겠다는 것이며,

이것이 바벨론의 죄라고 가르쳐 주셔서 감사합니다.

사실은 이것이 사탄의 죄이며,

사탄이 인간을 미혹하는 내용이고,

하나님 없는 사람들이 빠지는 삶의 모습입니다.

그래서 교만해지고, 야망의 노예가 되며,

채울 수 없는 욕망에 헐떡이고 있습니다.

주님! 우리를 여기서 건져 주소서.

하나님을 인정하며, 하나님의 자녀가 되어,

하나님이 주시는 은혜를 누리며,

하나님으로 만족하고 감사하며 사는 복된 인생 되게 하소서.

◇ 함께 이야기하기

1. 바벨론이 멸망한 이유는 무엇인가요?

2. 바벨론과 사탄, 모든 인간의 마음의 공통점은 무엇인가요? 하나님 없는 인간
   의 모습은 어떠한지 나눠 봅니다.

3. 우리 마음에 하나님을 채우기 위해 우리가 할 수 있는 것은 어떠한 것이 있는
   지 나눠 봅니다.

15

폭넓은 인생, 떠도는 인생

(사 16:1-5)

옛날에 어떤 왕이 있었는데 늘 마음이 불안했습니다. '어떻게 하면 내 마음이 평화로울 수 있을까?' 생각하던 왕은 화가들을 불러서 마음을 평화롭게 해 줄 그림을 그려 오라고 했습니다. 화가들은 최선을 다해 그림을 그렸습니다. 그중에서 최종적으로 두 개의 작품이 올라왔습니다.

첫째 그림은 멀리 고요한 호수가 보이고, 맑은 물이 흐르는 시냇물과 양 떼가 풀을 먹는 넓은 들판, 한쪽 귀퉁이에서는 새들이 노래하고, 아이들이 즐겁게 뛰놀고, 흰 구름도 떠다니는 고요함과 아름다움이 절묘하게 조화를 이루는 그림이었습니다. 왕은 미소를 짓고 한참 바라보다가 그곳을 떠났습니다.

두 번째 작품을 본 왕은 그냥 지나치려고 하다가, 다시 와서 그림을 뚫어지게 쳐다보았습니다. 바다 한가운데 커다란 바위가 솟아 있는데, 하늘에는 짙은 먹구름이 가득하고, 성난 파도는 그 바위를 사정없이 때리는데, 그 바위 꼭대기 조그만 틈에 새 한 마리가 둥지를 틀고 있었습니다. 자세히 들여다보니 어미 품에 안긴 어린 새들이 보였습니다. 그 어린 새들은 주변에서 무슨 일이 일어나고 있는지 전혀 모른 채 평온하게 어미 품에서 놀고 있는 그림이었습니다. 왕은 두 번째 그림을 그린 화가에게 큰 상금을 주었습니다. 위태로운 상황에서도 어미 품에 안긴 새끼의 모습이 가장 안전하고 평화롭게 보였기 때문입니다.

불안할 때 해야 할 질문

모든 사람은 안정과 평안을 원합니다. 세상이 불안해질수록 그 갈망은 더욱 커질 것입니다. 그런데 진정한 안정감은 어디에 있는 것일까요? 좋은 직장에 취직하고, 결혼을 하고, 자녀를 낳고, 집을 사면 안정과 평화를 얻을 수 있을까요?

사람들은 내가 가장 소중하게 여기는 것, 그것을 소유하고 확보했을 때, 안정과 평화를 누립니다. 돈에 최고의 가치를 두는 사람은 돈만 있으면 안정과 평화를 느낍니다. 권력에 최고의 가치를 둔 사람은 권력만 있으면 안정과 평화를 느낄 수 있습니다.

그런데 성경은 우리 마음 가장 깊은 곳에 무엇이 있어야 한다고 합니까? 성경은 인간의 구조를 성전으로 비유해서 설명합니다. 성전 뜰은 우리의 육체와 같고, 성소는 우리의 마음이며, 지성소는 우리의 영혼을 상징합니다. 존재의 가장 깊은 곳이 지성소인데, 지성소 안에는 뭐가 있나요? 딱 하나뿐입니다. 법궤가 있고 그 안에 십계명 돌판이 들어 있습니다. 다시 말하면 우리 영혼 가장 깊은 곳에 하나님이 계시면 이것이 가장 완전한 영혼의 상태이며, 그럴 때 우리는 안정감과 평안을 누릴 수 있습니다.

그런데 세상을 살다 보면 세상의 가치관이 우리를 공격하기 때문에 우리 영혼 속으로 하나님 아닌 다른 것들이 계속 들어오려고 합니다. 다시 말하면 내 영혼이 추구하는 것들이 바뀝니다. 어떤 경우에는 돈이, 쾌락이, 명예가, 성취감이, 자녀가 내 마음 가장 깊은 곳을 차지하게 됩니다. 내 영혼에 하나님 아닌 것이 들어온 것을 회개하고, 그것을 몰아내고 하나님으로 채우는 것이 예배입니다.

컴퍼스를 생각해 보면 됩니다. 중심을 고정시키고 돌리면 원이 그려집니다. 작게 그릴 수도 있고, 크게 그릴 수도 있습니다. 크기가 달라져도 중심이 확실하면 안정감이 흔들리지 않습니다. 그와 같이 인생의 중심점은 하나님입니다. 내가 하나님을 붙잡고 있으면 어디서 무엇을 하고 살아도 내 마음이 안정되고, 하나님이 나를 통해 역사하시기 때문에 이웃에 선한 영향력을 미치며 살게 됩니다. 축복의 통로가 되는 것입니다. 폭넓은 인생을 살 수 있습니다. 그러나 하나님을 떠나 있다면 세상의 이런저런 가치관이 나를 흔들어 대기 때문에 중심을 잃고 떠도는 인생이 될 수밖에 없는 것입니다.

그러므로 내 마음이 불안하다면 생각해야 합니다. '나는 정말 지금 하나님을 바라보고 있는가? 내 안에 하나님이 계신가, 아니면 다른 것이 들어와 있는가?' 질문해야 합니다.

모압과 이스라엘

이사야서 15-16장은 모압에 대한 예언입니다. 모압은 지금의 요르단인데, 사해 남동쪽에 있습니다. 모압과 이스라엘의 관계는 아주 깊습니다. 모압을 생각하면 성경에서 어떤 내용이 떠오릅니까? 먼저는 아브라함과 롯을 생각하면 됩니다. 아브라함은 사랑하는 조카 롯과 같이 살았는데, 서로의 양떼가 많아지자 헤어지게 되었고, 롯은 소돔과 고모라 쪽으로 이동했습니다. 그런데 소돔과 고모라가 망하면서 롯의 가정이 구원을 받았지만 롯의 아내가 소금기둥이 되어 죽고, 산속에 숨어 살던 롯은 두 딸과 관계해서 아들을 낳았습니다. 그 아들이 모압과 암몬입니다. 그러니까 모압 사람들은 이스라엘 백성에 대해서 자기가 사생아의 후손이라는 열등감과 죄의식을 가지고 있었습니다.

이스라엘이 애굽에서 노예 생활하는 동안 모압은 가나안에서 넓은 땅을 차지하고 잘 살았습니다. 그런데 포로에서 해방된 이스라엘이 등장하면서 그들은 긴장하기 시작했고, 광야 40년 말기에 모압 지역을 통과하지 못하게 막았습니다. 모압 왕 발락은 이스라엘이 망하라고 저주했는데, 잘되지 않자 음행과 우상숭배의 죄를 범하도록 만들어서 2만4,000명이 죽게 합니다. 그들은 이스라엘 백성이 잘되는 것을 너무도 싫어했습니다.

룻기에 보면 이스라엘에 흉년이 들었을 때 나오미라는 여자가 모압에 가서 살다가 모압 여자 룻을 며느리로 얻고, 남편과 아들들이 죽자 룻과 함께 이스라엘로 돌아왔습니다. 룻은 보아스와 결혼해서 오벳이란 아들을 낳았는데, 오벳의 아들이 이새이고, 이새의 아들이 다윗입니다. 그러니까 다윗 왕도 모압 혈통입니다. 그래서 이스라엘은 모압이 비록 이방 나라지만 잘 지내려고 했습니다. 작은 집처럼 여긴 것입니다. 그런데 모압은 반대로 이스라엘에 대해 반감이 많았습니다. 열등감과 질투가 섞여 있었기 때문입니다.

모압은 다윗 이후에 이스라엘에 조공을 바쳤는데, 이스라엘이 남북으로 갈린 다음에는 북이스라엘의 속국으로 있다가 이사야가 이 예언을 했을 때, 북이스라엘에서 막 독립을 했습니다. 그런데 북이스라엘은 올바른 신앙을 가진 나라가 아닙니다. 사마리아를 중심으로 타락한 신앙을 가지고 있었습니다. 모압은 북이스라엘로부터 하나님도 제대로 배우지 못했고, 그들로부터 상처를 많이 받았습니다. 마치 무엇과 같을까요? 하나님을 잘못 믿는 집에 들어가서 고생을 죽도록 한 사람이 있다고 합시다. 그 사람은 '나는 너희도 싫고, 너희가 믿는 하나님도 싫다.' 이렇게 생각할 것입니다. 모압이 그랬습니다. 이스라엘을 싫어했고, 하나님도 떠났습니다.

모압의 죄

이사야서 15장에는 모압에 대한 예언이 나오는데, 그들의 죄가 무엇일까요? 왜 그들이 망해야 할까요? 크게 세 가지입니다. 첫째, 이스라엘이 어려운 일을 당하는 것을 기뻐했습니다. 다시 말하면 형제가 고통받는 것을 보면서 너무나 좋아 날뛰었습니다. 그것이 자기에게 큰 이익인 것처럼 생각했습니다. 못된 마음이죠. 둘째, 철저한 우상숭배입니다. 이스라엘 사람들에 대한 실망이 하나님에 대한 실망으로 작용했습니다. 그래서 우상을 열심히 섬겼습니다. 모압의 그모스 신은 특별히 인신제사, 자녀를 제물로 받는 것을 기쁘게 여겼는데, 이것은 아브라함이 이삭을 바치는 것에서 영향을 받았습니다. 그 신앙이 오해되고 변질된 것입니다. 롯은 하나님을 섬겼는데, 그 후손들은 우상을 철저히 섬겼습니다. 셋째, 재물에만 집착했습니다. 모압은 토지가 비옥해서 농사도 잘되고, 풀이 많아서 양을 키우기도 좋고, 특히 모압의 포도는 알아주는 명품이었습니다. 그래서 풍요했는데, 도덕적으로는 아주 타락했습니다. 풍요한 물질을 가지고 선하게 살지 못하고, 오히려 그 물질 때문에 타락했습니다. 이런 죄 때문에 하나님은 그들을 멸망시키겠다고 선포하십니다. 이사야서 15장 1절에 보면 "하룻밤 사이에 망할 것이다."라는 말씀이 있습니다. 인간이 믿고 의지하는 것이 많지만 하나님이 훅 불어 버리시면 그만입니다.

어린 양을 바치라

그런데 망할 것이라고 경고하면서 구원의 방법을 설명합니다. 그것이 이사야서 16장 1-5절의 내용입니다. 첫째는 "이 땅의 통치자에게 어린 양을 드리라"는 것입니다.

> 너희는 이 땅 통치자에게 어린 양들을 드리되 셀라에서부터 광야를 지나 딸 시온
> 산으로 보낼지니라(사 16:1).

이 땅의 통치자는 유다 왕을 의미합니다. 넓은 의미에서는 하나님을 가리킵니다. 그런데 무엇을 바치라고 했나요? 어린 양을 바치라고 했습니다. 어린 양은 제물입니다. 그것을 어디로 가져오라고 했습니까? 시온산으로 가져오라는 것입니다. 시온산은 예루살렘 성전이 있는 산입니다. 그래서 예루살렘 성전을 의미하기도 하고, 하나님이 계신 곳을 의미하기도 합니다. 하나님이 계신 성전으로 어린 양을 가지고 와서 제사를 드리라는 말입니다.

그런데 이것이 왜 구원의 길인가? 그 당시는 조공을 바치면 받는 쪽에서 그냥 받고 마는 것이 아닙니다. 받는 쪽에서도 많은 것을 보내 주어야 합니다. 그 결과 상대 국가의 문물이 들어오고, 그와 함께 하나님에 대한 지식도 들어옵니다. 율법에 대한 말씀을 들으면서 지혜를 얻을 수 있습니다. 그러므로 조공을 바치며 정치적으로 연대하여 평화를 누리고, 하나님을 섬기면서 그 은혜 가운데 살라는 것입니다. 왜냐하면 독립이 되면 좋을 것이라고 생각하지만 오히려 다른 나라의 밥이 되기 쉽습니다.

그러나 유다에 속하게 되면 하나님이 유다를 보호하시기 때문에 거기 속한 모압도 망하지 않고 보호를 받게 됩니다. 다른 나라도 모압을 함부로 공격하지 못합니다. 그러니까 유다에 속해서 조공을 바치는 것을 자존심 상하는 것으로 여기지 말고, 하나님께 예배를 드리면서 올바른 신앙을 가지고 정치적으로, 영적으로 안전하게 살라는 것입니다. "이것이 너희를 위한 하나님의 뜻이다. 그러니 겸손한 마음으로 받아들이고 그렇게 살아라."라는 것입니다.

그렇지 않으면 어떻게 될까요?

모압의 딸들은 아르논 나루에서 떠다니는 새 같고 보금자리에서 흩어진 새 새끼 같을 것이라(사 16:2).

"아르논 나루에서 떠다니는 새 같고." 아르논은 모압에 있는 강 이름입니다. 아르논 강의 나루터에는 어부들이 고기를 잡고 버린 생선을 주워 먹기 위해 많은 새가 날아다니곤 했습니다. 그러니까 "네 마음을 시온에 있는 예루살렘 성전에 두지 않고, 하나님을 붙잡지 않으면 공중을 배회하는 새나, 보금자리를 잃고 땅에 떨어진 새끼 새와 같이 삶의 변화에 따라 끝없이 방황하게 될 것이다."라는 말씀입니다.

왜 이런 말을 하시는가? 모압의 지리적인 특성 때문입니다. 모압은 육지 한가운데 있기 때문에 마음만 먹으면 적들이 동서남북 어디에서나 쳐들어올 수 있었습니다. 높은 산이나 바다나 강이나 방어벽이 없었습니다. 그야말로 국경선이 '사통팔달'입니다. 그래서 사방으로부터 영향을 받을 수 있는 위치입니다. 그러니까 하나님을 믿고 살면 하나님을 중심에 두고 안전하게 살면서, 더 나아가 주변에 좋은 영향을 주면서 살 수 있습니다. 하지만 하나님을 거부하고 멀어지면 이 세상의 가치관이 들어와서 그들을 흔들어 대기 때문에 떠도는 인생이 될 수밖에 없다는 것입니다. 그러니까 떠돌이가 되지 않으려면 하나님을 붙잡고 하나님을 섬겨야 합니다.

형제를 도우라

둘째는 구원의 길에 대해서도 말씀하십니다.

나의 쫓겨난 자들이 너와 함께 있게 하되 너 모압은 멸절하는 자 앞에서 그들에
게 피할 곳이 되라 대저 토색하는 자가 망하였고 멸절하는 자가 그쳤고 압제하는
자가 이 땅에서 멸절하였으며(사 16:4).

"나의 쫓겨난 자들을 숨겨 주라." 북이스라엘이 모압보다 먼저 망했습니
다. 나라를 잃은 이스라엘 사람들은 이리저리 도망치거나 피난을 갔습니
다. 그런데 그중에 많은 사람이 모압으로 도망쳤습니다. 가깝고 풍요하기
때문입니다. 그런데 모압은 그렇게 쫓겨난 자들을 받아 주고 안전하게 보
호해 주지 않았습니다. 그들을 죽이고, 앗수르 군대에게 알려 주고, 잡혀
가서 죽게 했습니다. 그렇게 하지 말라는 것입니다. 오히려 그들을 숨겨
주고, 피난처를 제공하고, 형제로 여기고 도와주라. 그러면 하나님이 갚아
주신다.
그런데 모압은 어떻게 했을까요?

우리가 모압의 교만을 들었나니 심히 교만하도다 그가 거만하며 교만하며 분노
함도 들었거니와 그의 자랑이 헛되도다(사 16:6).

교만하고, 분노하고, 자랑했습니다. 하나님의 말씀을 거역하고 교만했
습니다. 우리가 받은 상처가 크다고 하면서 분노했습니다. 우리는 그렇게
쉽게 망하지 않는다고 자랑했습니다. 그러므로 14절입니다.

이제 여호와께서 말씀하여 이르시되 품꾼의 정한 해와 같이 삼 년 내에 모압의
영화와 그 큰 무리가 능욕을 당할지라 그 남은 수가 심히 적어 보잘것없이 되리
라 하시도다(사 16:14).

"3년 내에 망할 것이다." "품꾼의 정한 해와 같이." 품꾼은 몇 시부터 몇 시까지 일하고, 일당을 받는 사람입니다. 그러므로 언제부터 언제까지 정해진 기간 동안만 일합니다. 시간이 되면 칼같이 끝납니다. 그러므로 이 말은 아주 정확하게 3년 안에 망할 것이라는 뜻입니다.

그런데 이 예언은 어떻게 성취되었을까요? 앗수르가 북이스라엘을 멸망시켰습니다. 모압은 그 전에 독립을 했으니까 보호해 줄 나라가 없었습니다. '우리는 유다 건너편에 있으니까 안전하겠지.' 그렇게 생각했습니다. '앗수르가 우리를 공격하더라도 유다를 정복한 후에 올 것이다. 시간이 있다'고 생각했습니다. 그런데 하나님이 보호하셔서 유다를 무너뜨리지 못하자 앗수르는 반대로 했습니다. 먼저 모압부터 정복합니다. 그래서 하룻밤에 망해 버립니다.

하나님을 떠난 인생의 최후

예언의 말씀대로 유다에 양을 보내고 하나님께 예배드리며, 정치적으로 유다의 보호를 받았더라면 유다가 무너지지 않으니까 모압도 무너지지 않았을 것이고, 하나님의 보호도 받았을 텐데, 그렇게 하지 않고 예언을 무시하다가 3년 만에 예언대로 하룻밤에 망했습니다. 이것이 모압의 역사입니다.

"하나님을 떠난 인생은 중심을 잃고 떠돌이가 된다." 모압에 대한 예언인 이사야서 15-16장을 관통하는 핵심 메시지입니다. 그런데 이것이 모압만을 위한 말씀일까요? 아닙니다. 모든 인생을 향한 하나님의 말씀입니다. "너희가 하나님을 떠나면 먹을 것을 찾아 헤매는 철새가 되거나, 보금자리를 잃어버린 새가 될 수밖에 없다. 그런 삶을 살지 말고 영원하신 하나님을 섬겨라. 그 은총의 날개 아래에서 안정되고 폭넓은 인생을 살아라. 이웃에게 좋은 영향을 주는 삶이 되어라." 이것이 이사야서 15-16장의 주제입니다.

어떻게 하면 내 삶이 안정될 수 있을까 고민합니까? 하나님께 마음을 두고, 하나님을 꼭 붙잡는 인생이 되길 바랍니다. 그러면 떠돌이 인생이 되지 않고, 하나님 안에서 폭넓은 인생을 살 수 있습니다.

"떠도는 인생이 아니라 폭넓은 인생이 되게 하소서."

우리 삶의 중심점이 되시는 하나님 아버지!
우리 모두는 안정과 평안을 원하지만
그것은 하나님 안에 있음을 믿습니다.
그래서 하나님을 떠나면 떠돌이가 됩니다.
우리 영혼이 하나님을 붙잡고 살게 하시고,
그 결과 불안하게 떠도는 인생이 아니라
안정되고 폭넓은 인생을 살게 하소서.

◇ 함께 이야기하기

1. 모압에게 주어진 구원의 길 세 가지는 무엇인가요?

2. 하나님께서 주신 구원의 길에 대한 모압의 반응과 그 결과는 무엇인가요?

3. 하나님을 마음에 두지 않은 인생의 마지막은 무엇인가요? 이를 통해 우리가
   가져야 하는 삶의 자세를 나눠 봅니다.

16

태산인가, 티끌인가

(사 17:12-14)

인도의 설화에 나오는 이야기입니다. 어떤 생쥐가 고양이를 너무 무서워했습니다. 멀리서 고양이 소리만 들려도 벌벌 떨며 쥐구멍으로 들어가 꼼짝도 못했습니다. 이 생쥐를 불쌍하게 여긴 마법사가 생쥐에게 소원이 뭐냐고 물었습니다. "저는 고양이가 되고 싶어요." 마법사는 생쥐를 고양이로 만들어 주었습니다. 고양이가 된 생쥐는 너무나 기뻤습니다. 그런데 다른 고양이들이 자기를 생쥐로 볼까 봐 걱정하기 시작했습니다. 그래서 자신을 커다란 개로 만들어 달라고 부탁했습니다. 마법사는 생쥐를 큰 개로 만들어 주었습니다. 그러나 개가 된 생쥐는 사자를 무서워하기 시작했습니다. 그래서 사자로 만들어 주었습니다. 그런데 이 사자는 사냥꾼의 소리만 들으면 무서워서 도망치기 시작했습니다. 아무리 도와주어도 계속 무서움에서 벗어나지 못하는 생쥐를 보고 지쳐 버린 마법사는 이렇게 말했습니다. "내가 아무리 도와주려고 해도 네가 생쥐의 마음을 가지고 있으니 방법이 없구나. 너는 다시 생쥐가 되어라." 그래서 다시 생쥐가 되었다고 합니다.

아무리 겉모습이 변해도 마음이 변하지 않으면 소용없습니다. 아무리 환경이 변해도 마음이 바뀌어야 진정한 변화가 일어납니다. 환경보다 더 중요한 것은 그 사람의 마음입니다.

다메섹과 북이스라엘

이사야서 17장은 다메섹에 대한 예언입니다. 다메섹은 이스라엘 북동쪽에 있는 아람의 수도입니다. 다메섹은 많이 들어 보았을 것입니다. 신약성경 사도행전 9장에 보면 사울이 예수 믿는 사람들을 잡아 죽이려고 어디로 갑니까? 다메섹으로 가던 도중에 예수님을 만납니다. 그 다메섹이 지금 말하는 다메섹입니다. 지금은 다마스쿠스라고 합니다. 그런데 아람의 수도 다메섹이 어떻게 될 것이라고 예언하고 있나요? 1절입니다.

> 다메섹에 관한 경고라 보라 다메섹이 장차 성읍을 이루지 못하고 무너진 무더기
> 가 될 것이라(사 17:1).

화려했던 다메섹이 성읍을 이루지 못하고 무너진 무더기, 폐허가 될 것이라는 말입니다. 그 정도가 얼마나 심한지 2절에서 설명합니다.

> 아로엘의 성읍들이 버림을 당하리니 양 무리를 치는 곳이 되어 양이 눕되 놀라게
> 할 자가 없을 것이며(사 17:2).

양들은 아주 예민해서 바스락거리는 소리만 나도 바로 일어납니다. 그런데 양이 누웠는데 놀라게 할 자가 없다는 말은 사람이 없다, 황폐한 땅이 된다는 말입니다. 그런데 다메섹에 대한 이야기는 이것으로 끝입니다. 이어서 북이스라엘에 대한 말씀이 계속 나옵니다.

> 에브라임의 요새와 다메섹 나라와 아람의 남은 자가 멸절하여 이스라엘 자손의
> 영광같이 되리라 만군의 여호와의 말씀이니라(사 17:3).

에브라임이라는 지명이 나옵니다. 에브라임은 북이스라엘의 별명입니다. 왜냐하면 북이스라엘에서 가장 강한 지파가 에브라임 지파이기 때문입니다.

여기서 질문이 생깁니다. 왜 다메섹에 대해 말하다가 갑자기 북이스라엘이 나오는가? 이사야서 7장을 보면 아람과 북이스라엘이 동맹해서 남유다를 침공했습니다. 두 나라가 정치적으로 동맹을 맺었으니까 두 나라를 함께 묶어서 예언하는 것입니다. 그러니까 17장은 다메섹(아람)에 대한 예언인 동시에 다메섹과 동맹한 북이스라엘에 대한 예언이기도 합니다.

그렇다면 북이스라엘은 왜 아람과 동맹을 맺었을까요? 원래 아람과 북이스라엘은 원수지간이었습니다. 그런데 위에 있는 앗수르가 너무 강하니까 혼자서는 싸울 수가 없어서 적과 손을 잡은 것입니다. 한편으로 앗수르가 볼 때는 바로 밑에 있는 아람이 북이스라엘과 동맹했기 때문에, 북이스라엘을 가만히 둘 수 없게 된 것입니다. 반드시 멸망시켜야 할 대상이 된 것입니다. 그러니까 오히려 북이스라엘은 아람과 동맹을 맺었기 때문에 앗수르의 공격을 받게 될 것입니다. 그래서 두 나라는 오히려 멸망의 동지가 될 것이라는 말입니다.

북이스라엘이 멸망한 이유

그래서 북이스라엘은 어떻게 되는가?

4 그 날에 야곱의 영광이 쇠하고 그의 살진 몸이 파리하리니 5 마치 추수하는 자가 곡식을 거두어 가지고 그의 손으로 이삭을 벤 것 같고 르바임 골짜기에서 이삭을 주운 것 같으리라(사 17:4-5).

4절 "야곱의 영광이 쇠하고." 5절 추수가 끝난 들판처럼 아무것도 남지 않고, 앗수르가 그 모든 영광을 쓸어 갈 것이라고 말씀하십니다.

결국 북이스라엘이 멸망하는 이유는 무엇일까요?

하나님을 작게 보았기 때문입니다. 그런데 하나님이 작은 분입니까? 아닙니다. 하나님은 크신 분입니다. 어느 정도로 크신가요? 천지를 창조하신 분이고, 나를 이 땅에 보내신 분이고, 이 세상 역사를 다스리시는 분입니다. 그러므로 하나님보다 큰 것은 없습니다. 태산이 크다 하지만 태산과는 비교가 되지 않을 만큼, 우주보다도 크신 분입니다. 그런데 그런 하나님이 나와 함께하신다고 했습니다. 그러므로 하나님이 나와 함께하신다, 즉 임마누엘을 믿는다면, 그 하나님을 바라보고, 하나님을 생각하고, 하나님을 내 마음에 채우게 되면, 세상의 모든 문제는 티끌같이 작아지는 것입니다. 무한하게 큰 분과 비교하면 어떤 문제도 티끌같이 작아지는 것입니다.

여기서 한 가지 공식이 나옵니다.

"하나님을 크게 보면 세상은 작게 보이고, 하나님을 작게 보면 세상은 태산처럼 크게 보인다."

"태산인가, 티끌인가?"란 질문은 하나님이 태산이면 세상은 티끌이 되고, 하나님이 티끌이 되면 세상은 태산이 되는 것입니다. 그러니까 어떤 일을 가지고 "아이고, 큰일 났네." 이렇게 야단법석을 떤다는 것은 그 사람은 지금 하나님을 아주 작게 보고 있다는 의미입니다.

출애굽기 14장을 보면 이스라엘 백성이 출애굽해서 홍해 바다까지 왔는데, 앞에는 홍해가 가로막고 있고, 뒤에서는 애굽의 친위대가 몰려왔습니다. "이제 우리는 죽었다"고 백성이 아우성을 칠 때, 모세가 말했습니다. "너희는 두려워하지 말고 가만히 서서 하나님의 구원을 보라." 놀라운 말입니다. 이것이 어떻게 가능할까요? 하나님을 크게 보았기 때문입니다. 하나님을 하나님으로 제대로 본 것입니다.

하지만 북이스라엘은 '내가 만난 사건', 즉 앞에 있는 앗수르를 너무 크게 보았기 때문에 안 해도 될 짓을 했습니다. 다메섹과 동맹을 맺었습니다. 동맹을 맺어서 자기를 보호하려고 했는데, 오히려 동맹을 했기 때문에 멸망한다는 것입니다.

티끌을 의지하는 어리석음

이사야서 17장 말씀은 이 부분을 좀 더 분명히 말씀합니다. 북이스라엘이 망하는 이유가 나옵니다. 10절입니다.

> 이는 네가 네 구원의 하나님을 잊어버리며 네 능력의 반석을 마음에 두지 아니한 까닭이라 그러므로 네가 기뻐하는 나무를 심으며 이방의 나무 가지도 이종하는 도다(사 17:10).

구원의 하나님을 잊어버렸고, 능력의 반석을 마음에 두지 않았기 때문입니다. 그래서 겁이 나니까 "네가 기뻐하는 나무를 심으며 이방의 나무 가지도 이종하는도다." 다른 나라와 동맹을 맺고, 다른 나라를 불러들인 것입니다. 그래서 잘될 것 같았지만, 아닙니다.

> [11] 네가 심는 날에 울타리를 두르고 아침에 네 씨가 잘 발육하도록 하였으나 근심과 심한 슬픔의 날에 농작물이 없어지리라 [12] 슬프다 많은 민족이 소동하였으되 바다 파도가 치는 소리 같이 그들이 소동하였고 열방이 충돌하였으되 큰 물이 몰려옴 같이 그들도 충돌하였도다 [13] 열방이 충돌하기를 많은 물이 몰려옴과 같이 하나 주께서 그들을 꾸짖으시리니 그들이 멀리 도망함이 산에서 겨가 바람 앞에

흩어짐 같겠고 폭풍 앞에 떠도는 티끌 같을 것이라 [14] 보라 저녁에 두려움을 당하고 아침이 오기 전에 그들이 없어졌나니 이는 우리를 노략한 자들의 몫이요 우리를 강탈한 자들의 보응이니라(사 17:11-14).

나름대로 안전장치를 했지만 근심과 슬픔을 겪게 되고, 열방이 충돌하면서 수많은 나라가 서로 힘을 겨루고, 싸우고, 전쟁을 합니다. 그러나 아무리 크게 보이는 나라라도 하나님 앞에서는 어떠합니까? 13절입니다. "주께서 그들을 꾸짖으시리니 그들이 멀리 도망함이 산에서 겨가 바람 앞에 흩어짐 같겠고 폭풍 앞에 떠도는 티끌 같을 것이라." 큰 산 앞에 겨와 같고, 폭풍 앞에 티끌과 같습니다. 즉 태산 앞에 티끌입니다. 하나님 앞에 열방은 태산 앞에 티끌입니다. 그래서 열방을 바라보면 두렵지만 사실 그들은 아침이 오기 전에 없어지고 마는 존재들입니다.

태산보다 크신 하나님

그러니까 우리가 할 일은 무엇일까요? 하나님을 태산으로 보는 것입니다. 하나님을 크게 느끼는 것입니다. 어떻게 하면 하나님이 태산같이 커질 수 있을까요? 하나님을 제대로 볼 수 있을까요? 탈무드에 이런 말이 있습니다. "흰 개와 검은 개가 있는데 어느 쪽 개가 이길까?" 어느 쪽이 이길까요? 대답은 이렇습니다. "밥을 많이 주는 개가 이긴다." 내가 어떤 개에게 밥을 많이 주는가? 그 개가 이긴다는 말입니다. 아주 중요한 말입니다.

영적으로 말한다면 내가 하나님을 많이 생각할수록, 하나님을 향한 시간이 많아질수록 하나님이 태산이 됩니다. 반대로 내가 하나님을 잊어버릴수록, 예배를 게을리할수록, 하나님은 작게 느껴집니다.

그러나 하나님은 작은 분이 아닙니다. 크신 분인데, 우리가 하나님을 너무나 생각하지 않기 때문에 하나님이 작아지는 것입니다. 세상이 큰 것이 아닙니다. 그런데 우리가 세상을 너무나 많이 생각하기 때문에, 세상에 푹 빠져 있기 때문에 세상이 너무나 크게 보이는 것입니다. 큰 산 앞에 서면 너무나 높아서 기가 죽습니다. '올라갈 수 있을까?' 두려워집니다. 그러나 비행기를 타고 높은 곳에서 그 산을 보면 저 밑에 있습니다. 아주 티끌과 같이 보입니다.

왜 인생을 살면서 실수가 많을까요? 왜 안 할 짓을 자꾸 하면서 망하는 길로 갈까요? 왜 북이스라엘이 하지 말아야 할 아람과 동맹을 맺고, 안 할 짓을 하다가 망해 버리는 걸까요? 세상(앗수르)을 태산처럼 여기고, 하나님을 티끌처럼 여겼기 때문입니다.

남유다도 마찬가지입니다. 아람과 북이스라엘, 두 나라가 동맹하고 쳐들어오자 아하스는 두려워했습니다. 그때 이사야가 예언했습니다. "두려워하지 말라. 그들은 연기 나는 두 부지깽이에 불과하다." 그러므로 하나님을 믿고 가만히 있으면 되는데, 그 부지깽이가 너무 무서워서 그들을 물리쳐 달라고 앗수르를 불러들입니다. 그래서 이사야는 아하스에게 화를 냈습니다. 왜 하나님을 업신여기느냐고, 왜 하나님을 멀리하고 앗수르에게 마음을 빼앗기고 있느냐고 말입니다. 이 모든 것이 앗수르를 태산으로 보고, 하나님을 티끌처럼 보았기 때문입니다. 그래서 망하는 것입니다.

그 결과 그들은 엄청난 고난을 당합니다. 이제 이 엄청난 고난 속에서 해야 할 일은 무엇입니까?

그날에 사람이 자기를 지으신 이를 바라보겠으며 그의 눈이 이스라엘의 거룩하신 이를 뵙겠고(사 17:7).

여기에 목적이 있습니다. 하나님의 의도는, 우리가 우리를 지으신 하나님을 쳐다보게 하시려는 것입니다. 그럼 지금까지 이스라엘 백성은 무엇을 했던 걸까요?

> 자기 손으로 만든 제단을 바라보지 아니하며 자기 손가락으로 지은 아세라나 태양상을 보지 아니할 것이며(사 17:8).

자기가 만든 제단을 바라보았습니다. 자기 손가락으로 지은 신을 바라보았다는 것입니다. 가짜 신, 우상을 섬긴 것입니다.

하나님을 바라보라

우상이란 무엇입니까? 간단합니다. 하나님이 아닌 것을 하나님보다 더 크게 보는 것, 그것이 바로 우상입니다. 앗수르는 하나님보다 크지 않습니다. 그런데 하나님보다 크게 보았습니다. 그래서 우상입니다.

옛날 사람들이 어리석어서 우상을 섬겼다고 생각하나요? 요즘에는 없다고 생각할 수 있습니다. 그러나 아닙니다. 오늘 우리 속에도 우상이 많습니다. 어떤 것이 우상이 될까요? 내가 가치 있게 생각하는 것은 다 우상이 될 수 있습니다. 하나님을 최고라고 여기면, 하나님을 가장 크게 생각하면 모든 것을 해도 괜찮습니다. 그다음에는 뭘 사랑하든지 다 좋습니다. 그러나 하나님보다 그것이 커지는 순간, 무엇이든지 우상이 됩니다. 나의 모든 것, 자식도, 재물도, 회사도, 권력도 하나님보다 못합니다. 하나님보다 커지면 우상이 되는 것입니다. 하나님보다 더 소중하게 여기고 마음을 빼앗기면 그것이 나의 우상입니다.

그러므로 모든 환란과 고난과 역경은 하나님을 쳐다보라는 사인입니다. 하나님께 초점을 맞추라는 것입니다. 고난을 통해 내가 믿었던 것을 제거하고, 하나님을 바라보게 합니다.

종교개혁자 루터(Martin Luther)가 식사를 하고 있는데, 개가 식탁에 앉아서 주인이 먹는 음식을 바라보았습니다. 먹고 싶어서 열심히 쳐다봅니다. 음식이 움직이는 대로 눈이 따라갑니다. 오직 음식만 보였습니다. 개는 집중해서 그 음식을 바라봅니다. 루터가 그것을 보고 감탄했습니다. 음식을 바라보는 개의 마음이 너무나 간절했기 때문에 '나도 하나님을 이렇게 열심히 바라보면 얼마나 좋을까? 개는 음식 외에는 다른 생각이 없는데, 나는 왜 하나님 앞에서 이렇게 잡념이 많은 것일까?' 회개했다고 합니다.

하나님을 쳐다보면 어떻게 될까요? 세상이 티끌과 같은 것임을 깨닫고 인생이 허무하다고 느낄까요? 이 세상은 정말 아무것도 아니구나, 이렇게 될까요? 아닙니다. 하나님을 크게 느낄수록 우리 마음에 만족감이 생겨납니다. 하나님으로만 우리 마음을 채울 수 있기 때문입니다. 하나님에 의해 주어지는 마음의 만족감을 '평강'이라고 합니다. 그러니까 하나님을 크게 느낄수록 안심할 수 있고, 평안할 수 있고, 충만한 인생이 되는 것입니다. 이렇게 되면 세상일들이 본래 자기의 크기로 줄어들고, 티끌처럼 느껴지기 시작합니다. 그럴 때 비로소 거기에 대한 올바른 대처 방법도 나오는 것입니다.

하나님은 오늘도 우리에게 질문하십니다. "너는 무엇을 바라보고 있느냐? 세상을 바라보며 두려워하느냐, 나를 바라보며 안심하느냐? 내가 태산이냐, 세상이 태산이냐? 너 혹시 세상을 바라보느라고 나를 바라보지 못하고 있는 것은 아니냐?" 이 질문에 대답해야 합니다.

이 시대는 두려움이 가득한 시대이고, 흔들리는 시대입니다. 세상을 태산처럼 바라보기 때문입니다. 그러나 하나님을 바라보면 우리 마음이 하나님으로 충만해져서 세상을 넉넉히 이길 수 있습니다.

　"전능하신 하나님, 하나님이 태산이면 세상은 티끌이 되고, 하나님이 티끌이면 세상은 태산이 되는 것을 알게 하소서. 세상을 작게 보게 하시고, 하나님을 태산처럼 보게 하셔서 세상을 넉넉히 이기게 하소서."

전능하신 하나님!

세상은 하나님에 비해 아주 작은 티끌인데,

이것을 태산으로 착각하고 놀라며 두려워하지 않게 하소서.

오히려 하나님을 바라보고 의지하며

그 크신 하나님 안에서 안심하며, 평강을 누리게 하소서.

그래서 이 세상의 문제들이 우리를 흔들지 못하게 하소서.

◇ 함께 이야기하기

1. 북이스라엘이 멸망한 이유는 무엇인가요?

2. 세상을 크게 볼 때, 하나님이 작게 느껴졌던 적이 있나요? 반대로 하나님을 크게 볼 때, 세상이 작게 느껴졌던 적이 있다면 나눠 봅니다.

3. 내가 가진 우상은 무엇인가요? 그 우상을 버리고 하나님을 크게 바라볼 수 있는 방법은 무엇인가요?

17

나와 세상 사이에는

(사 18:1-2)

《너의 내면을 검색하라》(*Search Inside Yourself*)라는 책이 있습니다. 세계적인 IT 기업 구글에서 사용하는 명상 프로그램인데, 이 프로그램의 개발자인 차드 멩 탄(Chade Meng Tan)에 의하면 이 매뉴얼대로 7주간에 걸쳐서 총 20시간만 교육을 받으면 삶에 기적 같은 변화가 일어난다는 것입니다. 어떤 변화가 일어나는가? 감정조절 능력이 높아지면서 스트레스가 줄어들게 되고, 자신감을 가지고 인간관계를 맺을 수 있고, 업무 능력이 엄청나게 높아지고, 세계 평화까지도 이 방법을 통해 이룰 수 있다는 것입니다. 이렇게 명상법을 생활화하면 모든 질병도 개선시킬 수 있다고 합니다.

이 명상의 핵심은 어떤 문제가 생겼을 때 바로 반응하지 말고, 잠깐 멈추어서 2분 동안 자신의 호흡에 집중하라는 것입니다. 아무 생각 없이, 내가 지금 호흡하고 있다는 것을 느끼면서 가만히 있으라는 것입니다. 이 멈춤의 순간을 "sacred pause", '신성한 멈춤'이라고 합니다. 한마디로 말하면 '반응의 시간을 늦추라. 자극과 반응 사이에 잠깐 멈추라'는 것입니다.

예를 들면 기분 나쁜 소리를 들었습니다. 그러면 '저 사람이 나한테 왜 이러지? 내가 잘못한 것도 없는데!' 이렇게 판단하거나 화를 내지 말고, 그냥 호흡에 집중하면서 2분간 평안한 마음을 가지라는 것입니다. 그래서 마음이 가라앉으면 그다음에는 이런 생각을 하라는 겁니다. '사람은 누구나 다 행복을 원한다. 나도 그렇고, 저 사람도 그렇다. 그렇다면 내가 이 상황에서 가장 행복할 수 있는 방법은 무엇인가? 저 사람이 행복할 수 있는 방법은 무엇인가?' 그러면 자신과 상대방과 모든 상황에 대해 훨씬 좋은 기분을 느끼게 되고, 분노가 대부분 사라집니다. 갈등에 휘말릴 때마다 이렇게 하면 관계에 기적이 일어난다는 것입니다.

그렇다면 기독교인으로서 이것을 어떻게 평가해야 할까요? 명상하는 사람들에게는 그들과 세상 사이에 뭐가 존재합니까? 멈춤, 2분 동안의 멈춤이 존재합니다. 우리 기독교인들에게는 우리와 세상 사이에 뭐가 존재합니까? 하나님입니다. 그럼 질문하겠습니다. 둘 중에 어느 것이 위대한가요? 2분간의 멈춤입니까, 하나님을 바라보는 것입니까? 하나님을 바라보는 것입니다. 그런데 2분간의 멈춤보다 더 위대한 하나님을 믿으면서 왜 우리는 실생활에서 명상하는 사람들이 경험하는 효과를 거두지 못하는 것일까요?

마음 다스리기

명상하는 사람들의 장점은 멈춤의 중요성을 안다는 것입니다. 그리고 마음 관리의 필요성을 깨달았다는 것입니다. 마음이 절대적인 것은 아니지만, 그러나 그것을 관리하면 엄청난 효과가 있다는 것을 깨닫고 현실적으로 증명해 냈다는 것입니다. 그런데 우리 신앙인의 약점은 마음 관리를 안한다는 것입니다. 다시 말하면 우리는 어떤 문제에 대해 즉시 반응합니다.

예를 들면 큰 병에 걸렸습니다. 명상하는 사람들은 그 사실을 알게 되는 순간, 2분 동안 아무 판단도 하지 않고, 반응도 하지 않고 멈춥니다. 일단 병에 대한 생각을 하지 않습니다. 그러는 중에 '모든 사람은 다 아플 수 있는 것이고, 이 아픈 상황 속에서 내가 가장 행복할 수 있는 방법은 뭔가?' 생각하고 나서 반응하면 훨씬 더 성숙하고 아름다운 반응이 나오는 것입니다.

그런데 우리는 어떻게 합니까? 병에 걸렸다는 것을 아는 순간, "큰일 났다. 어떻게 하면 좋지?" 이렇게 당황하면서 마음이 벌써 문제에 대해 반응해 버립니다. 그러고 나서 하나님을 찾습니다. "하나님, 저 병들었어요. 큰일 났습니다. 고쳐 주세요." 하면서 발을 동동 구릅니다. 순서가 바뀐 것입니다. 문제에 대해 반응하기 전에 하나님을 바라보아야 합니다. 문제로 마음을 채우기 전에 하나님으로 먼저 마음을 채워야 합니다. 그렇게 되면 하나님은 태산이 되고, 질병은 티끌이 되는 것입니다. 그래서 질병 앞에서도 평안을 누리게 됩니다. 더 중요한 것은 하나님이 그 일에 개입해서 해결해 주십니다.

마음속으로 그림을 하나 그려 보겠습니다. 자전거 바퀴가 하나 있습니다. 한가운데는 축이 있습니다. 축과 바퀴 사이에는 바큇살이 있는데, 살과 살은 직접적으로 닿지 않습니다. 이쪽 살에서 저쪽 살로 가려면 일단 가운데 축으로 갔다가 다른 살로 가야 합니다. 그러므로 살과 살 사이의 가장 가까운 거리는 가운데 축을 통과하는 것입니다. 이 개념을 꼭 기억해야 합니다.

우리는 육체를 가졌기 때문에 많은 사람을 만나고 사건을 경험하지만, 그때마다 그 사건이나 사람에게 내 마음을 주지 말고, 중간에 한 번씩 멈추어 하나님을 바라보고, 먼저 하나님께로 갔다가 다시 세상으로 가야 합니다. 이렇게 되면 우리는 명상하는 사람들보다 훨씬 더 큰 기적을 경험할 수 있습니다. 그런데 우리는 이런 방법을 모르기 때문에 하나님을 믿으면서도 세상에 대하여 조급하고 쫓기는 삶을 살아가는 것입니다.

하나님의 구원과 심판

이사야서 18장은 "구스"를 향한 예언을 통해 세상을 살아가는 지혜를 알려 줍니다.

슬프다 구스의 강 건너편 날개 치는 소리 나는 땅이여(사 18:1).

구스는 지금의 에티오피아입니다. 그 당시 구스는 지금의 에티오피아보다 훨씬 더 컸습니다. 애굽을 제외한 거의 대부분의 아프리카를 가리키는 말이 구스입니다. 애굽 제25왕조는 구스 사람이 직접 다스리기도 했습니다. 그만큼 크고 강한 나라였습니다.

그런데 구스를 왜 "날개 치는 소리 나는 땅"이라고 불렀는가? 곤충이 많은 나라라는 뜻입니다. 그 지역이 나일강 상류의 많은 지류가 모여 있는 습지이기 때문에, 곤충들이 많았기 때문에 붙여진 별명입니다. 어떤 사람들은 많은 민족이 모여 사는 모습을 표현하는 것으로 보기도 합니다. 이 거대한 왕국 안에 살고 있는 수많은 인종과 종족들이 바글거리는 모습을 곤충의 날개 치는 소리가 가득한 곳이라고 표현했다는 것입니다. 그런데 구스 사람들의 마음이 "슬프다"고 했습니다. 앗수르의 침공을 걱정하는 구스 왕과 백성의 마음을 표현한 것입니다.

역사적으로 구스 땅에 어떤 일이 일어났을까요? 앗수르가 북이스라엘과 아람의 연합군을 쳐서 무너뜨렸습니다. 이렇게 되자 그 당시 애굽을 지배하던 구스 왕조는 위기감을 느끼게 됩니다. 연합군이 패배하자, 구스는 이제 남유다만을 가운데 두고 초강대국 앗수르와 마주하게 된 것입니다. 이런 상황이 슬프다는 것이지요.

그래서 구스는 남유다로 사신을 보내서 동맹을 맺고 앗수르와 싸우자고 압박했습니다. 이런 요구를 듣고 유다의 히스기야 왕은 고민했습니다. '어떻게 할까? 구스와 동맹해서 앗수르에 대항할까? 아니면 싫다고 거절해야 하는가?' 이럴 수도 없고, 저럴 수도 없고 힘들어하는데, 이사야가 말해 줍니다. "동맹을 맺지 말고, 그들을 돌려보내라. 그것이 하나님의 뜻이다." 그 말을 듣고 히스기야가 사절들에게 이렇게 말합니다.

갈대 배를 물에 띄우고 그 사자를 수로로 보내며 이르기를 민첩한 사절들아 너희
는 강들이 흘러 나누인 나라로 가되 장대하고 준수한 백성 곧 시초부터 두려움이
되며 강성하여 대적을 밟는 백성에게로 가라 하는도다(사 18:2).

"너희 사신들은 너희 나라로 돌아가라. 너희의 모든 소란과 동요는 필요
없기 때문이다."

³ 세상의 모든 거민, 지상에 사는 너희여 산들 위에 기치를 세우거든 너희는 보고
나팔을 불거든 너희는 들을지니라 ⁴ 여호와께서 내게 이르시되 내가 나의 처소
에서 조용히 감찰함이 쬐이는 일광 같고 가을 더위에 운무 같도다(사 18:3-4).

3절, "너희는 앗수르를 보며 동요하지 말고, 나 여호와 하나님을 바라보
고 나의 말을 들으라. 그렇다면 두려워할 이유가 무엇이냐?" 4절, "조용히
감찰함이 쬐이는 일광과 같다." 감찰이란 말은 자세히 살펴보고 판단한다
는 말입니다. 하나님은 드러나지 않으시지만 조용히, 그러나 정확하게 주
목해 보신다는 말입니다. 무엇처럼? "쬐이는 일광처럼" 햇빛이 모든 것 위
에 비치듯이 감찰하신다는 것입니다. 이 세상에서 햇빛을 피할 수 있나요?
없습니다. 모든 사람과 식물과 동물은 햇빛을 피할 수 없습니다. 이 세상
누구도 하나님이 감찰하시는 시선을 피할 수 없다는 것입니다. "가을 더위
에 운무 같다." 운무는 구름과 안개, 혹은 이슬을 말합니다. 햇볕이 쨍쨍 내
리쬐는데, 그래서 뜨거워 죽겠는데, 구름이 하늘을 가려 주면 어떻게 될까
요? 시원해집니다. 그리고 바짝 마른 땅에 이슬이 내리면 어떻게 될까요?
땅이 푸르게 변하면서 생기가 돕니다. 하나님이 온 세상을 정확히 감찰하
시고, 거기에 합당한 심판과 구원을 베푸신다. 그래서 하나님의 구원과 심
판은 사람의 마음을 시원하게 해 준다는 말입니다.

하나님을 의지한 히스기야

⁵ 추수하기 전에 꽃이 떨어지고 포도가 맺혀 익어갈 때에 내가 낫으로 그 연한 가지를 베며 퍼진 가지를 찍어 버려서 ⁶ 산의 독수리들과 땅의 들짐승들에게 던져 주리니 산의 독수리들이 그것으로 여름을 지내며 땅의 들짐승들이 다 그것으로 겨울을 지내리라 하셨음이라 ⁷ 그때에 강들이 흘러 나누인 나라의 장대하고 준수한 백성 곧 시초부터 두려움이 되며 강성하여 대적을 밟는 백성이 만군의 여호와께 드릴 예물을 가지고 만군의 여호와의 이름을 두신 곳 시온산에 이르리라 (사 18:5-7).

5절, "앗수르가 추수하려고 하지만 꽃이 떨어지고, 가지를 꺾어 버릴 것이다. 앗수르가 아무리 온 세상을 정복하려고 해도 내가 막을 것이다." 6절, "결국 앗수르는 망할 것이다." 이런 일이 있은 후에 구스는 어떻게 할 것인가? 7절, "예루살렘에 와서 하나님께 예물을 바치고 경배할 것이다." 이 말을 듣고 구스의 사신들이 자기 나라로 돌아갑니다.

그렇다면 구스를 돌려보내고 히스기야는 무엇을 했는가? 하나님의 성전으로 들어가서 기도합니다. 그러자 하나님이 앗수르 군대 18만 5,000명을 전염병으로 하룻밤에 죽게 하십니다. 앗수르 왕 산혜립은 자기 나라로 철수해서 신에게 제사를 드리다가 암살당합니다. 그후 BC 612년에 앗수르가 망하자 역대하 32장 23절에는 "여러 사람이 예물을 가지고 예루살렘에 와서 여호와께 드리고 또 보물을 유다 왕 히스기야에게 드린지라." 이렇게 기록되어 있습니다. 이사야서 18장 7절의 예언이 그대로 성취된 것입니다.

앗수르의 침략은 히스기야의 마음을 두렵게 했지만, 그는 앗수르에 마음을 빼앗기지 않았습니다. 마음을 빼앗겼다면 구스와 동맹을 맺었겠죠.

그러나 히스기야는 오직 하나님을 바라보았습니다. 앗수르가 아니라 하나님을 바라본 것입니다. 그럴 때 하나님께서 앗수르를 직접 무너뜨리셨고, 유다는 구원을 받았습니다.

우리의 마음과 세상 사이

구스에게 가장 무서운 대상, 즉 상대해야 할 세상은 무엇이었나요? 앗수르였습니다. 그러나 구스는 앗수르를 상대하지 않고 어디로 갔습니까? 유다로 갔습니다. 거기서 하나님의 말씀을 듣고 순종했습니다. 그 결과 앗수르로부터 구원을 받았습니다. 유다에게도 가장 무서운 대상, 즉 세상은 앗수르였습니다. 그러나 유다도 앗수르를 직접 상대하지 않고 어디로 갔습니까? 하나님께로 갔습니다. 성전에 가서 기도했습니다. 그래서 구원을 받았습니다. 두 나라가 경험한 것이 똑같지요? 세상을 직접 상대하지 않고 중간에 어디를 거쳤습니다.

본문 말씀을 통해 이사야는 아주 중요한 신앙의 원리를 말해 줍니다.

"나와 세상 사이에는 하나님이 있어야 한다."

우리의 마음과 세상 사이에는 하나님이 계셔야 합니다. 이 말은 어떤 일이 있을 때 바로 세상에 마음을 주거나 빼앗기지 말라는 것입니다. 먼저 하나님을 바라보고, 생각하고, 하나님으로 마음을 채우고, 그다음에 어떤 일을 대하라는 것입니다.

사업의 문제나 가정의 문제나 건강의 문제나 세상의 어떤 일이든지, 내가 그 문제에 반응하기 전에 잠깐 멈추고, 하나님께로 네 마음을 가져오라는 것입니다. 그럴 때 내 마음이 하나님 안에서 평안을 얻게 될 것이고, 더 중요한 것은 하나님이 그 문제에 개입하셔서 그 문제를 가장 아름답게 해결하신다는 말입니다.

세상 사람들은 그들과 세상 사이에 2분 동안의 멈춤을 강조합니다. 그렇게만 해도 엄청난 효과가 있다고 떠들어 대고 박수를 칩니다. 그러나 우리와 세상 사이에는 하나님이 있습니다. 나와 세상 사이에 계신 하나님을 바라보는 것, 하나님으로 내 마음을 채우는 것을 우리는 강조합니다. 그럴 때 하나님이 문제를 해결해 주시는 것은 명상을 통해 얻는 효과와는 비교할 수 없는 놀라운 파워를 가지고 있다는 것을 우리 모두가 기억할 수 있기를 바랍니다.

온전한 신앙생활의 비결

그런데 어떤 일에 대하여 반응하기 전에 잠깐 멈추는 것이 쉬울까요? 아닙니다. 어려운 일입니다. 그래서 훈련이 필요합니다. 우리의 육체는 발생한 일에 즉각적으로 반응하는 것에 익숙합니다. 어떤 문제에 대해 멈추는 것은 그것과 나의 관계가 하나님과 나의 관계보다 못하다는 것을 고백하는 것이기 때문에 힘이 듭니다.

다시 말하면 그 문제와 나의 관계를 하나님 앞에서 끊어 내야만 내 마음을 먼저 하나님께 올려 드릴 수 있습니다. 그러니까 어떤 일에 반응하기 전에 먼저 하나님을 생각하는 것, 그것은 신앙생활의 아주 중요한 비밀이며, 동시에 이것은 십자가 앞에서 자기를 죽이는 어려운 작업입니다. 그러나 이런 삶이 우리 가운데서 회복되어야만 온전한 신앙인, 하나님과 동행하는 사람, 어떤 경우에도 평안을 잃지 않고 하나님의 역사를 눈으로 경험하는 사람이 될 수 있다는 것입니다. 이것이 온전한 신앙생활의 비결입니다.

우리 육신은 사람들과 접촉하고, 사건을 직접 만나지만 우리는 우리의 마음을 맨 먼저 하나님께 드리는 훈련을 해야 합니다. 우리 마음의 주인은 하나님이시기 때문에 어떤 것을 결정하기 전에, 누구를 만나기 전에, 어떤 문제에 대하여 평가하고 반응하기 전에 하나님을 찾고, 하나님께 내 마음을 드리는 것이 필요합니다. 문제에 대하여 하나님의 뜻은 무엇인가 여쭤 보고, 그다음에 세상을 만나야 합니다. 그러면 마음의 평안을 잃지 않고 올바른 결정을 내릴 수 있습니다. 하나님 앞에 먼저 멈추어 서는 인생은 절대로 실패하지 않는, 주님과 동행하는 멋진 인생이 될 것입니다.

"나와 세상 사이에 반드시 하나님이 있는 인생을 살게 하소서."

하나님 아버지!

오늘도 우리에게 다가오는 세상의 많은 일에 마음을 빼앗기지 않고,

먼저 하나님 앞에서 멈추게 하소서.

그리고 하나님으로 우리 마음을 채우게 하소서.

그럴 때 우리가 만난 그 일은 작은 것이 되며,

더 나아가서 그 문제에 하나님이 개입하시고

해결하시는 것을 눈으로 보고,

체험하며 살아가는 믿음의 사람이 되게 하소서.

◇ 함께 이야기하기

1. 구스의 사신들에게 히스기야는 어떤 말을 했나요?

2. 구스의 사신을 돌려보내고, 히스기야는 무엇을 하였나요? 그 결과는 무엇인가요?

3. 나와 세상 사이에는 누가 계셔야 하나요? 이것은 어떠한 신앙 원리를 알려 주나요?

18

내가 변하면 이웃도 변한다

(사 19:23-25)

'나비효과'라는 말은, 나비의 날갯짓과 같은 작은 사건이 나중에는 엄청나게 큰 사건이 될 수도 있다는 말입니다. 미국 MIT의 에드워드 로렌츠 (Edward N. Lorenz) 교수가 기후변화를 연구하다가 아마존 정글에서의 나비의 날갯짓이 얼마 후에는 미국 텍사스주에 폭풍우를 발생시킬 수도 있다고 주장한 데서 나온 말입니다.

《브라질에 비가 내리면 스타벅스 주식을 사라》(If it's raining in Brazil, buy Starbucks)라는 책이 있는데, 나비효과를 말해 주는 내용입니다. 브라질에 비가 오는 것과 스타벅스 주식이 무슨 상관이 있습니까? 그러나 아니라는 것입니다. 브라질에 비가 오면 커피 생산량이 늘어나게 되고, 그렇게 되면 커피의 원두 가격이 떨어지기 때문에 스타벅스의 마진이 올라가고, 그 결과 스타벅스 주식이 올라가니까 그 주식을 사면 이익이 남는다는 것입니다. 오늘날과 같은 세계화 시대에 나비효과는 더욱 강한 힘을 갖게 됩니다.

"나비효과"라는 제목의 영화도 있습니다. 오늘 이런 일이 발생한 이유는 과거의 어떤 일 때문이라는 것을 알게 된 주인공은 과거로 돌아가서, 그때 그 일이 일어나지 않도록 그 일을 바꾸려고 합니다. 그런데 과거를 바꾸면 거기에 따른 또 다른 충격적인 현실이 기다리고 있다는 것을 알게 된다는 내용입니다. 그러니까 오늘의 내 모습, 내 환경, 이것은 과거 내 행동에 대한 결과라는 것입니다. 영적으로도 그렇습니다. '지금 나의 작은 행동이 앞으로 얼마나 많은 사람에게 얼마나 큰 영향을 줄 것인가?' 이것을 의식하고 살아야 한다는 것입니다.

애굽에 대한 심판

이사야서 19장은 "애굽"에 대한 예언입니다. 앞으로 애굽에는 어떤 심판이 찾아올까요?

[1] 애굽에 관한 경고라 보라 여호와께서 빠른 구름을 타고 애굽에 임하시리니 애굽의 우상들이 그 앞에서 떨겠고 애굽인의 마음이 그 속에서 녹으리로다 [2] 내가 애굽인을 격동하여 애굽인을 치리니 그들이 각기 형제를 치며 각기 이웃을 칠 것이요 성읍이 성읍을 치며 나라가 나라를 칠 것이며 [3] 애굽인의 정신이 그 속에서 쇠약할 것이요 그의 계획을 내가 깨뜨리리니 그들이 우상과 마술사와 신접한 자와 요술객에게 물으리로다(사 19:1-3).

1절, "하나님이 빠른 구름을 타고 임하셔서 애굽을 심판하실 것이다. 심판이 너무 무서워서 사람들의 마음이 녹아 버릴 것이다." 이제 하나님의 심판이 애굽에 어떻게 임하는가를 끝까지 분야별로 살펴보도록 하죠. 2절, "애굽 사람을 격동시켜서 그들끼리 싸우게 만들겠다." 내란과 혁명이 일어나고, 왕조가 바뀌고, 동족상잔의 비극이 일어나면서 국력이 약해지겠다는 것입니다. 그래서 3절, 애굽의 정신이 나약해지면서 높은 기상이 사라지고, 지혜가 없어지겠다는 것입니다.

이집트는 대단한 문명국가였습니다. 그 옛날 나일강을 다스리며 홍수를 통제하는 나라였고, 피라미드를 만든 나라입니다. 그런데 점점 어리석어져서 하는 일마다 실패로 돌아가자 너무나 답답해진 사람들이 우상과 마술사와 신접한 자에게 가서 묻겠다는 것입니다. 나라꼴이 한심해지겠다는 것입니다.

바닷물이 없어지겠고 강이 잦아서 마르겠고(사 19:5).

"바닷물이 마르고 강물이 없어지겠다." 자연에 내리는 심판입니다. 애굽은 나일강 때문에 먹고사는데, 그것이 젖줄인데, 이것이 마르겠다. 그래서 초장이 사라지고, 농토가 없어지고, 중요한 산업이 붕괴될 것이라는 이야기입니다.

소안의 방백은 어리석었고 바로의 가장 지혜로운 모사의 책략은 우둔하여졌으니 너희가 어떻게 바로에게 이르기를 나는 지혜로운 자들의 자손이라 나는 옛 왕들의 후예라 할 수 있으랴(사 19:11).

'소안'은 이집트 힉소스 왕조의 수도입니다. 소안의 방백들이란 대대로 명문귀족의 관료들을 의미합니다. 그들이 얼마나 지혜로운 사람들인지 모릅니다. 그런데 "그들이 어리석어지겠다." 어느 정도인가 하면 도무지 대제국 이집트 바로의 신하라고 하기에는 부끄러울 만큼 미련한 사람들이 되겠다는 것입니다. 왜냐하면 하나님이 그들을 미련하게 만드실 것이기 때문입니다. 더 나아가서 그들은 사리사욕에 빠지고, 지혜와 용기와 분별력이 사라질 것이다. 그래서 나라가 형편없이 약해질 것이라는 뜻입니다.

고치시는 하나님

그런데 갑자기 22절부터 내용이 바뀝니다.

22 여호와께서 애굽을 치실지라도 치시고는 고치실 것이므로 그들이 여호와께

로 돌아올 것이라 여호와께서 그들의 간구함을 들으시고 그들을 고쳐 주시리라 ²³ 그날에 애굽에서 앗수르로 통하는 대로가 있어 앗수르 사람은 애굽으로 가겠고 애굽 사람은 앗수르로 갈 것이며 애굽 사람이 앗수르 사람과 함께 경배하리라 ²⁴ 그날에 이스라엘이 애굽 및 앗수르와 더불어 셋이 세계 중에 복이 되리니 ²⁵ 이는 만군의 여호와께서 복 주시며 이르시되 내 백성 애굽이여, 내 손으로 지은 앗수르여, 나의 기업 이스라엘이여, 복이 있을지어다 하실 것임이라(사 19:22-25).

22절, 하나님이 애굽을 치신 다음에 고치실 것이고, 그들이 여호와께로 돌아올 것이고, 하나님이 그들의 간구에 응답하시겠다는 것입니다. 더 놀라운 말씀이 23절입니다. 가운데 있는 이스라엘이 볼 때 애굽은 남쪽 끝이고, 앗수르는 북쪽 끝입니다. 그러니까 "이스라엘을 중심으로 해서 남쪽의 애굽과 북쪽의 앗수르가 서로 자유롭게 왕래하겠다. 그런데 그 나라들이 이스라엘과 함께 하나님께 경배하리라." 24절, "이스라엘, 애굽, 앗수르. 세 나라가 함께 하나님께 복을 받을 것이다." 25절, "하나님은 이스라엘과 애굽, 앗수르를 내 백성이라 부르면서 축복하실 것이다."

아니, 이게 무슨 말이지요? 애굽과 앗수르는 대대로 이스라엘의 원수인데, 어떻게 그들이 함께 하나님께 경배하고, 하나님이 그들을 기뻐하시고, 복을 주신단 말입니까? 너무 이상하지 않습니까?

먼저 주목할 것은 애굽이 심판을 받아 쇠약해질 것인데, 왜 망하는지 이유가 없습니다. 어떤 죄 때문에, 예를 들면 교만하다든지 잔인하다든지 우상숭배를 많이 했다든지, 그런 명백한 이유가 나오지 않습니다. 단지 "애굽을 쇠약하게 만들겠다. 그래서 결코 의지할 수 없는 나라가 되게 하겠다. 그것이 하나님의 뜻이다. 그러나 내가 쳤으나 다시 고칠 것이고, 그들이 하나님께로 돌아와서 경배할 것이고, 서로 화목하며 세 나라가 복을 받겠다"니 이게 도대체 무슨 뜻일까요?

애굽을 향한 하나님의 원래 마음은 애굽이 쇠약하거나 망하는 것이 아닙니다. 그들도 이스라엘과 같이 하나님의 자녀가 되고 복을 누리는 것입니다. 그러니까 애굽이 쇠약해지는 이유는 애굽 내부에 있지 않다는 것입니다. 그럼 어디에 있다는 것일까요? 외부에 있다는 말입니다. 그 외부는 어디일까요? 바로 이스라엘입니다.

이스라엘을 선택하신 이유

이스라엘과 애굽과 앗수르, 세 나라를 놓고 생각해 봅시다. 북쪽에는 세계 최강대국 앗수르가 있습니다. 남쪽에는 역시 강한 나라 애굽이 있습니다. 한가운데에는 아주 작은 나라 이스라엘이 있습니다. 그러니까 이스라엘은 지정학적으로 강대국의 틈에 끼어 늘 위협을 받았습니다. 왜 이런 위치에 이스라엘을 두셨는가? 모든 나라에 좋은 영향을 주라는 것입니다. 세상의 어느 나라보다도 더 강한 하나님을 믿고 의지하며 임마누엘 신앙을 가지면 이스라엘은 아무도 건드릴 수 없습니다. 그런데 이스라엘이 하나님을 제대로 믿지 못하고, 세상을 바라보고 강대국을 의지하면 바로 침략을 당합니다. 그럴 때마다 이스라엘은 언제나 북쪽의 강대국이든 남쪽의 강대국이든 어느 한쪽을 의지하려고 했습니다. 대개 보수파들은 친애굽이었고, 반대로 진보파는 앗수르와 바벨론을 의지했습니다.

그런데 하나님은 애굽을 의지할 때마다 애굽을 "상한 갈대와 같다"고 하셨습니다. 상한 갈대는 별 볼 일 없다는 뜻입니다. 그러므로 의지하지 말라고 했습니다. 사실 그랬습니다. 애굽은 역사적으로 조공만 받았지, 도와준 것은 하나도 없습니다. 그런데도 이스라엘은 국가적 위기를 겪을 때마다 남쪽의 애굽에 도움을 요청했습니다. 애굽을 하나님보다 더 의지했습니다.

여기서 우리는 생각해야 합니다. 하나님이 이스라엘을 선택하신 이유는 무엇인가? 아주 중요한 질문입니다. 왜냐하면 '내가 왜 많은 사람 중에서 하나님의 백성이 되었는가?' 여기에 대한 대답이 되기 때문입니다.

너희가 내게 대하여 제사장 나라가 되며 거룩한 백성이 되리라 너는 이 말을 이
스라엘 자손에게 전할지니라(출 19:6).

"제사장 나라, 거룩한 백성"이 되라는 것입니다. 이 말은 이스라엘이 먼저 하나님을 믿고, 그것 때문에 이스라엘의 이웃이 하나님을 알게 되고, 이스라엘이 받은 복을 그 이웃들도 함께 누리도록 역할을 하라는 것입니다. 한마디로 요약하면 '축복의 통로'가 되라는 것입니다.

이스라엘이 하나님을 잘 섬기면 애굽은 그것을 보고, '아, 하나님은 저런 분이구나. 하나님을 섬기면 저렇게 되는구나. 저런 복을 받는구나.' 이것을 깨닫고 하나님을 인정하게 되고, 돌아오게 되고, 하나님의 백성이 되고, 하나님의 복을 받게 될 것입니다. 이것이 이스라엘과 애굽의 원래 위치입니다. 하나님이 정해 주신 영적인 위치가 그렇다는 거예요. 그런데 이스라엘이 하나님을 잘 안 믿어요. 그리고 어려울 때마다 애굽을 의지하면 애굽이 하나님을 믿겠어요? 안 믿지요.

이 모습을 바라보시는 하나님이 얼마나 답답하시겠어요? "너희가 임마누엘 신앙을 가지고 있으면 어떤 일이 있어도 내가 책임져 준다고 했는데, 너희는 어째서 문제만 생기면 강대국만 의지하고, 나를 의지하지 않느냐? 어째서 강대국만 바라보고, 나를 바라보지 않느냐?" 그래서 하나님은 전략을 수정하십니다. 이스라엘이 올바른 믿음을 가지고 하나님만 바라보게 하려고 애굽을 의지할 수 없게 만드십니다. 그래서 애굽이 쇠약해지는 것입니다.

앗수르도 마찬가지입니다. 이스라엘이 잘 믿는 걸 보면서 '저 약한 나라가 위기 속에서도 흔들리지 않고 하나님을 바라보는 걸 보니 하나님은 참 대단하시구나.' 이렇게 앗수르가 하나님을 인정하고 돌아와서 복을 받는 것이 하나님이 정해 주신 원래 이스라엘과 앗수르의 위치인데, 이스라엘이 하나님을 제대로 믿지를 않아요. 어려운 일이 생기면 앗수르를 의지합니다. 그래서 하나님이 계획을 수정해서 이스라엘이 앗수르를 의지할 수 없게 만드시고 앗수르가 적이 되게 하시는 것입니다.

내가 변하면 이웃도 변한다

이런 과정에서 이웃의 위치는 어떻게 변할까요? "내가 변하면 이웃도 변한다." 무슨 뜻입니까? "내가 상대방에게 잘해 주면 상대방도 나에게 잘해 준다." 이런 뜻인가요? 더 깊고 중요한 영적인 의미가 있습니다. 내가 변하면, 즉 내가 하나님 앞에서 지켜야 할 내 자리에서 벗어나면, 나를 통하여 하나님을 믿고 복을 받아야 할 내 이웃이 내게 고통을 주거나 나를 대적하는 사람이 된다는 뜻입니다.

이것을 개인적으로 적용해 보겠습니다. 부모의 사명은 자녀를 믿음으로 양육하는 것입니다. 어떻게 하면 될까요? 부모의 위치를 잘 지키면 됩니다. 부모님이 하나님을 사랑하고, 신뢰하고, 하나님께 예배하며, 흔들리지 않고 임마누엘 신앙을 가지고 살아가면 자녀는 부모의 신앙을 그대로 보고 배웁니다. 부모님이 예배를 얼마나 소중히 여기는지, 교회에 갔다 와서 얼마나 행복해하는지, 말씀을 실천하려고 애쓰는지, 기도에 힘쓰고, 진심으로 봉사하는지. 그런 것을 보면서 자녀들은 하나님의 사람으로 변해 가는 것입니다. 이것이 하나님이 원하시는 부모와 자녀의 관계입니다.

그런데 부모가 하나님보다 세상을 더 사랑하고, 일에만 몰두하고, 예배를 소홀히 여기고 하나님을 의식하고 살지 않으면, 자녀가 하나님을 제대로 믿겠어요? 하나님보다 자녀를 더 사랑하고, 자녀에게 올인한다면 하나님 앞에서 부모의 위치를 이탈한 것입니다. 그러면 하나님의 원래 계획도 수정되어야 합니다.

먼저 부모의 신앙을 회복시켜야 합니다. 부모가 하나님을 바라보게 만들어야 합니다. 그 방법이 뭘까요? 부모가 사랑하고 의지하고 기뻐하는 것들이 그럴 대상이 아니라는 것을 깨닫게 해야 합니다. "결국 내가 의지할 것은 세상도 아니고, 자녀도 아니고, 하나님뿐이구나." 이런 고백을 하도록 만들어야 합니다. 이런 과정에서 내 자녀도 변합니다. 어떻게 변할까요? 내 기쁨과 보람과 즐거움이었던 자녀가 내게 실망과 고통을 주는 존재로 변하는 것입니다. 내가 변했기 때문에 이웃도 변하는 것입니다. 이 놀라운 신앙의 원리를 결코 잊지 않기를 바랍니다.

성경에 보면 아브라함이 하나님보다 이삭을 더 사랑했습니다. 그래서 하나님은 이삭을 제물로 바치라고 했습니다. 아브라함은 정신을 차리고 그 말씀에 순종합니다. 그럴 때 아버지와 아들의 관계가 제자리로 돌아옵니다. 그런데 만약에 "이렇게 소중한 이삭을 어떻게 죽일 수 있는가? 아무리 하나님이 그래도 나는 그 명령을 따를 수 없다." 이렇게 나왔다면 어떻게 됐을까요? 아마 이삭은 평생 아브라함에게 고통을 주는 자녀가 되었을 것입니다.

축복의 통로가 되라

이사야서 19장을 관통해서 흐르는 영적인 공식이 있습니다.

"하나님은 나를 통해서 내 이웃을, 내 주변에 있는 사람들을 구원하기 원하신다. 즉, 복음은 관계의 트랙을 따른다." 복음은 나와 관계 있는 사람들에게, 나를 통해서 전달되는 것입니다. 그래서 하나님은 내 주변에 나를 통해 구원받을 사람들을 반드시 두셨습니다.

우리는 복음에 빚진 자입니다. 누군가의 전도를 통하여, 누군가의 기도를 통하여 하나님의 자녀가 되어 이 자리에 우리가 앉아 있는 것입니다. 이 소중한 구원의 소식을 누군가에게 전해 주어야 합니다. 성경에 보면 옥토에 떨어진 알곡이 몇 배의 열매를 맺는다고 했습니까? 30배, 60배, 100배입니다. 이 말씀의 영적인 의미는 진정한 알곡이라면 내 일생을 통하여 30명, 60명, 100명의 사람을 주님께 인도할 수 있다는 것입니다. 지금까지 못했어도 괜찮습니다. 이제부터라도 "한 해에 한 사람을 선정하고, 그를 위해 기도하리라." 이렇게 결심하고 실천한다면 여러분은 축복의 통로가 될 것입니다. 내가 변하면 이웃도 변하게 됩니다.

"내가 변하면 내 이웃도 변한다는 것을 알게 하소서."

우리를 축복의 통로로 세워 주신 하나님!
내가 하나님 앞에 바로 서면 내 이웃도 나를 통해
하나님을 알게 되고, 복을 받습니다.
이것이 나와 이웃의 원래 위치입니다.
그런데 내가 하나님 앞에 바로 서지 못하고 변하면,
내 이웃도 나를 통해 복을 받지 못하고,
오히려 나를 훈련시키는 도구로 변해 버립니다.
"내가 변하면 이웃도 변한다." 이 원리를 잊지 않고 살게 하소서.
나를 통해 내 이웃을 구원하시려는 하나님,
내 이웃의 이름을 주사 그 이름을 주님께 올려 드리고
그 영혼을 위해 기도하게 해 주소서.

◇ 함께 이야기하기

1. 애굽이 하나님께 심판을 받아 쇠약해지는 이유는 무엇인가요?

2. 이스라엘과 애굽, 앗수르의 관계를 통해 나와 이웃이 어떤 관계에 있는지, 그
   속에 담겨 있는 신앙의 논리가 무엇인지 나눠 봅니다.

3. 내가 하나님 앞에 바로 서고, 이웃에게 복음을 전하였을 때, 그가 돌아온 적이
   있다면 나눠 봅니다.

19

목적인가, 수단인가

(사 22:1-4)

어떤 모임에서 죽음과 천국에 대한 강의를 했는데, 강의가 끝나고 나서 질문이 들어왔습니다. "목사님, 그렇게 좋은 천국에 갈 수 있는 사람은 어떤 사람입니까? 일반적인 교리로 대답하지 마시고, 정말 이 사람은 확실하게 천국에 갈 수 있다. 이렇게 분명한 기준을 말씀해 주시면 고맙겠습니다."

저는 대답했습니다. "천국에 가는 방법은 하나뿐입니다. 예수님을 믿는 것입니다. 그런데 예수님을 믿는다는 개념을 정확하게 이해해야 합니다. '나는 예수를 믿습니다.' 이렇게 입으로 말한다고 예수님을 믿는 것은 아닙니다. 예수님을 믿는다는 것은 예수님이 나를 위해 십자가에서 죽으셨다는 것을 믿는 것입니다. 그런데 예수님이 나를 위해 십자가에 죽으셨다는 것을 믿을 때 반드시 함께 따라오는 것이 있습니다. 그게 뭘까요? '나도 예수님과 함께 십자가에 못 박혔다'는 고백입니다. 이 고백이 있어야 합니다. 그렇다면 내가 십자가에서 죽었다는 말은 무슨 뜻일까요? 예수를 믿는 순간, 나와 세상의 관계가 십자가를 중심으로 끊어졌다는 것입니다. 물론 나는 육체를 가지고 세상에서 살기 때문에 세상에는 내가 좋아하는 것, 가치 있는 것, 사랑하는 것이 많습니다. 그런데 예수를 믿는 순간, 이 모든 것보다 주님과 나의 관계가 더 깊고 중요해졌다는 뜻입니다. 다시 말하면 내가 지금까지 최고의 가치로 여겼던 그 모든 것보다 더 중요하고, 더 가치 있고, 더 소중한 것이 하나님이라고 고백하는 것입니다. 이럴 때 나타나는 결과가 있습니다. '이제는 내가 사는 것이 아니요 오직 내 안에 그리스도께서 사시는 것이라'(갈 2:20). 이제는 예수님이 내 속에서 살아 역사하시는 것을 체험하게 됩니다. 그것을 체험하는 것이 예수를 믿는 것입니다. 어떻게 그런 사람이 될 수 있을까요? 간단합니다. 내가 십자가에 죽었다는 것을 기억하고 자꾸 고백해야 합니다. 무슨 일이 있을 때마다 '주님, 저는 십자가에 죽었습니다.' 이렇게 죽었다고 고백할 때, 주님이 역사하셔서 나와 그 것의 관계를 끊어 주십니다. 이제 앞으로 어떤 일을 만나든, 누구를 만나든, 어떤 상황에 처하든, 세상이 유혹하고, 분노가 끓어오르고, 낙심이 될 때, 언제나 맨 먼저 할 일은 뭔가? '저는 예수님과 함께 십자가에서 죽었습니다.' 이렇게 고백하길 바랍니다. 그리고 '하나님, 제가 가진 이 모든 것이 소중합니다. 그러나 이것은 하나님이 저에게 잠시 맡겨 주신 것뿐입니다. 저는 이 모든 것보다 하나님을 사랑합니다. 이 모든 것이 없어져도 하나님 때문에 기뻐합니다. 하박국 3장 17-18절[2] 말씀과 같은 사람이 되게 해 주세요. 아무것도 없어도 하나님 한 분으로 만족할 수 있는 사람이 되게 해 주세요.' 이렇게 기도하세요. 그럴 때 예수님은 내 삶의 목적이 되고, 나는 예수님으로 인해 만족하고, 기뻐하는 사람이 될 수 있습니다. 이런 사람은 확실히 천국에 갈 수 있습니다."

이렇게 대답해 주었습니다.

죽음의 문턱에서 구원받은 유다

이사야서 22장은 예루살렘과 유다에 대한 예언입니다.

---

2 "비록 무화과나무가 무성하지 못하며 포도나무에 열매가 없으며 감람나무에 소출이 없으며 밭에 먹을 것이 없으며 우리에 양이 없으며 외양간에 소가 없을지라도 나는 여호와로 말미암아 즐거워하며 나의 구원의 하나님으로 말미암아 기뻐하리로다."

> 환상의 골짜기에 관한 경고라 네가 지붕에 올라감은 어찌함인고(사 22:1).

"환상의 골짜기"는 예루살렘의 별명입니다. 예루살렘은 여러 개의 산으로 둘러싸여 있습니다. 시편 125편 2절에는 "산들이 예루살렘을 두름과 같이." 이런 말이 나옵니다. 산에 둘러싸여 있으므로 여러 개의 계곡이 있습니다. 동쪽으로는 기드론 계곡, 서쪽으로는 기혼 계곡, 남쪽으로는 힌놈 계곡, 북쪽으로는 여호사밧 계곡 등 이렇게 골짜기가 많습니다. 그렇다면 골짜기는 이해가 되는데 왜 환상이란 말이 붙었을까요? 하나님이 자신의 뜻을 계시하시는 곳, 수많은 선지자가 하나님으로부터 계시와 환상을 받은 곳이기 때문입니다.

그런데 예루살렘에 지금 어떤 일이 벌어지고 있는가? 이사야서 22장 1절 하반절입니다. "네가 지붕에 올라감은 어찌함인고." 많은 예루살렘 사람이 자기 집 지붕 위에 막 올라가는 거예요. 올라가서 무엇을 하실지에 대해 2절에서 설명합니다.

> 소란하며 떠들던 성, 즐거워하던 고을이여 너의 죽임을 당한 자들은 칼에 죽은 것도 아니요 전쟁에 사망한 것도 아니라(사 22:2).

"소란하며 떠들던 성, 즐거워하던 고을이여." 사람들이 지붕에 올라가서 무엇인가를 바라보며 떠들며 즐거워하고 있습니다. 예루살렘에 어떤 사건이 일어난 것일까요?

히스기야 왕 때 앗수르는 두 번이나 유다를 침공합니다. 첫 번째 침공 때는 히스기야가 도무지 막을 방법이 없자 성전에 있는 모든 보물을 가져다가 바치면서 이것을 받고 물러가 달라고 해서 앗수르가 철수했습니다. 그런데 물러갔던 앗수르가 이제는 아예 유다를 먹어 버리려고 다시 쳐들어

왔습니다. 그래서 모든 도시를 다 점령하고 예루살렘까지 완전히 포위했습니다. 이런 상태에서 앗수르는 하나님을 대놓고 모독하기 시작합니다. 그러자 아무 방법이 없는 히스기야는 마지막으로 성전으로 가서 하나님께 기도합니다. 그 결과 앗수르의 군대 18만 5,000명이 하룻밤 사이에 죽었습니다. 두려움에 떨던 앗수르는 황급히 철수합니다.

이 소식이 전해지자 예루살렘 사람들은 지붕에 올라가서 앗수르 군대가 황급하게 철수하는 모습을 바라보며 환호성을 질렀습니다. 적들은 어떻게 죽었는가? "칼에 죽은 것도 아니요 전쟁에 사망한 것도 아니라." 하나님의 전능하신 손에 의해 제거된 것입니다. 그래서 유다는 죽음의 문턱에서 극적으로 구원을 받은 것입니다. 그러니 얼마나 기뻤겠습니까? 그래서 환호성을 지르고 있습니다.

이사야의 탄식과 분노

그런데 이렇게 기뻐하는 예루살렘 사람들을 보면서 이사야 선지자는 탄식하며 분노하고 있습니다. 왜 그럴까요?

그러므로 내가 말하노니 돌이켜 나를 보지 말지어다 나는 슬피 통곡하겠노라 내 딸 백성이 패망하였음으로 말미암아 나를 위로하려고 힘쓰지 말지니라(사 22:4).

사람들은 이사야에게 말했습니다. "선지자께서 왕을 도우셔서 이런 놀라운 일이 이루어졌습니다. 그러니 기뻐해야 하지 않습니까?" 그러자 이사야는 "아니다. 나는 슬피 울며 통곡하겠다. 왜냐하면 너희가 기뻐하는 것을 보면서 나는 알게 되었다. 너희의 마음에는 하나님이 없다는 것을, 그리고 그것 때문에 너희는 망할 것임을. 그래서 내 마음이 너무 슬프다"는 것입니다.

여기서 중요한 질문이 나옵니다. 이사야 선지자는 왜 예루살렘 사람들이 기뻐하는 것 때문에 화를 내는 걸까요? 앗수르의 철수를 기뻐하는 것이 그렇게 큰 잘못인가요? 그렇습니다. 큰 죄라는 것입니다. 왜냐하면 무엇 때문에 기뻐하는지가 그 사람의 가치관을 드러내 주기 때문입니다.

그 사람이 무엇을 추구하는지, 무엇을 목적으로 하며 갈망하는지 아는 방법이 있습니다. 그것이 기쁨입니다. 왜냐하면 그 사람의 진정한 목적, 그가 가장 갈망하는 것이 이루어질 때 그 사람은 가장 기뻐하기 때문입니다.

예를 들면 돈을 가장 좋아하는 사람, 돈만 있으면 나는 행복하고 만족할 수 있다고 돈을 갈망하는 사람에게는 뭐가 가장 큰 기쁨이겠어요? 돈이 생기면 무엇보다 기뻐하겠죠. 권력에 목마른 사람, 권력만 있으면 나는 행복할 수 있다고 확실히 믿고 권력을 추구하는 사람은 가장 기쁠 때가 언제겠어요? 권력을 쟁취했을 때입니다. 그래서 "저 사람은 무엇을 기뻐하는가?" 그것을 보고 그 영혼의 상태를 알 수 있습니다. 그 사람이 가장 기뻐하는 것이 그 사람의 진정한 목적이기 때문입니다. 사람이 무엇 때문에 기뻐하는지를 파악하는 것은 그 사람을 정확하게 판별하는 기준이 됩니다. 하나님을 목적으로 하는 사람은 하나님 때문에 기뻐하게 됩니다.

그런데 지금 유다 사람들은 무엇 때문에 기뻐하고 있습니까? 앗수르의 철수를 기뻐하고 있습니다. 그들의 관심사는 하나님이 아니라 오직 앗수르, 눈에 보이는 세상입니다. 그래서 앗수르가 쳐들어올 때는 너무나 두려워했고, 앗수르가 물러갈 때는 환호했던 것입니다. 그러므로 이스라엘 사람들의 마음에는 무엇이 들어 있는 것일까요? 앗수르, 눈에 보이는 세상이 그들의 마음을 점령하고 있는 것입니다. 원수의 물러감! 이것이 그들의 유일한 소망이고, 가장 큰 목적이고 갈망이었습니다.

바꾸어 말하면 그들은 하나님의 이름을 부르지만 하나님은 그들의 소망도 아니고, 목적도 아니고, 그들의 기쁨도 아니었다는 말입니다. 철저하게 세상에서의 안전과 평안, 그리고 번영이 그들의 기쁨이었습니다. 그들의 마음은 전혀 하나님께 있지 않고, 완전히 세상에 빠져 있다는 것을 이사야는 그들의 기쁨을 보고 그들의 영혼의 상태를 정확하게 분별한 것입니다.

예배의 목적

예루살렘이 존재하는 이유는 무엇일까요? 예루살렘이 소중한 이유는 예루살렘 성전이 있기 때문입니다. 예루살렘 성전에서 하는 것이 제사입니다. 그런데 제사의 내용이 무엇입니까? 하나님을 목적으로 하지 않고 수단화했던 삶을 성전에 와서 회개하고 하나님만이 나의 목적이라는 것, 그리고 하나님으로만 내 마음을 채울 수 있다는 것을 고백하는 것이 제사의 목적입니다.

오늘날 우리도 똑같습니다. 엿새 동안 세상에 나가 살면서 우리도 모르는 사이에 세상의 가치관이 우리를 지배하게 되고, 세상을 목적으로 하는 사람으로 변질됩니다. 그런데 성전에 와서 "하나님, 어느새 제가 세상에 물들었습니다. 그러나 세상이 목적이 될 수는 없습니다. 저의 목적은 하나님입니다. 저는 하나님으로 만족하는 사람이 되기를 원합니다. 제 속에 들어온 세상이 목적된 마음을 다 비워 버리고 주님으로만 제 마음을 채우기 원합니다." 이것이 예배의 목적입니다.

그런데 이스라엘 사람들은 예루살렘 성전에 와서 예배드리면서 반대로 했습니다. 자기들이 원하는 세상의 것을 하나님께 달라고 조르는 것이 제사라고 생각한 것입니다. 제사의 의미가 180도 바뀐 것입니다. 이런 성전은 필요 없다는 것입니다. 그래서 이런 성전은 무너질 것이고, 그래서 예루살렘이 망하겠다는 것입니다.

최선을 다하기 전에 먼저 해야 할 것

이 말을 마친 이사야의 눈에 새로운 환상이 보입니다.

환상의 골짜기에 주 만군의 여호와께로부터 이르는 소란과 밟힘과 혼란의 날이여 성벽의 무너뜨림과 산악에 사무쳐 부르짖는 소리로다(사 22:5).

예루살렘으로 하나님이 적들을 불러들여서 성을 무너뜨리십니다. 그 비명과 부르짖는 소리를 듣습니다. 이렇게 전쟁이 닥칠 때 예루살렘 사람들은 어떻게 합니까?

그가 유다에게 덮였던 것을 벗기매 그 날에야 네가 수풀 곳간의 병기를 바라보았고(사 22:8).

최선을 다해서 싸우기 위해 준비한 수풀 곳간의 병기, 숲속에 은폐되어 있는 무기고를 말합니다. 우리로 말하자면 산 밑에 뚫어 놓은 지하 벙커 및 탄약고를 점검했다는 것입니다.

9 너희가 다윗 성의 무너진 곳이 많은 것도 보며 너희가 아랫못의 물도 모으며 10 또 예루살렘의 가옥을 계수하며 그 가옥을 헐어 성벽을 견고하게도 하며(사 22:9-10).

성벽을 점검하고 무너진 곳을 보수했습니다.

너희가 또 옛 못의 물을 위하여 두 성벽 사이에 저수지를 만들었느니라 그러나
너희가 이를 행하신 이를 앙망하지 아니하였고 이 일을 옛적부터 경영하신 이를
공경하지 아니하였느니라(사 22:11).

예루살렘 밖에 큰 저수지가 있습니다. 평상시에는 성문을 열고 나가서
물을 길어 오면 됩니다. 그러나 전쟁이 나서 적들이 성을 포위하면 물을
먹을 수 없습니다. 반면에 적군은 물을 안정적으로 공급받을 수 있습니다.
그러므로 이 물을 성 밖에서는 볼 수 없게 가리고, 그 물을 성안으로 끌어
들이자 해서 히스기야가 예루살렘 성 바깥 저수지를 덮어서 보이지 않게
하고, 지하 터널을 뚫어서 그 물을 성안에서 먹을 수 있도록 했습니다. 이
것을 '히스기야의 대수로 공사'라고 합니다. 이렇게 철저하게 전쟁을 준비
한 것입니다.
　그러나 인간적으로는 최선을 다하지만 결정적인 문제가 있다는 것입니
다. 정말 중요한 것을 하지 않습니다. 하나님을 앙망하지 않았습니다. 역
사를 다스리고 전쟁을 주관하는 하나님을 공경하지 않은 것이 문제였습니
다. 그래서 무너질 것이라는 말씀이 주어집니다.
　그렇다면 이런 상황에서 유다가 할 일은 무엇일까요?

그날에 주 만군의 여호와께서 명령하사 통곡하며 애곡하며 머리 털을 뜯으며 굵
은 베를 띠라 하셨거늘(사 22:12).

통곡하고 울어야 합니다. "하나님의 절대적인 은혜로 죽음에서 건짐을
받았는데, 하나님은 이런 놀라운 구원을 베푸시는 분인데, 앗수르를 하룻

밤에 물러가게 할 수도 있는 분인데, 왜 우리는 그동안 하나님을 의심하고 믿지 못했는가? 하나님 앞에서 앗수르는 아무것도 아닌데, 왜 우리는 적들을 그렇게 두려워하고 하나님 성전의 금은보화를 적들에게 바치면서 하나님의 마음을 아프게 했는가? 우리가 얼마나 하나님을 무시했는가? 얼마나 하나님을 슬프게 했는가? 하나님 정말 죄송합니다!" 이렇게 울며 통곡하고 회개하는 것이 먼저라는 것입니다.

하나님 없는 기쁨

그런데 그들은 이런 마음이 전혀 없습니다. 오직 적들이 물러가는 것만 기뻐했습니다. 어느 정도로 기뻐했을까요?

> 너희가 기뻐하며 즐거워하여 소를 죽이고 양을 잡아 고기를 먹고 포도주를 마시면서 내일 죽으리니 먹고 마시자 하는도다(사 22:13).

"소를 잡고, 양을 잡아라. 먹고 마시자. 오늘은 만취해 보자." 좋아서 어쩔 줄 몰랐습니다. 왜입니까? 그들의 기쁨이 어디 있었기 때문입니까? 앗수르의 물러감이 그들의 유일한 기쁨의 근원이었습니다. 이 말은 그들의 마음속에는 하나님은 없고 세상뿐이었다는 것입니다. 하나님이 "내가 너와 함께한다"고 할 때는 전혀 기뻐하지 않았는데, 적들이 물러가자 너무너무 좋아하는 그들의 모습, 그 기쁨 속에 있는 그들의 영혼의 빈약함과 하나님을 떠난 상태를 이사야 선지자는 지적하고 있는 것입니다.

그래서 하나님은 말씀합니다.

만군의 여호와께서 친히 내 귀에 들려 이르시되 진실로 이 죄악은 너희가 죽기까지 용서하지 못하리라 하셨느니라 주 만군의 여호와의 말씀이니라(사 22:14).

"나는 너희를 용서할 수 없다. 너희에게 나는 누구냐? 내가 정말 너희의 하나님이냐? 너희에게 나는 목적이냐, 적들을 몰아내는 수단이냐? 너희는 나를 하나님이라 부르면서 나 때문에 기뻐하지 아니하고, 적들이 물러가는 것만 보고 참으로 기뻐하는도다." 이 사랑의 배신감을 용서하기 힘드시다는 것입니다. 이 본문은 굉장히 중요한 구절입니다. 우리의 일상에서 기쁨의 문제를 놓고 하나님 앞에 우리 자신을 다시 비춰 보아야 하기 때문입니다.

참된 기쁨의 근원이신 하나님

우리는 무엇 때문에 기뻐해야 합니까? 하나님 때문에 기뻐해야 합니다. 물론 내가 원하는 것들이 있죠. 사랑하는 것들이 있습니다. 그것이 잘될 때 행복하지요. 그러나 가장 근본적인 것은, 우리는 하나님 때문에 기뻐하는 존재라는 것입니다. 비록 모든 상황이 다 어렵고 힘들어도 하나님 한 분 때문에 기뻐하고 만족하는 것이 하나님과 우리의 관계이며, 그럴 때 하나님은 우리의 모든 것을 책임지시는 것입니다.

그래서 하나님을 잘 믿는 사람은, 하나님이 목적이 된 사람은 하나님으로만 기뻐하기 때문에 세상의 어떤 풍파와 염려가 와도 기쁨을 빼앗기지 않습니다. 상황과는 상관없는 기쁨, 형편과는 관계없는 하늘이 주는 기쁨이 언제나 충만하고, 그 기쁨은 절대로 빼앗길 수 없는 기쁨이 되기 때문입니다. 하나님은 우리에게 그런 기쁨을 주기를 원하시는 분인데, 그런 기쁨은 전혀 알지 못하고 모든 기쁨을 세상에서 얻는 그들을 보고 하나님이 아파하시는 모습이 본문에 나타나 있는 것입니다.

유다 사람들은 하나님의 구원을 보면서 회개하고 돌아왔어야 합니다. 그러나 그들은 죽을 지경에서 구원해 주셨는데도 돌아오지 않았다는 것을 그들의 기쁨을 통해서 확실히 보여 주었습니다. 그래서 하나님은 더 이상 용서하실 수 없다는 것입니다.

"그렇다면 너희가 그렇게 기뻐하는 것, 너희가 그렇게 좋아하는 세상이 어떤 것인지 제대로 경험해 보아라. 너희가 기뻐하는 것을 다 빼앗겨 보아라. 하나님 아닌 것을 하나님보다 더 좋아하는 그 대가를 경험해 보아라." 그래서 결국 망할 것이라는 말입니다. 다 망한 후에 "천부여, 의지 없어서 손들고 옵니다." 그후에야 하나님으로 기뻐할 수 있는 사람이 되겠다는 것입니다. 오해하면 안 됩니다. 하나님은 우리에게 웃지 말라고 하시는 게 아닙니다. 웃고 행복하라고 하십니다. 그러나 세상의 어떤 것 때문에 기뻐하지 말고, 하나님 때문에 기뻐하라는 것입니다. 왜냐하면 하나님만이 기쁨의 근원이시기 때문입니다.

제가 질문하겠습니다. 잘 생각하고 대답하길 바랍니다. 앗수르 군대의 철수와 전능하신 하나님이 함께하심, 둘 중에서 어느 것이 더 큰 것입니까? 어느 것이 더 큰 기쁨입니까? 하나님의 함께하심이 훨씬 더 크고 기쁜 것입니다. 물론 문제 해결은 기쁜 것입니다. 그러나 문제 해결보다 더 중요한 것은 하나님으로 인해 기뻐하는 것입니다. 그러면 문제가 문제 되지 않게 되는 것입니다. 이것이 하나님을 기뻐하는 사람에게 주시는 신비입니다.

본문 말씀을 통해 하나님께서 정말 하고 싶으신 말씀은 이것입니다.

"너희는 세상 때문에 기뻐하지 말고 하나님 때문에 기뻐하는 사람이 돼라. 하나님을 수단으로 여기지 말고, 목적으로 하여 살아가라."

"하나님 때문에 기뻐하는 인생, 하나님이 수단이 아니라 목적이 된 인생을 살게 하소서."

살아계신 하나님!

유다 백성은 앗수르가 물러가자 진정으로 기뻐했습니다.

세상보다 더 크신 하나님이 함께하신다는 놀라운 사실에는

기뻐하지 않으면서,

보이는 군대가 물러갔다고 기뻐하는 그들을 보며

하나님은 그들의 마음이 얼마나 세상에

깊이 빠져 있는지 확인하셨습니다.

우리는 무엇 때문에 기뻐해야 합니까?

하나님 때문에 기뻐하게 하소서.

하나님이 목적이 되는 삶을 살게 하소서.

그래서 언제나 기쁨이 충만하게 하소서.

◇ 함께 이야기하기

1. 이사야는 앗수르의 철수와 그것을 기뻐하는 이스라엘을 보며 왜 탄식하고 분노하였나요?

2. 하나님의 성전에서 예배를 드리는 이스라엘의 태도는 어떻게 잘못되었나요?

3. 하나님을 잘 믿는 사람은 어떤 사람인가요? 하나님을 기뻐하였을 때, 문제가 해결된 적이 있다면 나눠 봅니다.

20

누가 이 일을 정하였느냐

(사 23:8-9)

우리는 지금까지 수많은 이방 나라에 대한 예언을 살펴보았습니다. 그런데 왜 하나님은 하나님을 믿지도 않는 이방 나라들에게 예언의 말씀을 주셨을까요? 이렇게 많은 나라에 대해 심판을 말씀하시는 이유는 무엇일까요? 이사야가 그 나라에 직접 가서 예언한 것이 아닙니다. 하나님의 백성이 들으라고 한 말씀입니다. 그러니까 이방 나라들이 우리에게 하나님이 그런 말씀을 하셨다는 것을 알고, 듣고, 깨닫고, 회개하고 돌아오면 제일 좋겠지만, 그것보다 더 중요한 목적은 그 예언을 하나님의 백성이 듣고 깨달으라는 것입니다.

무엇을 깨달아야 할까요? 세 가지입니다. 첫째, 하나님은 역사의 주인이시며, 모든 나라를 심판하시는 분이다. 둘째, 너희가 그 나라를 평가하는 것과 하나님이 그 나라를 평가하시는 것이 어떻게 다른가? 다시 말하면 하나님의 가치 기준이 뭔지 분명히 알라는 것입니다. 셋째, 그 나라를 향해 지적하는 죄가 너희에게 있다면 그 죄를 제거하라는 것입니다. 요약하자면 "다른 나라를 부러워하지도 말고, 닮아 가려고도 하지 말고, 원망하지도 말고, 하나님 앞에서 너희의 자세를 바로 가져라. 그러면 너희는 온전한 하나님의 백성이 되고, 역사 속에서 자기 사명을 감당할 수 있다"는 말입니다.

하나님의 백성이 싸워야 하는 가치관

이사야서 13장에 처음 등장하는 나라는 바벨론이었습니다. 바벨론의 특징은 육지를 기반으로 하는 강력한 군대를 가진 나라입니다. 그들의 대표적인 죄는 성전을 파괴하는 죄였습니다. 이사야서 23장을 통해 마지막으로 등장하는 나라는 "두로"입니다. 두로의 특징은 바다를 기반으로 하는 해상 왕국입니다. 현대 역사 속에서 영국이 바다를 통하여 전 세계를 지배했듯이, 두로는 그 당시 해상무역을 통해 지중해 전부를 다스렸습니다.

그런데 두로는 정확하게 말하면 나라가 아닙니다. 성경에 베니게(페니키아)란 나라의 도시로, 지금의 레바논 지역입니다. 페니키아의 대표적인 두 도시가 있는데, '두로'와 '시돈'입니다. 처음에는 시돈이 훨씬 더 컸는데, 나중에는 두로가 더 커져서 사람들이 부를 때는 항상 두로와 시돈이라고 했습니다. 두로가 나오면 시돈, 시돈이 나오면 두로, 이렇게 두 도시는 쌍둥이처럼 생각하면 됩니다. 그런데 두로의 대표적인 죄는 무엇인가? 모든 가치를 돈에 두었습니다. 요즘 말로는 극단적인 자본주의 정신, 즉 황금만능주의가 두로의 가치관이었습니다.

이스라엘 역사 속에서 이 두로와 시돈은 너무나 큰 피해를 주었습니다. 이스라엘 역사 속에서 가장 우상숭배를 세계 많이 했던 왕은 북이스라엘의 아합입니다. 아합의 아내가 이세벨인데, 시돈 왕 엣바알의 딸입니다. 두로와 시돈의 신이 바알과 아세라입니다. 바알과 아세라는 풍요의 신입니다. 이세벨이 남편을 조종해서 온 이스라엘이 바알과 아세라 신을 숭배하게 만들었습니다. 그 결과 이스라엘의 여호와 신앙은 초토화됩니다.

이스라엘 역사 속에서 바알과 아세라 신과 대결해서 싸운 선지자가 있습니다. 엘리야입니다. 갈멜산에서 엘리야는 바알과 아세라 제사장 850명과 생명을 걸고 싸웁니다. 바알과 아세라 신이 얼마나 이스라엘 사람들의 영혼을 좀먹었는가를 깨닫게 하기 위하여 가뭄을 달라고 기도하고, 불을 내리는 신이 진짜 신이라고 하는 엄청난 영적 대결을 벌인 역사를 우리는 성경에서 찾아볼 수 있습니다.

그러니까 여러 이방 나라 중에서 유다와 이스라엘을 영적으로 가장 괴롭힌 나라를 대표적으로 뽑자면, 성전을 부숴 버린 바벨론과 이스라엘의 신앙을 완전히 변질시켜 버린 두로입니다. 그러므로 하나님의 백성이 거부하고 싸워야 하는 가치관이 많지만 대표적으로 두 나라의 가치관과는 더 철저히 싸워야 합니다. 하나는 성전을 파괴하는 것, 즉 예배를 무시하고, 방해하고, 거부하고, 무너뜨리는 세력들과 싸워야 하고, 또 하나는 재물의 노예가 되어 사치와 방종에 빠지게 하는 그 세력과 싸워야 합니다.

두로의 풍요와 멸망

두로에 대한 예언은 하나님의 백성이 안전과 번영, 물질과 쾌락에 대해 어떤 자세를 가져야 하는가를 잘 보여 주고 있습니다.

두로에 관한 경고라 다시스의 배들아 너희는 슬피 부르짖을지어다 두로가 황무하여 집이 없고 들어갈 곳도 없음이요 이 소식이 깃딤 땅에서부터 그들에게 전파되었음이라(사 23:1).

다시스는 스페인의 도시 이름입니다. 다시스에서 좋은 물건을 잔뜩 싣고 두로로 오는 배 위에서 두로가 멸망했다는 소식을 들었습니다. 두로가 망했기 때문에 들어갈 집이 없어졌습니다. 그 소리를 듣고 놀랐는데, 깃딤에 와서 그 소문이 사실이라는 것을 확인했다는 말입니다. 깃딤은 성경에 나오는 구브로, 지금의 키프로스 섬을 말합니다. 지도를 보면 유럽의 다시스에서 출발해서 중간에 깃딤에 들렀고, 이제 조금만 더 가면 두로에 도착하는데, 거기서 두로가 멸망했다는 놀라운 소식을 직접 확인했다는 것입니다.

바다에 왕래하는 시돈 상인들로 말미암아 부요하게 된 너희 해변 주민들아 잠잠
하라(사 23:2).

해변 주민들은 바닷가에 있는 많은 항구 도시를 말하는데, 그들은 두로
와 시돈 때문에 부자가 되었습니다. 두로와 시돈이 그렇게 강력한 해상 세
력이었다는 것입니다. 그런데 두로가 망했다는 소식을 들었으니 얼마나
놀랐겠습니까? 그러니까 잠잠하라는 것입니다.

시홀의 곡식 곧 나일의 추수를 큰 물로 수송하여 들였으니 열국의 시장이 되었도
다(사 23:3).

시홀은 나일강을 의미합니다. 그 당시 나일강 삼각주는 세계 최고의 곡
창지대였습니다. 거기서 생산된 엄청난 곡물을 배로 운송하는 무역의 허
브가 바로 두로와 시돈이었습니다. 그 상권이 얼마나 컸느냐 하면, 유럽의
다시스, 아프리카의 카르타고, 그리고 중동을 연결하는 어마어마한 곡물
시장을 장악한 곡물 메이저였습니다. 그런 무역으로 엄청난 돈을 벌었고,
그 돈으로 도시를 사서 곳곳에 식민지를 만들었습니다. 본문에 나오는 다
시스, 깃딤, 카르타고 등이 다 두로의 식민지였습니다.

그들은 얼마나 강했을까요?

시돈이여 너는 부끄러워할지어다 대저 바다 곧 바다의 요새가 말하기를 나는 산
고를 겪지 못하였으며 출산하지 못하였으며 청년들을 양육하지도 못하였으며
처녀들을 생육하지도 못하였다 하였음이라(사 23:4).

스스로를 바다의 요새라고 했습니다. 아무도 우리를 건드릴 수 없다고 장

244

담했습니다. "적들이 쳐들어오면 다른 식민지로 피하면 되고, 보물과 인재들을 배에 싣고 피하면 어느 누가 쫓아오겠는가? 바다는 우리의 영역이고, 우리는 돈이 많아서 어디서든지 필요한 것을 사 올 수 있다. 그러니 누가 우리에게 손을 댈 수 있느냐? 그러므로 우리는 안전하다"고 자랑했습니다.

이렇게 되자 그들은 어떻게 변했을까요?

> [7] 이것이 옛날에 건설된 너희 희락의 성 곧 그 백성이 자기 발로 먼 지방까지 가서 머물던 성읍이냐 [8] 면류관을 씌우던 자요 그 상인들은 고관들이요 그 무역상들은 세상에 존귀한 자들이었던 두로에 대하여 누가 이 일을 정하였느냐(사 23:7-8).

희락의 성으로 변했습니다. 쾌락에 빠지고 사치를 즐겼으며 교만해졌습니다. 또 면류관을 씌웠다는 것은 두로가 곳곳에 식민지를 개척하고, 식민지를 다스리는 왕들을 임명하고, 상인들이 그곳의 고관대작이 되었다는 것입니다. 그들은 여러 식민지에서 세금을 걷었고, 또 그곳의 산물을 다른 곳에 팔면서 권력을 누렸고, 세상의 돈을 쓸어 담았습니다.

그런데 이렇게 부요하고 강한 나라가 망했습니다. 두로가 가진 것이 많으니까 그것을 뺏으려고 많은 왕이 쳐들어왔습니다. 그런데 쳐들어가 보니 이미 소식을 듣고 보물과 인재들을 배에 싣고 도망가 버렸습니다. 그래서 여러 번 허탕을 쳤습니다. 그런데 바벨론의 느부갓네살 왕은 아주 결심하고 쳐들어가서 그곳을 완전히 초토화시키고, 13년 동안이나 군대를 주둔시켜 버립니다. 그래서 그곳을 떠난 사람들이 다시는 돌아오지 못하게 만들어 버립니다. 처음에는 잠깐 점령당했어도 '다른 데 피했다가 돌아오면 그만이지.' 이렇게 생각했는데 웬걸? 적들이 점령하고 안 나가는 겁니다. 그러니 어떻게 되었겠어요? 이제는 돌아올 수가 없는 거죠. 가족을 다 두고 갔는데 다시는 만날 수도 없고, 그야말로 고향을 잃은 사람들이 되고,

돌아올 곳이 없는 사람들이 되고 맙니다.

어린 자식을 두고 도망갔는데 돌아올 수 없어서 양육하지도 못하고, 자녀가 성장하는 것도 보지 못했습니다. 도시의 부요함은 영원하고, 절대로 망하지 않을 것이라고 장담했는데, 하루아침에 완전히 망해 버렸습니다. 그것이 이사야서 23장 4절 후반부에 기록된 두로의 역사입니다.

하나님을 인정하지 않는 교만

자, 그렇다면 하나님이 왜 그렇게 하셨을까요? 그들이 교만했기 때문입니다. 그들은 바다를 통하여 부자가 됐어요. 그런데 바다의 주인이신 하나님을 인정하지 않았습니다. 바다가 우리를 먹여 살린다고 생각했어요. 그런데 생각해 봅시다. 바다가 어떻게 사람을 먹여 살립니까? 바다의 주인이신 하나님이 그들을 먹여 살리신 것입니다. 그런데 그들은 바다를 자기들이 지배한다고 생각했고, 모든 환경을 자기들이 통제할 수 있다고 믿었고, 그래서 자기들의 영광과 화려함을 자랑했고, 다른 나라들을 멸시하고 교만했습니다.

그래서 하나님이 어떤 결정을 하셨습니까?

여호와께서 바다 위에 그의 손을 펴사 열방을 흔드시며 여호와께서 가나안에 대하여 명령을 내려 그 견고한 성들을 무너뜨리게 하시고(사 23:11).

두로를 완전히 무너뜨리라고 명령하셨습니다. 왜냐하면 잘난 척을 많이 했거든요.

만군의 여호와께서 그것을 정하신 것이라 모든 누리던 영화를 욕되게 하시며 세상의 모든 교만하던 자가 멸시를 받게 하려 하심이라(사 23:9).

스스로 영화롭고 존귀하다고 생각했습니다. "그래? 너희가 영화롭다고? 욕되게 하리라. 스스로 존귀하다고? 멸시를 받게 만들어 주지. 돈이 있으면 된다고? 천만에. 배만 있으면 된다고? 무슨 소리냐?" 하나님이 그들의 모든 자랑을 무효화시키고 황폐하게 만드시면 소용이 없는 것입니다.

그 작은 두로를 강하게 만든 것도, 교만해진 두로를 하룻밤에 망하게 한 것도 모두 만군의 여호와께서 그 일을 정하신 것입니다.

이사야서 13-23장까지 무려 11장에 걸쳐서 수많은 나라에 대한 예언의 결론도 이것입니다. "누가 이 일을 정하였느냐?" 그 나라의 운명을 결정하고 다스리는 분이 있다는 것입니다. 그분이 바로 하나님입니다.

요즘도 세상의 모든 나라가 자기 스스로를 강하게 하고, 우리나라가 최고라고 자랑하고, 다른 나라를 무시하고, 공격하고 억압하면서 야심을 드러내지만 그 나라의 운명을 결정하시는 분은 하나님입니다. 누가 우리나라를 건드릴 수 있는가? 우리나라와 민족은 영원하다! 누가 장담할 수 있습니까? 그런 나라, 그런 민족은 없습니다.

모든 것을 주관하시는 하나님

시편에 보면 이런 말이 나옵니다.

여호와께서 집을 세우지 아니하시면 세우는 자의 수고가 헛되며 여호와께서 성을 지키지 아니하시면 파수꾼의 깨어 있음이 헛되도다(시 127:1).

하나님이 세우지 아니하시면, 하나님이 지키지 아니하시면 인간의 어떤 수고와 몸부림도 헛것이라는 고백입니다.

미국이 나라를 세우고, 헌법을 만들고, 국회를 열면서 미국 국회의사당 건물에 새겨 넣었던 말씀이 시편 127편 1절입니다. 무슨 뜻일까요? 하나님이 나라를 세우지 아니하시면 나라를 세우려는 모든 수고가 헛것이 되고 말았을 것입니다. 나라를 세우기 위한 수고와 노력이 얼마나 많았겠습니까? 그러나 하나님이 도와주셨기에 가능했던 것입니다. 또한 나라를 지키기 위해서 얼마나 많은 사람이 수고합니까? 그러나 하나님이 지켜 주시지 않으면 소용이 없는 것입니다. 미국 국회의사당에 새겨진 이 글을 보면서 '참 복 받은 나라다.' 이렇게 생각한 적이 있습니다.

이것을 개인적으로 적용해 봅시다. 나의 번영과 형통은 내 힘인가요? 내 인생이 내가 예상한 대로 흘러갑니까? 아닙니다. 하룻밤에 뒤집히는 게 인생입니다. 본문 말씀을 읽으면서 무엇을 생각하셨나요? 오늘 잘나간다고 교만하지 말라는 것입니다. "오늘 나의 이 환경이, 이 축복과 번영과 건강이 다 내 힘이지. 내가 잘나서, 내가 수고해서, 노력했기 때문에 얻은 당연한 보상 아닌가? 그러므로 자랑할 수 있지." 이게 교만입니다.

그럼 겸손은 무엇입니까? 90도로 절하는 게 겸손이 아닙니다. "오늘 나에게 이런 복을 주신 분이 계시다. 오늘 나의 삶이란 내 수고의 결과를 넘어서는 은총, 하나님의 은총의 결과다." 이렇게 고백하는 것이 겸손입니다.

살다 보면, '저 사람은 참 일이 잘 풀린다. 하는 일마다 잘된다.' 그런 사람들이 있어요. 그게 과연 그 사람의 지혜일까요? 세상에 똑똑한 사람이 얼마나 많아요? 좋은 대학 나온 사람이 얼마나 많아요? 부지런한 사람이 얼마나 많아요? 그러나 다 잘되는 게 아닙니다. 잘되는 사람이 있고, 아무리 해도 안되는 사람이 있어요. 그런데 부족한 것 같은데 될 사람은 되거든요. 우리가 무엇을 인정해야 합니까? 내 수고와 능력을 넘어서는 은총이 있다는 거예요.

많은 사람이 자기 인생을 돌아보면서 내가 수고했으니까, 내가 잘나서 여기까지 온 줄 알지요. 내가 훌륭하니까 높여 주는 줄 착각합니다. 아닙니다. 하나님이 하셨습니다. 만군의 여호와께서 하셨습니다. 하나님이 여기까지 오게 하셨습니다. 우리는 하나님의 은혜로 사는 것입니다.

이것을 인정하지 않았던 두로는 하루아침에 망합니다. 무너집니다. 그래서 두로는 완전히 황폐하게 됩니다.

회복의 은혜

그런데 하나님은 그들에게 어떤 약속을 주셨을까요?

[17] 칠십 년이 찬 후에 여호와께서 두로를 돌보시리니 그가 다시 값을 받고 지면에 있는 열방과 음란을 행할 것이며 [18] 그 무역한 것과 이익을 거룩히 여호와께 돌리고 간직하거나 쌓아 두지 아니하리니 그 무역한 것이 여호와 앞에 사는 자가 배불리 먹을 양식, 잘 입을 옷감이 되리라(사 23:17-18).

70년 동안 황폐해졌는데, 하나님이 이스라엘을 바벨론에서 돌아오게 하실 때, 그들도 은혜를 입어 다시 나라가 회복되겠다는 것입니다. 그리고 회복된 후에 그들이 다시 그들의 재능과 은사를 활용해서 세상과 무역을 하겠다는 것입니다. 그런데 70년 후에 바뀐 것이 있습니다.

"그 무역한 것과 이익을 거룩히 여호와께 돌리고." 하나님을 인정합니다. 내 힘으로 사는 줄 알았는데 나라가 망하고 고생을 하면서 깨달았습니다. '하나님이 내 삶을 인도하시는 분이구나.' 그리고 사업을 하면서 이익을 얻게 되자 "간직하거나 쌓아 두지 아니하리니." 전에는 '모으고 또 모으고, 쌓아 두고 또 쌓아 두어라. 그래야 강해지니까' 생각했습니다. 그런데 고난을 당했거든요. 이제는 생각이 바뀌었습니다. '쌓아 두면 뭐 하나? 전쟁 나면 그만이고, 병들면 그만이고, 죽으면 그만이고, 하나님이 불어 버리시면 그만인데. 이제는 이것을 가지고 어떻게 해야 하는가? 나를 누가 살리는가? 하나님이 살리시고 벌게 하는 것도 하나님이시니 이제는 간직하거나 쌓아 두지 않고 하나님을 위하여 잘 쓰겠다.'

70년을 고생하고 그들은 정신을 차립니다. 이제는 하나님을 인정하고, 주시는 형통함을 하나님의 사역을 위하여 섬기도록 하겠다는 것입니다. 이것이 고난의 목적입니다.

우리 주변에는 많은 나라가 있습니다. 그리고 오늘도 세상은 우리를 공격합니다. 성전의 예배를 조롱하고, 황금만능의 가치관으로 우리를 공격합니다. 이런 공격 앞에서 우리의 모습은 어떤 경우에도 예배를 사랑하고, 물질의 주인이 하나님인 것을 인정하고 섬기며 살아가야 합니다.

"하나님이 역사의 주인이심을 알고, 우리가 그 은혜 가운데 살고 있음을 고백하게 하소서."

역사의 주인이 되시는 하나님 아버지!
두로는 그들이 누리는 모든 것이 다
그들의 수고와 능력의 결과라고 생각했습니다.
그래서 열심히 벌었고, 누렸고, 즐겼고, 교만해졌습니다.
그들에게 그런 복을 허락하신 하나님을 인정하지 않았습니다.
그 결과 그들은 망했고, 무너졌습니다.
70년이 지나고 나서야 그들이 변했습니다.
하나님을 인정하고, 물질을 어디에 사용해야 하는지
알게 되었습니다.
오늘 우리도 우리의 안전과 번영, 물질과 하나님과의 관계를
바로 세우고 살게 하소서.

◇ 함께 이야기하기

1. 두로가 망한 이유는 무엇인가요? 두로를 망하게 하신 분은 누구인가요?

2. 나의 번영과 형통함은 누구에게서 오는 것인가요? 우리는 누구를 인정해야 할
   까요?

3. 형통함 가운데 우리가 취해야 하는 자세는 무엇인가요? 이를 위해 우리의 실
   생활에서 지켜야 할 것들을 나눠 봅니다.

21

그날에 이 땅에는

(사 24:21-23)

역사를 바라보는 관점은 크게 두 가지가 있습니다. 하나는 원형적 역사관입니다. 쉽게 말하면 시간은 돌고 돈다는 것입니다. 원형적 역사관은 자연을 관찰하여 내린 결론입니다. 봄, 여름, 가을, 겨울이 지나면 또 다른 새해가 옵니다. 그리고 한 해가 지나면 똑같은 한 해가 다시 오고, 그것이 계속 반복되는 것입니다. 시간은 영원히 반복되기 때문에 역사도 마찬가지로 끝없이 반복됩니다. 여기서 모든 시간은 동일한 가치를 가집니다. 이 원형적 역사관은 고대 인도와 중국, 그리스 로마를 위시하여 대부분의 문명권에서 볼 수 있습니다.

이것과는 전혀 다른 역사관이 있습니다. 그것이 바로 성경에서 이야기하는 직선적인 역사관입니다. 하나님이 평범한 시간 속으로 들어오십니다. 그 시간 속에서 하나님은 사람들을 만나고, 사람들은 하나님께 응답합니다. 하나님을 만난 사건은 특별한 사건이므로 다른 시간과 질적으로 구분됩니다. 하나님이 시간 속으로 들어오시면서 시간의 순환은 멈추고, 만남의 목적을 생각하게 만들었습니다. 그 시간의 목적이 종말입니다. 이제 창조에서 시작된 시간은 종말을 향하여 달려갑니다. 직선적인 역사관이 생긴 것입니다.

성경적인 역사관

원형적 역사관과 직선적 역사관에 대해 성경에 기록된 구절이 있습니다.

³ 먼저 이것을 알지니 말세에 조롱하는 자들이 와서 자기의 정욕을 따라 행하며 조롱하여 ⁴ 이르되 주께서 강림하신다는 약속이 어디 있느냐 조상들이 잔 후로부터 만물이 처음 창조될 때와 같이 그냥 있다 하니 ⁵ 이는 하늘이 옛적부터 있는 것과 땅이 물에서 나와 물로 성립된 것도 하나님의 말씀으로 된 것을 그들이 일부러 잊으려 함이로다 ⁶ 이로 말미암아 그 때에 세상은 물이 넘침으로 멸망하였으되 ⁷ 이제 하늘과 땅은 그 동일한 말씀으로 불사르기 위하여 보호하신 바 되어 경건하지 아니한 사람들의 심판과 멸망의 날까지 보존하여 두신 것이니라(벧후 3:3-7).

3절에 보면 말세에 조롱하는 사람들이 나타나겠다고 합니다. 4절, "주께서 강림하신다는 약속이 어디 있느냐." 세상 끝에 하나님이 오신다는 약속은 말도 안 된다. "조상들이 잔 후로부터." 인류 역사가 시작된 이후부터 "만물이 처음 창조될 때와 같이 그냥 있다." 말세에 조롱하는 자들은, 자연은 원래부터 이 모습이었고, 앞으로도 영원히 이럴 것이므로 원형적 역사관이 맞다고 주장합니다. 무시무종(無始無終), "시작도 없고 끝도 없이 돌고 돈다"는 것입니다. 5절, "일부러 잊으려 함이로다." 그들은 세상이 하나님의 말씀으로 창조되었다는 것을 일부러 잊으려 합니다. 말세로 갈수록 과학이 발달하고, 그래서 이 세상은 저절로 생길 수 없다는 것을 알면서도 창조된 것이 아니라고 부정한다는 것입니다. 그러나 세상은 창조로 시작된 것처럼 7절, "심판과 멸망의 날까지 보존하여 두신 것이니라." 심판과 멸망의 날이 정해져 있다는 것입니다.

그러니까 성경은 세상이 창조에서 종말로 이어지는 직선적인 역사라고 분명하게 말하고 있습니다. 종말에 대한 인식이 없으면 역사의 목적을 잃어버리게 되고, 현재 역사에 몰입하게 됩니다. 또한 종말만 강조하면 오늘을 허락하신 하나님 앞에서 역사에 대한 책임성을 잃어버리게 됩니다. 그러므로 올바른 신앙이란 끝이 있다는 걸 인식하고 그날을 목적으로 하여 소망을 가지되, 오늘 나에게 주신 시간 앞에서 역사적 책임을 감당해야 합니다.

종말에 있을 심판

역사의 주인은 하나님이십니다. 그래서 기독교 역사철학자들은 이렇게 말합니다. "History is His story." 역사는 그분(하나님)의 이야기이다. 그러므로 우리는 역사의 주인이신 하나님께 물어야 합니다. 역사의 목적은 무엇입니까? 나는 지금 주어진 이 시간에 무엇을 해야 합니까?

우리는 지금까지 이사야서 13-23장을 통해 이방 나라에 대한 하나님의 예언을 살펴보았습니다. 각 나라와 민족을 향한 심판의 말씀이었습니다. 이사야서 24장부터는 마지막 날에 온 세상, 모든 민족을 심판하시는 말씀이 나옵니다. 그래서 이사야서 24-27장을 이사야의 "소묵시록"이자, "종말론"이라고 합니다.

우리의 마지막 때, 종말에는 이 땅에 심판이 있습니다. 어떻게 심판이 이루어질까요?

보라 여호와께서 땅을 공허하게 하시며 황폐하게 하시며 지면을 뒤집어엎으시고 그 주민을 흩으시리니(사 24:1).

그런데 하나님께서는 왜 땅을 공허하게 하실까요? 24장에 땅이라는 말이 15번이나 나옵니다. 심판을 받는 대상이 땅이라는 것을 강조하는데, 여기서 땅은 하나님이 창조하신 자연만이 아니고 땅 위에 사는 모든 사람, 그리고 그들이 만들어 놓은 모든 것을 땅이라는 단어로 표현합니다. 그날에 땅에 대한 심판이 있을 것인데, 어느 정도인가? 마치 창조 이전의 혼돈과 같은, 정말 모든 것이 다 무너지는 그런 철저한 심판이 있겠다는 것입니다.

> 백성과 제사장이 같을 것이며 종과 상전이 같을 것이며 여종과 여주인이 같을 것
> 이며 사는 자와 파는 자가 같을 것이며 빌려 주는 자와 빌리는 자가 같을 것이며
> 이자를 받는 자와 이자를 내는 자가 같을 것이라(사 24:2).

신분의 차이도, 경제적인 차이도 사라질 것이라고 말씀합니다. 쉽게 말
하면 높은 사람과 낮은 사람, 부자와 가난한 자가 다 똑같아질 것이라는 말
입니다. 이 말이 무슨 뜻일까요?

이 말씀은 세상에서 인간이 하는 일을 두 가지로 압축합니다. 모든 인간
은 높아지기 위해 몸부림치고, 더 가지기 위해 몸부림친다는 것입니다. 거
기에 모든 가치를 두고, 그렇게 되면 기뻐하고, 그것이 삶의 유일한 목적이
되고, 그렇게 되면 성공했다고 좋아하고, 되지 못하면 실패했다고 낙심하
고, 가졌다고 무시하고 교만하고, 못 가졌다고 좌절하고 열등감에 빠지고,
이렇게 살아가는 인간의 삶을 심판하시겠다는 것입니다.

사람이 높아 봐야 얼마나 높겠어요? 키 작은 사람이 큰 사람 옆에 서면
'이 사람 왜 이렇게 커? 내가 정말 작구나.' 이렇게 생각할 수 있지만 높은
데서 보면 그게 그겁니다. 비행기를 타고 내려다보면 5층이나 10층이나
20층이나 똑같습니다. 그러나 인간은 그 작은 차이를 가지고 서로를 구분
하고 차별합니다. 위에서 보면 그것이 아무것도 아니고 모두 땅에 불과한
데도 서로 차별하고 짓밟고 분노합니다. 그러므로 하나님이 다 무너뜨리
실 것입니다.

> 땅이 슬퍼하고 쇠잔하며 세계가 쇠약하고 쇠잔하며 세상 백성 중에 높은 자가 쇠
> 약하며(사 24:4).

높은 사람들, 가진 사람들, 이룬 사람들은 나름대로 뭔가를 이루었고, 가졌다고 생각했는데, 이만하면 강하다고 생각했는데, 그들이 다 쇠약해질 것이다. "아, 내가 지금까지 이루어 놓은 것, 쌓아 놓은 것, 이 모든 것이 아무것도 아니구나." 이렇게 고백하는 날이 온다는 것입니다.

심판이 필요한 이유

그런데 왜 이런 일이 있어야 할까요? 심판의 근거가 뭘까요?

땅이 또한 그 주민 아래서 더럽게 되었으니 이는 그들이 율법을 범하며 율례를 어기며 영원한 언약을 깨뜨렸음이라(사 24:5).

율법을 범했기 때문입니다. 율법, 율례, 영원한 언약은 천지를 창조하신 하나님께서 아무것도 아닌, 먼지와도 같은 우리 인간과 맺으신 약속입니다. "너희가 율법을 지키면 나는 너희 하나님이 될 것이다. 언약을 지키면 나는 언제까지나 너희와 동행할 것이다." 이것이 하나님의 약속이었어요. 이런 놀라운 약속을 주셨는데, 사람들은 그 소중한 약속을 버렸습니다.

하나님과 우리의 관계는 무엇을 매개로 맺어지는가? 말씀을 통해 맺어집니다. 하나님의 말씀을 아멘으로 받으면서 하나님과의 관계가 생겨나고, 복음을 받아들이면서 하나님의 자녀가 되는 것인데, 말씀을 버렸다는 것은 하나님을 인정하지 않고 그 존재를 거부했다는 말입니다. 그리고 자기가 세상의 주인이 된 것입니다. 인간이 하나님의 자리에 앉은 것입니다. 결국 인간의 교만이 심판의 원인입니다. 그래서 인간은 자기가 원하는 세상을 만들었고, 그 세상은 하나님이 보시기에 더러워졌다는 것입니다.

높은 사람들, 가진 사람들은 그렇다 치고, 낮은 사람, 가난한 사람들은 죄가 없는가? 아닙니다. 가진 사람을 부러워하고, 질투하고, 미워하고, 심지어 공격하고 빼앗으려 합니다. 결국 높은 자나 낮은 자나 다 똑같은 죄인이 되었습니다. 모두 다 하나님의 말씀을 버리고, 자기 욕심을 따라 살아가는 삶이 되었다. 그것을 심판하겠다는 것입니다.

그러므로 저주가 땅을 삼켰고 그 중에 사는 자들이 정죄함을 당하였고(사 24:6).

모두 다 죄인이 되었고, 그래서 죄의 저주가 임했습니다. 죄의 저주가 뭘까요? "죄의 삯은 사망이요"(롬 6:23). 죄의 저주가 사망입니다. 그래서 죄인들은 다 죽을 수밖에 없는 존재들이 되었습니다. 모든 사람이 다 죽음 아래 놓이게 되었다는 말입니다.

기쁨이 사라진 세상

이제 죽음을 앞에 둔 인간들은 무엇을 추구했는가? 7절 이하에 나옵니다. 기쁨을 추구했습니다. 세상 사람들은 기쁨을 어디에서 찾았는가?

7 새 포도즙이 슬퍼하고 포도나무가 쇠잔하며 마음이 즐겁던 자가 다 탄식하며 8 소고 치는 기쁨이 그치고 즐거워하는 자의 소리가 끊어지고 수금 타는 기쁨이 그쳤으며(사 24:7-8).

술과 노래에서 찾았습니다. 그런데 어떤 일이 벌어졌을까요?

포도주가 없으므로 거리에서 부르짖으며 모든 즐거움이 사라졌으며 땅의 기쁨
이 소멸되었도다(사 24:11).

즐거움이 사라지고 기쁨이 소멸되었습니다. 기쁨이 사라졌습니다. 기쁘
라고 마시는데 마실수록 더 공허해집니다. 노래를 부를수록 더 슬퍼집니
다. 겉으로는 떠들고 웃지만 진정한 웃음은 없어지고, 가슴에는 눈물이 흐
릅니다. 말세로 갈수록 더 그럴 것입니다.

왜 이렇게 되었는가? 기쁨의 근원이신 하나님을 버렸기 때문입니다. 자
기가 원하는 것을 통해 기쁨을 얻으려고 했기 때문에, 하나님 아닌 것에서
기쁨을 찾던 모든 사람의 기쁨이 다 사라진다는 것입니다. 여러분, 오해하
면 안 됩니다. 하나님은 우리가 기쁨을 모르는 존재로 늘 슬퍼하며 살라는
것이 아닙니다. 하나님은 우리에게 진정한 기쁨을 주기 원하십니다. 그런
데 진정한 기쁨은 하나님께 있습니다. 그런데 사람들은 그 기쁨의 근원이
신 하나님을 거부하고 하찮은 것에서 기쁨을 얻으려고 했기 때문에 그들
이 원하는 진정한 기쁨을 얻을 수가 없었다는 것입니다. 하나님을 만나는
기쁨, 주님과 교제하는 행복, 하나님의 자녀로서 누리게 되는 그 평안과 감
격을 다 버렸기 때문입니다. 이것이 기쁨을 원하는 인간들이 기쁨을 얻지
못하는 이유입니다.

세상 사람들과 다른 '남은 자들'

그런데 이런 세상 사람들과는 다른 사람들이 있습니다. 비록 소수이기
는 하지만 율법을 버리지 않은 사람들, 그들의 기쁨을 하나님께 둔 사람
들이 있다는 것입니다. 그들의 이름이 이사야서 24장 6절 끝에 나옵니다.

"남은 자"입니다.

> 14 무리가 소리를 높여 부를 것이며 여호와의 위엄으로 말미암아 바다에서부터 크게 외치리니… 16 땅 끝에서부터 노래하는 소리가 우리에게 들리기를 의로우신 이에게 영광을 돌리세 하도다 그러나 나는 이르기를 나는 쇠잔하였고 나는 쇠잔하였으니 내게 화가 있도다 배신자들은 배신하고 배신자들이 크게 배신하였도다(사 24:14, 16).

남은 자들은 땅이 심판을 받는 그날에 하나님을 소리 높여 부릅니다. "의로우신 이에게 영광을 돌리세." 하나님을 바라보고, 의지하고, 찬양할 것입니다. 그날은 똑같이 임하지만 대부분의 세상 사람들과 다른 모습으로 그날을 맞이하는 남은 자들이 있다는 것입니다.

종말을 준비하는 자세

여기서 우리는 질문을 해야 합니다. 왜 하나님은 그날에 있을 심판을 미리 알려 주시는 것일까요? 돌아오라는 것입니다. 그날이 있다. 끝날, 심판의 날이 있다. 그러니까 그날을 준비하라는 것입니다. 준비하지 않고 그 길로 가면 낭떠러지로 떨어질 수밖에 없고, 죽을 수밖에 없다. 그래서는 안 되기 때문에 사랑의 경고로 이런 날이 반드시 있을 것이라고 말씀하는 것입니다. 너희가 평생 추구했던 것들이 다 무너지는 그날이 온다. 그날은 확실하기 때문에 피하거나 스스로 자신을 감추거나 은폐할 수도 없다. 그리고 정확한 심판이 있을 것이다. 그러므로 절대로 속이거나 거짓말로 얼버무릴 수 없다. 이것을 믿는다면 회개하고 돌아오라. 그러면 그날이 슬픔과 멸망의 날이 아니라 기쁨과 구원의 날이 될 것이다. 그래서 미리 알려 주시는 것입니다.

시간을 가장 잘 보내는 방법이 뭘까요? 인생을 의미 있게, 후회 없이 살려면 뭐가 필요할까요? 끝날이 있다는 것, 마지막 날이 있다는 것을 기억하는 것입니다. 개인적으로도 나의 마지막 날이 분명히 있고, 전 우주적으로도 끝날이 있다는 걸 분명히 알고 살아가는 것이 남은 시간을 가장 잘 보내는 방법입니다.

그런데 이렇게 종말에 대하여 알려 줘도 대부분 사람들의 반응은 어떨까요?

¹⁷ 땅의 주민아 두려움과 함정과 올무가 네게 이르렀나니 ¹⁸ 두려운 소리로 말미암아 도망하는 자는 함정에 빠지겠고 함정 속에서 올라오는 자는 올무에 걸리리니 이는 위에 있는 문이 열리고 땅의 기초가 진동함이라 ¹⁹ 땅이 깨지고 깨지며 땅이 갈라지고 갈라지며 땅이 흔들리고 흔들리며 ²⁰ 땅이 취한 자 같이 비틀비틀하며 원두막 같이 흔들리며 그 위의 죄악이 중하므로 떨어져서 다시는 일어나지 못하리라(사 24:17-20).

"그날을 두려워하면서도, 그날을 피하려고 하면서도, 돌아오지 않을 것이다. 심지어 그들이 서 있는 땅이 갈라지고 거기 빠져들면서도 그런 심판을 당하면서도 돌아오지 않을 것이다. 그들은 여전히 배신하고 또 배신하겠다. 그리고 하나님이 아닌 것들을 철석같이 믿겠다"는 것입니다. 사람, 재물, 권력이 다 무너질 것인데, 그런 것을 끝까지 붙들고 그것들과 함께 무너질 것입니다. 그래서 다시는 일어나지 못할 것입니다. 이렇게 해서 세상의 심판이 일단 끝납니다.

하나님께 소망을 두라

인간을 심판한 후에 하나님은 뭘 하실까요?

> 그날에 여호와께서 높은 데에서 높은 군대를 벌하시며 땅에서 땅의 왕들을 벌하
> 시리니(사 24:21).

여기서 높은 군대는 누구일까요? 지금까지 인생들을 하나님께로 돌아오
지 못하게 하고, 욕망대로 살아가게 만들었던 원흉인 악한 마귀 사탄, 그들
을 벌하실 것입니다.
그날이 언제일까요?

> 그들이 죄수가 깊은 옥에 모임 같이 모이게 되고 옥에 갇혔다가 여러 날 후에 형
> 벌을 받을 것이라(사 24:22).

이사야는 악이 자기의 권세를 잃어버리는 그날을 정확하게 몰랐습니다.
그래서 "여러 날 후에"라고 했습니다. 그러나 우리는 이제 시간이 많이 흘
렀고, 성경의 역사를 알기 때문에 대답할 수 있습니다. 언제 사탄의 권세,
사망의 권세, 죽음의 권세가 깨졌습니까? 예수님이 우리를 위해 십자가에
죽으시고 부활하신 그날, 예수님의 부활로 사망의 권세는 힘을 잃었고, 사
탄의 뿌리가 꺾인 것입니다. 그래서 21절의 그날은 예수님이 부활하신 날
을 의미합니다.

> 그때에 달이 수치를 당하고 해가 부끄러워하리니 이는 만군의 여호와께서 시온산
> 과 예루살렘에서 왕이 되시고 그 장로들 앞에서 영광을 나타내실 것임이라(사 24:23).

여기서 말하는 그때는 예수님이 재림하시는 날입니다. 예수님이 다시 오시는 그날, 어떤 일이 벌어집니까? "달이 수치를 당하고 해가 부끄러워하리니 이는 만군의 여호와께서 시온산과 예루살렘에서 왕이 되시고 그 장로들 앞에서 영광을 나타내실 것임이라."

해와 달이 부끄러워하겠다는 것은 무슨 뜻일까요? 해와 달은 가장 밝은 것입니다. 그러나 아무리 밝아도 피조물에 불과합니다. 빛을 창조하신 분, 빛 자체이신 주님이 오실 때는 그 앞에서 어떻게 자기가 밝다고 자랑하겠어요? 부끄러워 물러나야지. 그러니까 빛이신 주님께서 재림하시는 그날에 해와 달은 부끄러워할 것이라는 말입니다. 그리고 주님이 왕이 되시고, 영광을 받게 되실 것입니다.

그러니까 지금까지 세상을 덮고 있었던, 사람들이 그것에 복종했던 모든 어둠과 거짓된 세력들이 물러가면서 진정한 왕이며 주인이신, 빛이신 주님께서 영광 중에 오신다는 말입니다.

여러분, 열심히 살아가면서도 세상을 보며 탄식할 때 많죠? "세상이 왜 이 모양이지? 왜 이렇게 살기가 힘들지?" 뭔가 해결되지 않는 답답함을 세상 속에서 느끼지 않았나요? 그런데 그게 정상입니다. 이것이 심판받을 세상의 모습이기 때문입니다. 그러나 하나님은 이 모든 세상의 불합리함과 모순과 죄악을 바라만 보고 계시지 않고 반드시 개입해서 바로잡고 심판하시는 날이 있다는 것입니다. 그리고 주님이 오셔서 이 세상 어느 것으로도 채울 수 없었던 우리 영혼의 진정한 공허를 채우시고, 영광 중에 오셔서 우리를 의롭게 통치하시는 날, 우리 모두는 즐겁게 찬양하게 될 것입니다. 이것이 이사야서 24장의 내용입니다.

그런데 이런 종말 얘기를 들으면 기분이 어떤가요? 좋은가요, 나쁜가요? 슬프고 무섭습니까? 아니면 행복합니까? 솔직하게 얘기해 봅시다. 우리는 육체를 가진 존재이고 육체를 통해 기쁨을 누리기 때문에 육체와 연결된 것들이 끝나고 사라진다는 말을 들으면 거부감이 생깁니다. 그리고 무서워합니다. 그러나 우리의 마음을 하나님으로 채우고, 신앙이 점점 성숙해지면 그날을 기다리게 되어 있습니다. 다시 말하면 종말 얘기가 나오는 게 무섭고 싫다면 내가 그만큼 세상에 깊이 빠져 있다는 뜻입니다. 그러므로 종말을 두려워해서는 안 됩니다. 종말이 두렵다면 내 믿음을 점검하고, 나의 진정한 소망이 어디에 있는가를 확인해야 합니다. 나는 이 땅에 소망을 두었는가, 아니면 살아계시고 영원하시며 다시 오실 하나님께 소망을 두고 있는가, 질문해야 합니다. 그리고 믿음을 바로 세울 때, 우리는 그날을 사랑하고, 기다리고, 갈망하는 영혼으로 바뀔 수 있습니다.

"마지막 날, 종말이 있다는 것을 알고 살아가게 하소서. 개인의 종말만이 아니라 역사의 종말이 약속되어 있다는 것을 알고, 그날에 합당한 오늘을 살아가게 하소서."

하나님 아버지!

사람들은 역사의 마지막 날, 그날이 있다는 것을 모릅니다.

혹은 듣고도 부정합니다.

그러나 그날이 분명히 있다는 것을 알고 살아가게 하소서.

그리고 땅에 속해 살아가는 사람들이 아니라,

남은 자가 되어 하나님의 말씀을 붙잡고,

하나님을 기뻐하며, 바라보고, 찬양하며,

그날을 기다리며 살아가게 하소서.

◇ 함께 이야기하기

1. 성경의 역사관은 무엇인가요?

2. 하나님은 왜 그날에 있을 심판을 미리 알려 주실까요?

3. 역사의 종말을 알게 될 때, 우리는 어떠한 삶을 살아가야 하는지 나눠 봅니다.

22

심지가 견고한 자에게 평강을

(사 26:1-4)

어떤 분이 목사님을 찾아와서 심각하게 물었습니다. "목사님, 정말 천국이 있습니까?" 목사님은 "물론이지요. 천국은 확실히 있습니다." 그랬더니 "알겠습니다. 감사합니다. 그럼 가 보겠습니다." 하고 일어났습니다. "아니, 왜 가시려고요?" "네, 천국만 확실하면 됩니다." 그 말을 듣는 순간 목사님은 '뭔가 문제가 있구나.' 생각하고 "앉으세요. 집사님이 천국에 대해 확인하는 이유가 분명히 있을 텐데 말해 보세요. 무슨 일이 있습니까?" 그러자 그분은 이렇게 대답했습니다. "저는 지금까지 윤리와 도덕을 배웠지만 그것은 힘이 없었습니다. '이렇게 살아라, 저렇게 살아라.' 말은 많이 하지만 내 삶이 흔들릴 때 그것은 소용이 없었습니다. 하지만 천국과 지옥, 이것만 확실하면 원수도 사랑할 수 있고, 세상이 아무리 험해도 넉넉히 참고 견딜 수 있다는 생각이 들었습니다. 그래서 믿을 수 있는 분에게 천국에 대해 확인하려고 목사님을 찾아온 것입니다. 이제 대답을 들었으니 됐습니다."

'사실'과 '현실'

천국이 있다는 것을 믿습니까? 그렇다면 그 믿음은 여러분의 삶에 어떤 영향을 주고 있습니까? 다시 말하면 여러분에게 천국은 분명한 현실입니까, 아니면 단순한 사실입니까?

사실과 현실은 다른 것입니다. 사실이란 분명히 있는 것이지만 나하고는 아무 상관이 없는 것입니다. 그런데 사실에 내 마음이 가서 붙으면 그것이 현실이 되는 것입니다. 예를 들면 우크라이나에 전쟁이 일어났습니다. 뉴스에서 매일 보도합니다. 그 전쟁은 분명한 사실입니다. 그러나 나하고는 상관이 없습니다. 그 전쟁 때문에 내 삶이 변한 것이 없습니다. 그러나 내 아들이 그 전쟁에 참가했습니다. 그러면 달라집니다. 내 마음은 항상 거기에 가 있게 되고, 그 상황에 따라서 울고 웃고 마음을 졸입니다. 그 전쟁 때문에 내 삶에 엄청난 변화가 오는 것입니다. 전쟁이 현실이 된 것입니다.

천국이 있다고 말은 하지만 그것 때문에 내 삶에 전혀 변화가 없다면 천국은 사실일 뿐입니다. 그 사람에게는 이 땅이 현실인 것입니다. 그러나 천국을 바라보고, 믿고, 사랑하고, 기대하며 오늘을 사는 힘을 거기서 얻는다면, 내가 오늘을 사는 이유, 목적, 방향이 천국에 집중되어 있다면 그 사람에게는 천국이 현실이 된 것입니다. 다시 묻겠습니다. 여러분에게 천국은 사실입니까, 현실입니까? 현실이어야 합니다. 그것이 신앙입니다.

'남은 자들'의 찬양

우리는 이사야서 24장을 통해 "'그날에 이 땅에는' 심판이 있을 것이다. 아직까지 경험해 보지 못한 엄청난 심판이 있을 것이다. 그 심판의 근거는 하나님의 말씀이며, 하나님을 인정하지 않고 이 땅에 기쁨의 근거를 두었던 사람들, 그들이 세상에서 믿었던 모든 것이 끊어질 날이 올 것이다. 그들은 슬피 울게 될 것이다."라는 내용을 살펴보았습니다.

그러나 이와는 전혀 다른 사람들이 있습니다. 그들을 '남은 자'라고 하는데, 그들은 그날에 구원의 노래를 부를 것입니다. 왜냐하면 한쪽 편에게 심판은 다른 쪽에게는 구원이 되기 때문입니다.

이사야서 25장은 남은 자들에게 베푸시는 하나님의 은총이 무엇인지가 설명되어 있습니다. 또 이사야서 26장은 하나님이 그들을 위해 예비하신 천국이 있으며, 남은 자들은 이 땅에 사는 동안 천국에 대해 어떤 자세로 살아야 하는가를 말씀합니다.

먼저 그날에 남은 자들은 어떤 찬양을 할 것인가?

여호와여 주는 나의 하나님이시라 내가 주를 높이고 주의 이름을 찬송하오리니 주는 기사를 옛적에 정하신 뜻대로 성실함과 진실함으로 행하셨음이라(사 25:1).

"주는 나의 하나님이시라." 그날에 하나님이 행하시는 심판을 보면서, 세상을 심판하시는 분이 나의 하나님이라고 찬양할 것입니다. 심판은 무섭지만 심판자가 누구인가에 따라 심판의 성격이 달라집니다. 그분이 나의 아버지라면, 내가 사랑하는 분이라면 심판은 무섭지 않습니다. 그분이 올바른 심판, 제대로 된 심판을 하실 것이고, 그 심판은 나에게 구원이 되기 때문입니다. 그래서 남은 자들은 "주는 나의 하나님"이라고 심판자가 누군지를 자랑할 것입니다.

공의와 기쁨의 날

그런데 하나님은 심판을 아무렇게나 하시는 분이 아닙니다. 그리고 갑자기 하시는 것도 아닙니다. "옛적에 정하신 뜻대로." 하나님은 미리 정하신 뜻이 있습니다. 세상을 창조하실 때부터 이 땅이 어떻게 될 것인지 하나님은 아셨고, 이렇게 될 것이라고 미리 알려 주셨고, 그리고 말씀하신 그대로 역사를 진행하십니다. 우리가 하나님을 믿지 못해서 그렇지, 하나님은 정하신 뜻대로 역사를 진행하십니다.

우리는 시간 속에 살기 때문에, 미래를 모르기 때문에 '역사가 잘못되면 어쩌나? 역사가 악한 사람들의 뜻대로 진행되면 어떻게 하나?' 불안해합니다. 그러나 역사의 주인이신 하나님은 역사를 "성실과 진실함으로" 다스리십니다. 그 예가 나오는데, 강한 자들이 약한 자들을 억압하고 괴롭히지만 하나님은 강한 자들의 시도를 꺾어 버리신다는 것입니다. 그래서 억압을 받던 자들이 기뻐하고, 남은 자들이 즐거워하는 날이 온다는 것입니다.

그리고 역사의 마지막은 심판으로 끝나는 것이 아닙니다. 역사의 마지막에 엄청난 잔치를 베푸십니다.

> 만군의 여호와께서 이 산에서 만민을 위하여 기름진 것과 오래 저장하였던 포도주로 연회를 베푸시리니 곧 골수가 가득한 기름진 것과 오래 저장하였던 맑은 포도주로 하실 것이며(사 25:6).

만군의 여호와께서 베푸시는 잔치는 누구를 위한 잔치일까요? 하나님을 믿고, 기다리고, 사모하던 사람들을 위한 것입니다. 때로 박해를 받으면서도 자기의 신앙을 잃지 않았던 사람들, 억울해도 하나님을 바라보며 참고 견딘 사람들을 위한 잔치입니다. 그들에게 위로와 기쁨의 잔치가 준비되어 있습니다.

그 잔치와 함께 주시는 약속이 8절입니다.

> 사망을 영원히 멸하실 것이라 주 여호와께서 모든 얼굴에서 눈물을 씻기시며 자기 백성의 수치를 온 천하에서 제하시리라 여호와께서 이같이 말씀하셨느니라(사 25:8).

사망을 영원히 멸하시고, 즉 영생을 주시고, 모든 눈물을 씻겨 주시고 참된 위로를 주시고, 수치를 제하신다. 영광스럽게 하신다는 말입니다. 이런 놀라운 약속이 우리 앞에 있는 것입니다.

하나님이 예비하신 영원한 도성

그 날에 유다 땅에서 이 노래를 부르리라 우리에게 견고한 성읍이 있음이여 여호와께서 구원을 성벽과 외벽으로 삼으시리로다(사 26:1).

하나님이 우리를 위해 준비하신 성읍, 하늘의 도성이 있습니다. 그 성읍은 견고합니다. 아주 안전합니다. 이사야 당시에는 모든 것이 성을 중심으로 이루어져 있었습니다. 성안에 있으면 안전하고, 성 밖에 있으면 안전을 보장할 수 없었습니다. 언제든지 짐승이 달려들거나, 도둑이 약탈하거나, 적들이 쳐들어올지 모릅니다. 그래서 성이 있느냐 없느냐는 생명과 직결되는 것이었습니다. 그런데 우리에게 견고한 성읍이 있다는 것입니다.

그런데 성이 있으면 벽이 있을 것 아닙니까? 성읍을 둘러싼 성벽과 외벽이 있는데, 성벽은 안쪽에서 성 사람들을 지켜 주는 벽이고, 외벽은 적들이 쳐들어오는 것을 막아 줍니다. 그러므로 성벽과 외벽이 견고해야 하는데, 성벽과 외벽의 이름이 구원입니다. 그러니까 이 성은 돌로 쌓은 성벽이 아니라, 하나님 자신이 우리를 구원하고 보호하시기에 어떤 것으로도 무너뜨릴 수 없는 성벽입니다. 하나님 자신이 구원의 벽이 되시기 때문에 완전한 성읍이라는 뜻입니다. 그런 견고한 성읍이 우리를 위해 마련되어 있습니다.

찬송가 528장 "예수가 우리를 부르는 소리" 4절입니다.

우리를 위하여 예비해 두신 영원한 집이 있어

죄 많은 세상을 떠나게 될 때 영접해 주시겠네.

하나님이 우리를 위해 예비해 두신 견고한 성읍, 영원한 도성이 있습니다. 어떤 것으로도 훼손시킬 수 없는 견고하고 안전한 성, 영원한 내 집이 하늘에 있습니다.

이 성에는 누가 들어올 수 있습니까?

너희는 문들을 열고 신의를 지키는 의로운 나라가 들어오게 할지어다(사 26:2).

신의를 지키는 의로운 나라는 믿음을 지키는 의로운 자를 의미합니다. 요약하면 믿음으로 의로워진 자들만이 하나님의 성으로 들어올 수 있습니다.

그런데 세상 사람들은 그런 견고한 성읍이 있다는 사실을 믿지 않습니다. "천국이 어디 있느냐? 보이는 세상이 전부지."라고 하며 저 하늘에 영원한 도성이 있다는 것을 비웃습니다. 조롱하고 공격합니다. 영원한 도성에 대해 조롱하고 공격하는 세상입니다. 그러므로 남은 자들은 세상에 살면서 세상의 가치관에 넘어지면 안 됩니다. 그래서 믿음으로 의로워진 사람들이 이 땅에 살면서 가져야 할 자세가 있습니다.

그것이 3절입니다.

주께서 심지가 견고한 자를 평강하고 평강하도록 지키시리니 이는 그가 주를 신뢰함이니이다(사 26:3).

여기서 심지가 견고한 사람은 누굴까요? 한번 마음을 먹으면 어떤 경우에도 흔들리지 않고 그 마음을 유지하는 사람이 심지가 견고한 사람인가요? 이것이 심지가 견고하다는 일반적인 의미입니다.

그런데 이사야서 26장 3절에서 이야기하는 심지가 견고한 사람은 보이지 않는 영원한 도성을 현실로 믿고 살아가는 사람, 영원한 도성을 눈에 보이는 이 땅보다 더 확실하게 믿고 살아가는 사람, 아무리 세상이 흔들어 대도 믿음을 지켜 가는 사람을 뜻합니다.

세상이 줄 수 없는 평안

그 사람에게 무엇이 있는가? 평강이 넘친다고 했습니다. 이 평강은 세상이 줄 수 없는, 세상이 알 수도 없는 신비한 것입니다. 그러나 천국을 믿지 못하고 이 세상에서 없어질 것을 붙잡고 사는 사람에게는 평강이 없습니다. 왜냐하면 그들이 이 세상에서 평강의 근거로 믿었던 것이 많겠지만 그것은 결국 다 무너질 것이기 때문입니다. 그러니까 세상의 어떤 것을 많이 가지고, 여기서 내가 평강을 얻으리라고 생각한다면 착각입니다. 진정한 평강은 영원한 도성이 있음을 믿고 어떤 경우에도 그 믿음이 흔들리지 않는 사람에게만 주어지는 하나님의 선물이기 때문입니다.

그러므로 결론이 4절입니다.

너희는 여호와를 영원히 신뢰하라 주 여호와는 영원한 반석이심이로다(사 26:4).

세상의 헛된 것 믿지 마라, 하나님만을 현실로 받아들이라는 것입니다. 보이지 않는 하나님을 보이는 세상보다 더 확실하게 믿고, 보이지 않는 저 천국을 보이는 나라보다 더 확실히 믿고 살아가는 사람이 되라는 것입

273

니다.

이 세상 모든 사람이 가장 열망하는 것이 뭘까요? 평강 아닌가요? 평강이 없다면, 내 마음이 늘 불안하다면, 건강하면 뭐하고, 가졌으면 뭐하겠습니까? 그래서 모든 인간은 평강을 간절히 원하고 있습니다.

그러나 진정한 평강은 모든 일이 잘된다고 해서 생기는 것이 아닙니다. 왜냐하면 내일 일을 알 수 없기 때문입니다. 우리는 한 치 앞도 모릅니다. 그러므로 진정한 평강은 최종 목적지와 관계가 있습니다. 지금 현실은 조금 힘들고 복잡해도, 내 뜻대로 안 되고 불편함이 있어도, 이것을 넘어서서 내 영원한 미래는 저 위에 있고, 내가 갈 집은 견고한 성읍, 하나님이 준비하신 내 집이 있다. 그것이 나의 최종 목적지라는 것, 그 과정에 삶의 영고성쇠가 있다 할지라도 나의 최종 목적지가 어디인가를 확실히 알고, 거기에 대한 믿음이 흔들리지 않는 사람에게만 진정한 평강이 있는 것입니다.

영원한 잔치에 참여하는 자

미국에서 아주 유명한 가수가 엄청난 재벌의 결혼식에서 축가를 불러달라는 부탁을 받았습니다. 그 초청장에는 '결혼식 후에는 지상 최대의 만찬이 준비되어 있으니, 피로연에 참석하시려면 미리 참석 여부를 알려 주십시오.' 이런 문구도 적혀 있었습니다. 그 가수는 노래를 부르겠다고 대답했고, 그날 결혼식에서 아주 감동적인 축가를 불렀습니다. 결혼식을 마치고 기대하는 마음으로 피로연장에 들어서는데, 입구에서 안내하는 사람들이 막았습니다. 명단에 없다는 것입니다. "아니, 내 이름이 없을 리가 없습니다. 나는 조금 전 결혼식에서 축가를 부른 사람입니다." "그러나 손님, 죄송합니다. 아무리 살펴보아도 손님의 이름은 참석자 명단에 올라와 있지 않습니다. 명단에 없는 분들은 아무도 입장할 수 없습니다." 그 순간, 노래를 부르겠다고 했지 피로연에 참여하겠다는 회신은 하지 않은 것을 깨달았습니다.

그때 이런 소리가 들려왔습니다. "주차장까지 정중하게 모셔다 드려." 그 가수는 내려오면서 지상 최대의 만찬에 참석하지 못한 것이 못내 아쉬웠습니다. 그 순간 그 가수의 마음속에 이런 생각이 떠올랐습니다. '정말 최고의 잔치는 오늘의 잔치가 아니라, 천국에서 주님과 함께하는 잔치가 아닐까? 그렇다면 주님의 나라 생명책에 내 이름이 기록되어 있을까?' 그래서 이렇게 기도했다고 합니다. "주님, 저는 이 땅의 어떤 잔치보다 주님 나라의 그 잔치를 사모합니다. 그리고 저는 그 잔치에 꼭 참여할 거예요. 주님, 저를 기억해 주세요!"

이 땅에서 벌어지는 최고의 파티에는 참석하지 못해도 됩니다. 다 사라질 것이기 때문입니다. 하지만 하나님이 약속하신 저 영원한 잔치에 우리는 꼭 참여하는 사람이 되어야 할 것입니다.

"천국을 사실이 아니라 현실로 여기고 살아가는 성도가 되게 하소서. 그래서 흔들리는 세상 속에서도 언제나 심지가 견고한 사람이 되어, 평강을 누리며 살게 하소서."

역사의 주인이신 하나님!
마지막 날에는 심판이 있을 것이라고 가르쳐 주셔서 감사합니다.
그러나 남은 자들은 구원을 받을 것입니다.
그들에게 하나님은 잔치를 베푸실 것이며,
영원한 성읍을 약속하셨습니다.
세상은 그날을 인정하지 않고 그 성읍을 비웃지만,
우리는 절대로 흔들리지 않고 그 천국을 현실로 여기면서
오늘을 살아가는 주의 자녀들이 되게 해 주소서.

◇ 함께 이야기하기

1. 역사의 마지막은 무엇으로 끝날까요? 그리고 하나님께서 주시는 약속은 무엇
   인가요?

2. 심지가 견고한 사람은 어떤 사람인가요? 그 사람에게는 무엇이 있나요?

3. 나의 최종 목적지가 하나님의 나라임을 고백할 때, 나의 문제는 어떻게 바뀔
   까요? 하나님을 신뢰함으로 하나님이 현실이 될 때 평강을 누릴 수 있는 지금,
   나의 기도제목과 문제를 나눠 봅니다.

23

그날에 이루어질 두 가지 사건

(사 27:1-2)

어떤 성도님이 저에게 이런 질문을 했습니다.

"목사님, 하나님은 왜 이 세상의 역사를 만드셨나요?"

저는 좀 당황스러워서 그분에게 되물었습니다.

"저는 역사 전문가가 아닌데, 그런 질문을 하시는 이유가 있습니까?"

"성경에 보면 하나님이 역사를 끝낸다고 하셨잖아요. 없애 버릴 역사를 왜 만드셨나 해서요."

그 말을 들으니 질문이 이해가 되었습니다. 그래서 이렇게 대답했습니다.

"하나님이 역사를 만드신 이유, 역사가 존재하는 이유는 다양한 방법으로 대답할 수 있겠지만 간단하게 말하면 역사는 하나님이 자기 백성을 천국에 보내시기 위한 훈련과정입니다."

인류 최대의 미스터리

우리는 에덴동산에서 아담과 하와가 타락했기 때문에 하나님이 인류를 구원하기 위해 예수님을 보내셨다고 배웠습니다. 그런데 이렇게 되면 예수님의 십자가는 인간의 범죄 후에 생겨난 하나님의 후속조치에 불과합니다. 그런데 하나님은 어떤 분이신가? 전지전능하십니다. 모든 것을 다 알고 계십니다. 그렇다면 사탄이 타락할지 모르셨을까요? 그 결과 인간도 타락할지 모르셨을까요? 다 아셨습니다. 그럼 왜 막지 않으셨을까요? 미리 막았으면 될 것 아닙니까? 그리고 그 사건이 벌어졌을 때, 사탄을 아예 지옥으로 보냈더라면 간단했을 텐데, 그러면 인간을 유혹하지도 않았을 것이고, 인간도 타락하지 않았을 것이고, 예수님도 오실 필요가 없었을 텐데, 왜 알면서도 그냥 두셨을까요? 이것이 인류 최대의 미스터리입니다.

이 문제를 가지고 많이 고민하고 대답을 찾은 사람이 사도 바울입니다. 그는 마침내 이 비밀을 깨닫고 에베소서 1장 4절에서 이렇게 고백합니다.

창세 전에 그리스도 안에서 우리를 택하사 우리로 사랑 안에서 그 앞에 거룩하고 흠이 없게 하시려고(엡 1:4).

여기서 중요한 것은 "창세 전에 그리스도 안에서 우리를 택했다"는 말입니다. 인간을 창조하시기 전에 그리스도 안에서, 즉 십자가 사건을 계획하셨다는 말입니다. 이것을 "하나님의 신비"라고 부릅니다.

그렇다면 이 하나님의 신비가 왜 필요한가? 예를 들어 보지요. 고생을 전혀 해 보지 않은 부잣집 자녀들은 자기가 누리는 특권이 얼마나 큰지 잘 모릅니다. 태어나면서부터 주어졌기 때문에 당연한 것으로 생각하고, 자기에게 그럴 자격이 있다고 생각합니다. 감사가 별로 없습니다. 마찬가지로 아무 대가도 없이 천국에서 영원히 살게 되면, 이것이 당연하고 내가 잘났기 때문이고, 자격이 있기 때문이라고 생각합니다. 인간은 그런 존재입니다. 이것이 피조물의 한계입니다.

이런 사람들에게 반드시 필요한 것이 무엇인가? 내가 천국에 온 것은 자격이 있어서가 아니고, 죄인인 나를 위해 예수님이 세상에 오셨고, 십자가에 죽으시고, 부활하셔서 우리를 구원해 주셨다는 고백, 하나님은 아들까지 우리를 위해 주셨다는 고백입니다. 우리를 위한 하나님의 희생과 사랑이 얼마나 놀랍고 처절한지를 깊이 깨닫고, 영원히 잊지 않게 하려는 것입니다. 그래서 천국에서 영원히 감사하며 찬양하며 살게 하시려고 십자가 사건을 계획하신 것입니다.

역사의 끝에 일어날 일

그래서 역사의 끝에 어떤 일이 있을 것인가?

[9] 이 일 후에 내가 보니 각 나라와 족속과 백성과 방언에서 아무도 능히 셀 수 없는 큰 무리가 나와 흰 옷을 입고 손에 종려 가지를 들고 보좌 앞과 어린 양 앞에 서서 [10] 큰 소리로 외쳐 이르되 구원하심이 보좌에 앉으신 우리 하나님과 어린 양에게 있도다 하니 [11] 모든 천사가 보좌와 장로들과 네 생물의 주위에 서 있다가 보좌 앞에 엎드려 얼굴을 대고 하나님께 경배하여 [12] 이르되 아멘 찬송과 영광과 지혜와 감사와 존귀와 권능과 힘이 우리 하나님께 세세토록 있을지어다 아멘 하더라(계 7:9-12).

그날에 구원받은 모든 자가 하나님을 찬양할 것입니다. "구원하심이 보좌에 앉으신 우리 하나님과 어린 양에게 있도다." 이것이 온 인류가 부르는 찬양의 주제입니다. 이 찬양을 영원히 부를 수 있도록, 하나님 아버지와 어린 양 예수 그리스도의 은혜로 죄인인 우리가 구원을 얻어 거룩한 천국에 살게 되었다는 사실을 영원히 잊지 않고, 그 감격을 가지고 천국에서 영원히 살라고 십자가 사건이 있었다는 것입니다.

이것을 위해 허락하신 것이 세상의 역사입니다. 세상 역사 속에서 하나님의 백성은 신앙을 훈련합니다. 훈련이 끝나면 이 세상의 역사도 끝나는 것입니다. 그러므로 역사의 목적은 하나님 백성의 구원입니다. 개인적으로 말하자면 여러분의 일생, 여러분 개인의 역사는 하나님 나라에서 영원히 감격하며 살 수 있는 훈련을 위하여 존재하는 것입니다.

이사야서 27장은 "이사야의 소묵시록"의 마지막 장입니다. 27장에서는 "그날", 역사의 끝날에 일어날 두 가지 사건이 기록되어 있습니다.

첫 번째 사건이 1절입니다.

> 그날에 여호와께서 그의 견고하고 크고 강한 칼로 날랜 뱀 리워야단 곧 꼬불꼬불한 뱀 리워야단을 벌하시며 바다에 있는 용을 죽이시리라(사 27:1).

하나님이 "리워야단"을 죽이실 것입니다. 리워야단이 뭐죠? 날랜 뱀, 꼬불꼬불한 뱀, 바다의 용. 모양도 이름도 아주 다양합니다. 리워야단은 아무도 이길 수 없는 신화적 괴물의 이름입니다. 성경에서는 세상을 타락시킨 사탄을 가리키는 용어로 사용합니다. 리워야단을 자세히 설명하는 구절이 요한계시록 12장 7-11절입니다.

> [7] 하늘에 전쟁이 있으니 미가엘과 그의 사자들이 용과 더불어 싸울새 용과 그의 사자들도 싸우나 [8] 이기지 못하여 다시 하늘에서 그들이 있을 곳을 얻지 못한지라 [9] 큰 용이 내쫓기니 옛 뱀 곧 마귀라고도 하고 사탄이라고도 하며 온 천하를 꾀는 자라 그가 땅으로 내쫓기니 그의 사자들도 그와 함께 내쫓기니라 [10] 내가 또 들으니 하늘에 큰 음성이 있어 이르되 이제 우리 하나님의 구원과 능력과 나라와 또 그의 그리스도의 권세가 나타났으니 우리 형제들을 참소하던 자 곧 우리 하나님 앞에서 밤낮 참소하던 자가 쫓겨났고 [11] 또 우리 형제들이 어린 양의 피와 자기들이 증언하는 말씀으로써 그를 이겼으니 그들은 죽기까지 자기들의 생명을 아끼지 아니하였도다(계 12:7-11).

9절에 리워야단의 다른 이름이 나옵니다. "큰 용, 옛 뱀, 마귀, 사탄, 온 천하를 꾀는 자." 10절에는 "참소하던 자"로 나옵니다. 이렇게 여섯 가지로 리워야단을 해석하고 있습니다.

그런데 아무도 이길 수 없는 리워야단을 이기는 방법이 나옵니다. 11절을 보면 두 가지입니다. 어린 양의 피와 하나님의 말씀입니다. 마귀를 이기는 방법은 하나님의 말씀과 예수 그리스도의 피, 십자가 사건입니다. 그러니까 이사야서 27장 1절에서 하나님이 그날에 리워야단을 죽이신다는 말은 하나님이 마지막 날에 사탄을 진멸하신다는 뜻입니다.

결과를 안다면

이사야서 27장 1절 말씀은 신학적으로, 그리고 역사 철학적으로도 아주 중요한 내용입니다. 왜냐하면 사탄의 최후를 말해 주기 때문입니다. 결과를 알고 살아가는 것과 모르고 살아가는 것은 삶의 질이 완전히 다릅니다. 결과를 알고 운동경기를 보면 어떨까요? 염려할 것이 없습니다. 우리 편이 질 것 같아서 마음을 졸이는 순간도 있지만 이겼다는 결과를 알기 때문에, 불안할 필요가 없는 것입니다.

다른 예를 들어 볼까요? 어떤 배가 항구에서 출발했습니다. 그런데 이 배는 반드시 안전하게 항구로 돌아올 것이라는 보장이 확실하다면, 이 배가 중간에서 어떤 어려운 일을 만나도, 두려워할 필요가 있을까요, 없을까요? 없습니다. 결과를 알기 때문입니다. 그러므로 최후 승리만 보장되어 있다면 과정은 얼마든지 인내할 수 있고, 그 어려움은 오히려 그들이 돌아와서 영원히 자랑할 무용담이 될 수 있습니다. 결과를 안다는 것이 이렇게 중요합니다. 결과를 확실히 안다면 과정은 훨씬 견디기 쉽고, 모든 과정은 새로운 의미를 가지는 것입니다.

인류 역사가 어떻게 될지 모른다면 불안하겠지요. 그러나 불안할 것 없습니다. 하나님은 역사에 대해 정해진 계획을 가지고 계시고, 그것을 우리에게 미리 알려 주셨고, 마지막 날에 사탄의 멸망을 확실하게 말씀하셨습니다. 그러니까 결과를 몰라서 불안해하는 오합지졸로 살지 말고, 승리할 것을 알고 있는 용사로 오늘을 살아가게 하기 위하여 하나님은 마지막 모습을 보여 주시는 것입니다. "역사의 끝은 이렇게 될 것이니 너희는 두려워하지 말고, 악과 싸워 이겨라." 하나님의 말씀과 예수 그리스도의 피로 얼마든지 싸워서 이길 수 있다고 우리에게 용기와 소망을 불어넣어 주시는 것입니다.

모든 죄와 저주가 물러간 후에

두 번째 사건은 무엇인가요? 2절입니다.

그날에 너희는 아름다운 포도원을 두고 노래를 부를지어다(사 27:2).

그날에 하나님의 백성이 노래를 부를 것인데, 그것이 "아름다운 포도원 노래"입니다. 그 내용이 2절부터 끝절까지 이어집니다. 그런데 이사야서 5장에서 이미 포도원 노래가 나왔습니다. 그런데 5장에 나오는 포도원 노래는 하나님이 이스라엘을 바라보며 탄식하시는 내용입니다. "내가 극상품 포도나무를 심었는데, 어찌하여 들포도가 맺혔는가?" 탄식하시며 못쓰게 된 포도원을 헐어 버리시겠다는 내용입니다.

그런데 27장의 포도원 노래는 하나님의 백성이 부르는 내용입니다. 모든 죄와 저주가 물러간 후에 부르는 아름다운 노래입니다. 그런데 이 노래를 부르기 전에 그들은 많은 고난을 받았습니다. 그 고난의 결과는 6절입니다.

후일에는 야곱의 뿌리가 박히며 이스라엘의 움이 돋고 꽃이 필 것이라 그들이 그 결실로 지면을 채우리로다(사 27:6).

"열매가 지면을 덮을 것이다. 그 열매가 풍성하고 아름답겠다"는 것입니다.

고난의 열매

물론 인간이 죄를 지었기 때문에 거기에 따르는 고난은 있습니다. 그러나 그 고난의 의도, 고난의 강도, 고난의 결과는 너무나 아름답다는 것입니다. 어떻게 아름다울까요?
첫째는 고난의 의도가 다릅니다.

주께서 그 백성을 치셨던들 그 백성을 친 자들을 치심과 같았겠으며 백성이 죽임을 당하였던들 백성을 죽인 자가 죽임을 당함과 같았겠느냐(사 27:7).

자녀를 향한 징계는 다른 사람들을 향한 징계와는 다르다는 것입니다. 자녀를 향한 매와 원수를 향한 매는 같을 수가 없습니다.
이런 이야기가 있습니다. 옛날에 어떤 아버지가 수숫대를 다듬고 있었습니다. 그것을 보고 어떤 사람이 물었습니다.

"지금 무엇을 하고 계십니까?"

"수숫대 마디를 다듬고 있소이다."

"아니, 뭐하려고 그 마디를 다듬는 것입니까?"

그러자 그 아버지는 말했습니다.

"아이가 잘못해서 혼을 내 줘야 하는데, 수숫대에 마디가 있으면 혹시 아플까 봐 아프지 않도록 그 마디를 다듬는 것입니다."

수숫대가 무슨 힘이 있습니까? 툭 치면 부러지는 것이 수숫대입니다. 그런데도 혹시 그 마디가 아이를 아프게 할까 봐 아버지는 다듬는 것입니다. 그후에 아이를 불러 놓고 종아리를 칩니다. 이것이 하나님의 마음입니다.

우리는 고난을 받을 때 이렇게 생각합니다. '하나님이 나를 미워해서 이런 고난을 주시는 건가? 나를 버렸기 때문인가?' 아닙니다. 이사야서 27장 4절에서 하나님은 "나는… 노함이 없나니."라고 하십니다. 하나님은 자녀들에게 고난을 주면서도 미워하시지 않습니다. "네가 잘못해서 견책은 하지만 나는 너에게 노한 적이 없다"고 하십니다. 이것이 고난의 의도입니다. 우리에게 고난을 주시는 의도는 사랑입니다.

둘째는 고난의 강도입니다.

> 주께서 백성을 적당하게 견책하사 쫓아내실 때에 동풍 부는 날에 폭풍으로 그들을 옮기셨느니라(사 27:8).

하나님이 자녀들을 견책하실 때 그 강도가 어떻습니까? "적당하게 견책하사." 여기에 대해서 "아멘" 할 수 있나요? 아마 안 할 겁니다. 내가 고난을 당할 때는 너무 심하다, 과하다고 느낄 수도 있습니다. 그러나 아닙니다. 세월이 지나고 시간이 흐른 후에 나중에 보면 적당했다는 것입니다. 하나님은 우리 각자의 상황과 특성과 체질을 알고 계십니다. 그러므로 하나님은 나에게 가장 좋은 방법으로, 그리고 가장 적당하게 결코 과하지 않게 징계하십니다.

그래서 바울은 이렇게 말했습니다.

사람이 감당할 시험 밖에는 너희가 당한 것이 없나니 오직 하나님은 미쁘사 너희가 감당하지 못할 시험 당함을 허락하지 아니하시고 시험 당할 즈음에 또한 피할 길을 내사 너희로 능히 감당하게 하시느니라(고전 10:13).

그때 상황에서는 쓰러질 수밖에 없었는데, 그 속에서 하나님은 우리를 건지셔서 감당할 수 있게 하십니다. 고난을 주어도 적당하게 주신다는 말입니다.

셋째는 고난의 결과입니다. 우리 속에 있는 우상을 제거하는 것입니다.

야곱의 불의가 속함을 얻으며 그의 죄 없이함을 받을 결과는 이로 말미암나니 곧 그가 제단의 모든 돌을 부서진 횟돌 같게 하며 아세라와 태양상이 다시 서지 못하게 함에 있는 것이라(사 27:9).

아세라와 태양상이 무엇입니까? 아세라와 태양신은 바벨론의 신 이름입니다. 이스라엘 백성은 바벨론에 의해 멸망했는데, 지금 우리가 볼 때는 이스라엘 백성이 바벨론에게 멸망한 것은 과거지만, 이 당시 예언을 듣는 이스라엘에게는 미래의 일입니다. 앞으로 그들이 죄로 인하여 징계를 받을 것인데, 그래서 바벨론에게 망할 것인데, 바벨론에게 망하기 전에 그들이 무엇을 했습니까? 바벨론의 신들을 섬겼습니다. 어느 정도였습니까? 하나님의 성전에 아세라와 태양상을 세웠습니다. 그러니까 겉으로는 성전에 와서 하나님께 제사를 드렸지만, 마음속으로는 바벨론의 신을 보면서

'우리도 저렇게 강한 나라가 되고, 부자로 잘살면 좋겠다.' 이런 마음으로 예배했다는 것입니다. 그러니까 이스라엘 사람들의 마음속에는 보이지 않는 태양신과 아세라가 자리 잡고 있었던 것입니다.

　이 우상을 어떻게 제거하고, 참되신 하나님만을 섬기게 할 수 있는가? 그래서 하나님은 말씀하셨습니다. "아세라와 태양신, 그 우상이 그렇게 좋으냐? 도무지 버릴 수 없느냐? 그렇다면 그 나라에 가서, 그들의 지배를 받아 보아라." 그래서 70년 동안 포로가 되어 살게 하십니다. 그런데 가서 직접 경험해 보니 "아, 정말 이것은 아니다. 너무나 헛된 것이다. 하나님밖에는 진정한 신이 없다"는 것을 뼈저리게 느낍니다. 그 후에 포로에서 돌아옵니다. 바벨론에 포로가 되어 잡혀가서, 거기서 고난을 당하면서 그들은 우상이 아무것도 아니라는 것을 알고, 진정으로 마음속에서 제거해 버립니다. 그래서 오직 하나님만 섬기는 사람으로, 하나님으로만 만족하는 사람이 되었던 것입니다.

신앙인의 마지막 고백

그래서 결론입니다.

그날에 큰 나팔을 불리니 앗수르 땅에서 멸망하는 자들과 애굽 땅으로 쫓겨난 자들이 돌아와서 예루살렘 성산에서 여호와께 예배하리라(사 27:13).

그들은 진정으로 돌아와서 하나님께 참된 예배를 드리는 사람으로 변한 것입니다.

　그러니까 아름다운 포도원의 노래는 역사의 끝에서 부를 하나님 백성의 고백입니다. 개인적으로 말하면 내가 죽으면서 고백할 말입니다. "하나님, 우리가 우리 죄로 고난을 받았지만 하나님은 우리를 미워하지 않으셨고, 우리의 고난은 과하지 않았으며, 그 고난 때문에 내 안에 있는 모든 우상이 사라졌습니다. 그래서 이제는 오직 하나님만 바라보며 기뻐하는 사람으로 살 수 있게 되었습니다." 이것이 신앙인의 마지막 고백이고, 우리 일생의 고백이 되는 것입니다.

"하나님, 제 인생을 돌아보니 하나님은 저를 사랑하시지 않은 적이 없었고, 고생도 많이 했으나 하나님이 견디고 이기게 해 주셨고, 그래서 오늘 제가 하나님의 사람으로 여기 서 있습니다. 저에게는 하나님만이 전부입니다." 이것이 아름다운 포도원의 노래입니다. 이것을 이루기 위하여 역사가 있는 것입니다. 그래서 마지막 날에는 진정한 예배를 드리겠다는 것입니다.

천국에는 예배만 있어서 지겨울 것 같다고 생각하는 사람들이 많습니다. 그러나 그것은 죄인의 상상력입니다. 하나님의 형상으로 빚어진 인간의 가장 큰 기쁨은 하나님을 보면서 기뻐하는 것입니다. 이미 우리를 방해하던 악한 원수는 사라졌습니다. 그리고 우리 속에 있던 우상도 제거되었습니다. 온전히 회복된 나 자신이 되었습니다. 그 나라고 하는 존재가 하나님을 만났을 때 느끼는 감격과 행복, 그것이 바로 예배입니다. 그것이 바로 천국의 기쁨입니다. 이 기쁨은 인간이 상상할 수 없는 최고의 기쁨입니다. 우리는 죄인이기 때문에 그 기쁨을 상상할 수 없다는 것을 인정해야 합니다.

이사야서 27장 말씀을 보면 우리는 예배를 통해 두 가지를 미리 경험할 수 있습니다.

하나님을 대적하는 모든 악은 멸망하고, 우리는 그날에 구원의 노래, 승리의 노래를 부를 것이다. 이 두 가지입니다.

한 주의 엿새 동안 세상에 살면서 우리는 악이 승리할 것 같은 위협 속에서 시달렸습니다. 그래서 늘 불안했죠. 그런데 예배를 바로 드리면 "악은 멸망하고 하나님이 승리하신다. 믿음이 승리한다. 말씀대로 된다."는 것을 확신하게 됩니다. 이것이 예배의 결과입니다.

또 하나는 그날에 구원의 노래, 승리의 노래를 부를 것이라는 확신을 예배를 통해 가질 수 있습니다. "지금 내 모습은 초라하지만 나는 결국 그날에 승리의 노래를 부르게 될 것이다." 예배를 통해 이 고백을 새롭게 할 수 있는 것입니다. 여러분이 예배를 드릴 때마다 이 감격을 맛볼 수 있기를 축원합니다.

"역사의 끝에 악은 멸망할 것이고, 우리는 승리의 노래를 부르게 될 것을 믿고 오늘을 살아가게 하소서."

역사의 주인이신 하나님 아버지!
마지막 날에 있을 두 가지 사건을 보여 주셔서 감사합니다.
우리에게 주어진 이 시간,
미래를 알지 못하고 불안해하는 오합지졸로 살지 말고,
승리를 확신하는 용사로 오늘을 담대히 살아가게 하소서.

◇ **함께 이야기하기**

1. 역사의 끝날에 일어날 두 가지 사건은 무엇인가요?

2. 하나님이 주신 고난이 아름다울 수 있는 이유는 무엇인가요?

3. 예배를 통해 경험할 수 있는 두 가지는 무엇인가요? 예배를 통해 하나님께서
   주신 감격을 경험한 적이 있다면 나눠 봅니다.

24

하나님의 농사 방법

(사 28:23-29)

얼마 전에 어느 교회에서 세미나 인도를 하고 나서, 그 교회 목사님과 식사를 하다가 질문했습니다. "어떻게 이 교회에 오시게 되었습니까?"

그 목사님은 이렇게 말했습니다. "저도 여기 오게 될 줄 몰랐습니다. 제가 특별한 것도 없고, 대단한 분들이 많이 지원했기 때문입니다. 그래서 '안 될 것이다.' 생각하고 별로 기대도 안 했습니다. 그런데 어느 날 교회에서 만나자고 해서 갔더니 이것저것 질문한 후에 '어떤 목사가 되기를 원하느냐'고 해서 '진실한 목사가 되고 싶다'고 했더니 '그것을 위해 지금까지 무엇을 했습니까?' 물었습니다. 그래서 '다른 것은 없고 새벽예배에 나가서 열심히 눈물로 기도하고 있습니다.' 이렇게 대답하고 면접을 끝내고 돌아왔습니다. 그 교회에서는 제 말을 확인했는데, 제가 부목사로 있던 교회는 새벽예배에 아주 많은 분이 참석하기 때문에 부목사가 나오는지 안 나오는지도 모르는데, 하필이면 제가 그렇게 하는 모습을 아는 우리 성도에게 확인했던 것입니다. 저는 깜짝 놀랐습니다. 누가 새벽에 제 모습을 보았겠습니까? 그런데 하나님은 다 보고 계셨고, 더 놀라운 것은 부목사로 있던 교회의 그 교인도 보았던 것이고, 청빙하는 교회에서는 그 교인에게 물어보았고, 그분은 제가 정말 그렇다고 말해 주어서 제가 이 교회에 오게 되었습니다. 저는 이 교회에 부임하면서 신앙이 자랐습니다. 하나님은 나의 모든 것을 보시는 분이구나. 그리고 아무리 길이 없는 것 같아도 하나님이 길을 여시면 되는구나. 그래서 결심했습니다. 이제부터는 사람 눈치 보지 말고, 하나님 앞에 진실하겠노라고. 그래서 지금도 하나님만 바라보며 열심히 목회를 하고 있습니다. 하나님이 저를 다루는 방법을 아시는 것 같아요."

이스라엘과 유다에 대한 심판

이번 장에서 다룰 이사야서 28장부터는 내용이 바뀝니다. 그래서 지금까지의 이사야서 내용을 잠깐 요약하겠습니다. 1-12장은 이스라엘과 유다에 대한 심판 예언입니다. 13-23장은 이방 나라들에 대한 심판 예언이고, 24-27장은 '이사야의 소묵시록'인데, 마지막날에 있을 모든 사람에 대한 종말론적 심판을 예언했습니다. 이사야서 28-35장은 다시 이스라엘과 유다에 대한 심판을 예언합니다. 그런데 1-12장은 아하스 왕 때가 배경인데 28-35장은 히스기야 시대를 배경으로 합니다.

28장의 내용은 세 가지입니다. 첫째, 북이스라엘의 교만을 꾸짖습니다. 둘째, 인간적으로 완벽한 남유다의 계획을 꾸짖습니다. 셋째, 하나님의 농사 방법을 가르쳐 줍니다.

북이스라엘의 교만

먼저 북이스라엘의 모습이 나옵니다. 1절입니다.

에브라임의 술취한 자들의 교만한 면류관은 화 있을진저 술에 빠진 자의 성 곧 영화로운 관같이 기름진 골짜기 꼭대기에 세운 성이여 쇠잔해 가는 꽃 같으니 화 있을진저(사 28:1).

에브라임은 지파의 이름인데, 북이스라엘은 열 개의 지파로 이루어져 있고, 열 개 지파 중에 제일 강한 지파가 에브라임입니다. 그래서 '에브라임' 하면 북이스라엘 전체를 가리키는 말로 사용되기도 합니다.

"에브라임의 술 취한 자들"은 북이스라엘의 지도자들을 말합니다. 그들은 술도 먹었겠지만 더 중요한 것은 그들이 지금 제정신이 아니라는 것입니다. 술 취한 자들처럼 판단력을 잃었다는 뜻입니다. 지금이 어떤 때인가, 하면 정신 바짝 차리고 하나님을 의지해야 하는데, 스스로 교만해져서 자기 자랑에 빠져 있습니다.

그들은 어떤 자랑을 하고 있습니까? "술에 빠진 자의 성 곧 영화로운 관 같이 기름진 골짜기 꼭대기에 세운 성이여." 여기서 성은 북이스라엘의 수도 사마리아 성을 말합니다. 사마리아 성이 얼마나 아름다운지, 산 위에 성이 있는데 꼭 왕관 모양입니다. 북이스라엘은 남유다에 대한 열등감이 있었기 때문에 예루살렘보다 더 멋진 도시를 건설하겠다, 결심하고 아주 멋지게 만든 도시가 사마리아 성입니다. 그 당시 팔레스타인에서 가장 아름다운 성이 사마리아 성입니다. 마치 왕관과 같이 멋진 성이었는데, 게다가 기름진 골짜기라고 했습니다. 성 주변은 아주 기름진 땅입니다. 이스르엘 평야가 그 앞에 끝없이 펼쳐져 있고, 샤론 평야도 아주 가깝습니다. 거기서 나오는 소산물이 넘쳐나는 풍요로운 도시였습니다.

그래서 북이스라엘은 자랑했습니다. "우리는 아름답다. 우리는 풍요롭다. 우리는 안전하다. 누가 우리에게 손을 대겠느냐?" 하고 스스로 교만의 면류관을 썼습니다.

영화로운 면류관

그 모습을 보면서 하나님은 뭐라고 말씀하셨습니까? 1절 끝에 이렇게 말씀하십니다. "쇠잔해 가는 꽃 같으니 화 있을진저." 너희는 다 시들어 가는 꽃이니 곧 망할 것이라고 합니다. 어떻게 망할 것이라고 예언했을까요?

² 보라 주께 있는 강하고 힘 있는 자가 쏟아지는 우박같이, 파괴하는 광풍같이, 큰물이 넘침같이 손으로 그 면류관을 땅에 던지리니 ³ 에브라임의 술취한 자들의 교만한 면류관이 발에 밟힐 것이라(사 28:2-3).

"강하고 힘 있는 자"는 앗수르입니다. 하나님이 앗수르를 보내셔서 "쏟아지는 우박같이, 파괴하는 광풍같이, 큰물이 넘침같이 손으로 그 면류관을 땅에 던지리니." 미처 손을 쓸 수 없을 만큼 신속하고 강력하게 쳐들어와 사마리아 성을 점령할 것을 말씀하면서 3절, "너희의 면류관을 발로 밟을 것이다. 너희는 하나님이 주신 은혜로 그렇게 축복을 받았는데 감사하지 않고 그것을 너희의 자랑거리로 생각하고 스스로 교만의 면류관을 썼지? 그것들은 다 적들에게 밟히고 말 것이다."

그러면서 면류관에 대해 말씀합니다. 자기 스스로 쓰고 자랑하는 것이 "교만한 면류관"입니다. 교만한 면류관은 땅에 떨어지고 만다는 것입니다. 그런데 이것과는 다른 면류관이 있습니다.

그날에 만군의 여호와께서 자기 백성의 남은 자에게 영화로운 면류관이 되시며 아름다운 화관이 되실 것이라(사 28:5).

"영화로운 면류관"이 있습니다. 진정한 면류관은 교만한 면류관이 아니고 하나님이 직접 씌워 주시는 영광의 면류관입니다. 영광의 면류관은 영원합니다. 그런데 이 영광의 면류관은 누구에게 주는 걸까요? 남은 자에게 준다는 것입니다. 하나님이 주신 축복을 자랑으로 여기는 교만한 면류관을 쓰는 사람이 아니라, 감사하면서 겸손히 하나님께 충성하면서, 끝까지 하나님을 따라가는 남은 자들에게 영광의 면류관을 씌워 주시고, "나 자신이 너희의 영광의 면류관이 될 것이라"고 약속하셨습니다.

저는 여러분이 이 세상을 살면서 하나님께 받은 많은 은혜를 가지고 스스로 교만한 면류관을 쓰지 않기를 바라고, 그것을 가지고 하나님을 기쁘시게 해서 하나님이 여러분에게 직접 씌워 주시는 영광의 면류관을 다 받을 수 있기를 축원합니다.

이사야가 북이스라엘 사람들에게 진정한 면류관, 영광의 면류관을 쓰는 사람들이 되어야 한다고 말하자 그들이 어떻게 반응했습니까?

그들이 이르기를 그가 누구에게 지식을 가르치며 누구에게 도를 전하여 깨닫게 하려는가 젖 떨어져 품을 떠난 자들에게 하려는가(사 28:9).

어떻게 해서든지 깨닫고 돌아오라고 자세하게, 반복해서 가르쳤더니 "우리가 엄마 젖이나 빨고 있는 아기냐? 왜 그렇게 자꾸만 한 말 또 하고 또 하느냐? 그만 좀 떠들어라. 네가 뭔데 이래라 저래라 간섭이냐? 정말 지겨워 죽겠다." 이렇게 말씀을 거부했습니다.

그러자 하나님이 이사야를 통하여 주시는 말씀이 11절입니다.

그러므로 더듬는 입술과 다른 방언으로 그가 이 백성에게 말씀하시리라(사 28:11).

알아듣기 쉽도록 하나님이 말씀하시는데, 그 말을 듣고 돌이키면 좋겠는데 "듣기 싫다고? 그렇다면 외국인들에 의해 나라가 망하고, 다른 나라의 속국이 되어 그 압제하에서 변해야겠다. 그들이 너희를 교정할 것이다." 이런 말입니다. 그래서 북이스라엘이 앗수르에게 망합니다.

하나님을 떠난 완벽한 계획

이제 이사야는 남유다를 향하여 예언합니다.

¹⁴ 이러므로 예루살렘에서 이 백성을 다스리는 너희 오만한 자여 여호와의 말씀
을 들을지어다 ¹⁵ 너희가 말하기를 우리는 사망과 언약하였고 스올과 맹약하였
은즉 넘치는 재앙이 밀려올지라도 우리에게 미치지 못하리니 우리는 거짓을 우
리의 피난처로 삼았고 허위 아래에 우리를 숨겼음이라 하는도다(사 28:14-15).

14절, "너희, 보았지? 북이스라엘 사람들이 얼마나 교만했는지, 그리고
말씀을 외면하다가 나라가 망하는지 보았지? 그러므로 너희는 이제 여호
와의 말씀을 들어야 한다"고 했더니 유다의 반응이 15절입니다. "사망과
언약을 했다"는 것은 무슨 뜻일까요? "우리는 어떤 경우에도 죽지 않을 방
법을 마련해 두었다"는 것입니다. "우린 완벽하게 대책을 세워 두었습니
다. 걱정 마세요." 이런 뜻입니다. 그러자 이사야가 말합니다. "완벽한 계
획을 세워 두었다고? 하나님을 떠난 인간의 완벽한 계획은 소용없는 것이
다. 다 무너지고 마는 것이다." 그러면서 마지막으로 세 번째 하나님의 농
사 방법을 설명합니다.

하나님의 농사 방법

농사 방법이 이사야서 28장에 나오는데, 농사를 3단계로 설명합니다.
먼저는 밭을 갈아야 합니다. 24절입니다.

파종하려고 가는 자가 어찌 쉬지 않고 갈기만 하겠느냐 자기 땅을 개간하며 고르게만 하겠느냐(사 28:24).

쟁기로 땅을 갈아엎어야 합니다. 잡초와 돌을 제거하고, 흙을 잘게 부숩니다. 부드럽고 평평하게 만듭니다. 왜 이렇게 밭을 가는 것일까요? 목적이 있기 때문입니다. 부드러운 땅, 옥토를 만들어서 씨를 뿌리려는 것입니다. 그다음에는 씨를 뿌립니다.

지면을 이미 평평히 하였으면 소회향을 뿌리며 대회향을 뿌리며 소맥을 줄줄이 심으며 대맥을 정한 곳에 심으며 귀리를 그 가에 심지 아니하겠느냐(사 28:25).

그런데 씨는 아무렇게나 뿌리는 것이 아닙니다. 씨에 따라서 뿌리는 방법과 위치가 다릅니다. 토양에 따라, 종자에 따라서 어떤 것은 비탈에, 어떤 것은 진흙에, 어떤 것은 모래에 심어야 합니다. 소회향과 대회향은 뿌려야 합니다. 소맥(밀)은 줄줄이 심어야 합니다. 대맥(보리)은 정한 곳에 심어야 합니다. 그리고 귀리는 그 주변에 심어야 합니다.

마지막으로는 추수를 해야 합니다. 그것도 방법이 있습니다. 타작 방법이 곡식마다 다릅니다. 타작은 알곡을 거두는 작업입니다. 그런데 알곡은 거저 얻을 수 없습니다. 알곡 바깥에 껍질이 있어요. 그 껍질을 벗겨내야만 하는데, 껍질의 두께가 달라서 곡식마다 타작 방법이 다르다는 것입니다.

예를 들면 참깨는 살살 흔들면 깨가 빠져나옵니다. 그래서 집으로 안 가져오고, 밭에다 멍석을 깔고 말린 후에 작은 막대기로 톡톡 치면 다 빠져나옵니다. 도리깨질을 할 필요가 없습니다. 그러나 어떤 곡식은 껍질이 두꺼워서 도리깨로 때려야 하고, 더 두꺼우면 그 위로 수레바퀴를 돌려야만 합니다. 그래도 안 되면 말굽으로 밟아서 으깨야 합니다.

27-28절에 타작 방법이 나옵니다.

> 27 소회향은 도리깨로 떨지 아니하며 대회향에는 수레바퀴를 굴리지 아니하고
> 소회향은 작대기로 떨고 대회향은 막대기로 떨며 28 곡식은 부수는가, 아니라 늘
> 떨기만 하지 아니하고 그것에 수레바퀴를 굴리고 그것을 말굽으로 밟게 할지라
> 도 부수지는 아니하나니(사 28:27-28).

소회향은 어떻게 타작합니까? 도리깨로 떨지 않고, 대회향은 수레바퀴를 굴리지 않습니다. 소회향은 작대기로 떱니다. 대회향은 막대기로 떱니다. 어떤 것은 수레바퀴를 굴립니다. 그렇게 해도 안되면 말발굽으로 으깨버립니다. 그럼 알곡이 부서지지 않을까요? 그렇지 않습니다. 곡식의 종류가 다르고, 거기에 따라 알곡을 얻기 위한 타작 방법이 다르듯이 사람도 그렇다는 것입니다.

나보다 나를 더 잘 아시는 하나님

사람마다 성격과 기질과 배경과 환경이 다릅니다. 그러므로 다루는 방법도 다릅니다. 하나님이 가장 합당하고 적당한 방법으로 우리를 다루십니다. 어떤 사람은 껍질이 얇아서 타작이 잘되는 사람도 있습니다. 참깨 같은 사람은 막대기로 톡톡 치면 금방 돌아옵니다. "내가 이러면 안 되지. 정신 차려야지. 하나님이 싫어하실 텐데." 바로 깨닫습니다. 아이들도 그렇잖아요. 잘못해서 꾸중하려고 "이리 와!" 부르면 벌써 눈치를 채고 눈물을 흘리면서 "잘못했어요." 합니다. 그렇게 빨리 뉘우치는 애는 매를 덜 맞

습니다. 그런데 어떤 아이는 맞으면서도 쩨려봅니다. 그럼 호되게 맞는 겁니다. 인간이 그렇다는 거예요.

어떤 사람은 막대기로 톡톡 쳐도 되는데, 어떤 사람은 도리깨질을 해야 하고, 어떤 사람은 수레바퀴를 굴려야 하고, 말발굽으로 찧어야 되는 사람도 있다는 것입니다. 그래야 껍질이 벗겨지고 알곡이 된다는 것입니다. 그러니까 곡식마다 알곡을 얻는 방법이 다릅니다. 어떤 것은 막대기, 어떤 것은 도리깨, 어떤 것은 수레바퀴, 어떤 것은 말발굽, 이렇게 다양한 방법이 필요합니다.

29절이 결론입니다.

> 이도 만군의 여호와께로부터 난 것이라 그의 경영은 기묘하며 지혜는 광대하니라(사 28:29).

우리를 어떻게 다뤄야 하는지 하나님은 정확하게 알고 계십니다. 생각해 봅시다. 종자도 다양하게 주시고, 타작 방법도 다르다고 농부들에게 가르쳐 주신 하나님이 우리라고 하는 종자를 어떻게 다루어야 할지 모르시겠어요? 나보다 나를 더 정확하게 아십니다.

왜 하나님이 농사짓는 방법을 이스라엘 백성에게 설명하실까요? 지금 북이스라엘은 앗수르에게 망하고, 남유다는 이렇게 가다가는 바벨론에게 망할 것이라고 예언하니까 이스라엘 백성이 불평했습니다. "왜 우리에게 고난을 주는가? 왜 하나님도 모르는 이방인들에게, 우리보다 더 악한 사람들에게 우리를 맡겨서 짓밟힘을 당하게 하시는가?" 이런 불만에 대한 하나님의 대답이 하나님의 농사 방법입니다.

그런데 여기에 중요한 의미가 들어 있습니다. 농부가 땅을 이유 없이 갈아엎나요? 그렇지 않습니다. 타작 기계를 마구잡이로 돌리나요? 아닙니다. 누구에게는 막대기를, 누구에게는 도리깨나 수레바퀴를, 아니면 말발굽을 사용하는 이유는 알곡을 얻기 위해서입니다. 이 말이 무슨 뜻인가 하면 "내가 너희를 이렇게 다루는 것은 너희가 내 백성이기 때문이며, 이것은 너희를 알곡으로 만들기 위한 나의 지혜, 나의 경영 방법이다. 너희가 볼 때는 부수려는 것 같지? 아니, 부수는 것이 아니야. 부서질 것 같지만 그걸 통하여 알곡이 되는 것이다. 이런 과정을 통하여 버림받고 잊혀지는 것이 아니다. 훈련의 과정이야." 이런 뜻입니다.

개인적으로도 이런 질문을 많이 할 것입니다. "왜 나와 저 사람을 다르게 취급하십니까? 왜 나에게는 이런 아픔을 주시면서 다른 사람과 차별하십니까? 이해가 안 됩니다. 왜 나를 이런 상황으로 몰아넣으시는 겁니까?" 이 질문에 하나님 대신 대답할 수 있겠어요? "그걸 통하여 너를 최선의 알곡으로 만들기 위해서, 너를 알곡답게 하기 위해서야." 이 하나님의 농사 방법을 인정할 수 있습니까? 인정하기를 바랍니다.

제일 좋은 것은 하나님이 부드럽게 말씀하실 때 기쁨으로 듣는 것입니다.

전에 그들에게 이르시기를 이것이 너희 안식이요 이것이 너희 상쾌함이니 너희는 곤비한 자에게 안식을 주라 하셨으나 그들이 듣지 아니하였으므로(사 28:12).

하나님의 말씀이 우리에게 상쾌함, 영혼의 상쾌함과 함께 진정한 안식을 준다는 것입니다. 진정한 안식과 상쾌함은 하나님 말씀에 있습니다. 그러니까 하나님의 말씀을 기쁨으로 받으면 안식과 상쾌함이 있게 되는데, 내가 그 말씀을 안 들었다면 그것보다 더 강한 사건, 고난이 주어집니다. "그때 원망하지 말라. 그 사건도 말씀으로 받아들이라"는 것입니다. 그럴 때 위로가 되고, 그 고난을 견뎌 낼 힘을 공급받을 수 있다는 것입니다. 그리고 그 시간은 버림받는 시간이 아니라 되어야 할 내가 되는 하나님의 훈련 과정이라는 말입니다.

결국 하나님의 말씀이 없다면 우리는 북이스라엘이나 남유다처럼 됩니다. 교만하게 되거나 자기 스스로 세운 계획에 몰입하게 됩니다. 그러나 그것보다 더 지혜롭고 광대한 하나님의 말씀이 있습니다.

"그 말씀을 듣는 자가 돼라. 기쁨으로 듣고 따르는 자가 돼라. 그래야 안식과 상쾌함이 있고 번영도 있는 것이다. 거역하는 마음을 다 내어 버리고, 말씀을 기쁨으로 받는 너희가 돼라."

이것이 우리를 향한 주님의 말씀입니다.

"하나님이 여러 사건으로 가르치실 때, 불평, 원망, 낙심하지 말고 그 속에서 하나님의 음성을 듣게 하소서. 하나님이 주신 은혜와 축복에 취하여 스스로 교만한 면류관을 쓰지 않고, 그 복을 잘 사용해서 남은 자가 되어 하나님이 씌워 주시는 영광의 면류관을 쓰게 하소서."

가장 위대한 농부이신 하나님!

땅을 갈고, 씨를 뿌리며, 타작하는 지혜를 주신 하나님,

우리를 우리 자신보다 더 잘 아시는 하나님,

교만하지 않고, 인간적인 대책에 만족하지 않고,

언제나 하나님의 말씀을 기쁘게 듣고 순종하게 하소서.

그 안에서 상쾌함과 안식과 번영을 누리게 해 주소서.

◇ 함께 이야기하기

1. 하나님의 농사 방법 3단계는 무엇인가요?

2. 하나님께서 나를 다루시는 방법이 있다면 무엇인가요? 그때 우리가 하나님을
   대하는 가장 좋은 방법은 무엇일까요?

3. 하나님의 말씀을 듣고 따랐을 때, 하나님께서 우리에게 주신 값진 선물이 있었
   다면 나눠 봅니다.

25

무엇을 믿고 삽니까

(사 29:13)

어떤 모임에서 설교를 했는데, 예배 후에 그 자리에 처음으로 초대받아서 왔다는 분과 인사를 나누게 되었습니다. 그분의 분위기가 독특해서 "교회에 다니십니까? 신앙을 가지고 계신가요?" 이렇게 질문했더니 "저는 믿지 않습니다. 어떤 신앙도 가지고 있지 않습니다." 이렇게 말했습니다. "종교가 없는 사람은 있지만 신앙이 없는 사람은 없습니다." 그러자 그분은 이해가 되지 않았는지 "종교와 신앙이 다른 것입니까?" 하고 물었습니다. "다릅니다." 그러자 이 대화를 듣고 있던 사람들이 두 분만 얘기하지 마시고, 그 내용을 우리 모두에게 설명해 달라고 해서 본의 아니게 신앙과 종교의 차이를 설명하게 되었습니다.

신앙과 종교

"신앙과 종교를 구별하려면 마음의 구조를 알아야 합니다. 마음이란 무엇일까요? 성경은 인간을 세 부분으로 이해합니다. 영과 혼과 육입니다. 영은 하나님과 소통하는 부분이고, 혼은 육체와 영을 이어 주는 인격의 주체입니다. 그리고 육체는 우리가 눈으로 보고 만지고 접촉할 수 있는 몸을 의미합니다. 그런데 일반 사람들은 영과 혼과 육이라는 말을 잘 사용하지 않습니다. 영과 혼을 합해서 마음이라고 말합니다. 그러니까 마음이란 영과 혼을 합한 개념으로 생각하면 됩니다.

그런데 우리 마음은 두 개의 방으로 이루어져 있습니다. 우리도 그런 말을 하죠? 그냥 마음이 있고, 속마음이 있다고. 우리 마음은 하나의 큰 방과 좀 더 작은 방으로 이루어져 있습니다. 작은 방이 영이고, 큰 방이 혼입니다. 그런데 성경은 인간의 영, 혼, 육을 성전에 비유합니다. 성전은 지성소와 성소와 성전마당으로 구성되어 있습니다. 지성소는 영이고, 성전은 혼이며, 성전마당은 육체입니다.

그런데 가장 깊은 지성소 안에는 무엇이 있습니까? 법궤 안에 십계명 돌판이 들어 있습니다. 그럼 성소에는 무엇이 있을까요? 세 가지가 있습니다. 분향단과 떡상과 등대입니다. 그러니까 우리 영 안에는 무엇이 있어야 할까요? 하나님의 임재를 상징하는 말씀, 다시 말하면 우리 영 안에는 하나님만 계셔야 합니다. 그럼 우리 혼에는 무엇이 있을까요? 세 가지가 있다고 했습니다. 첫째, 분향단은 기도하는 곳입니다. 소원을 의미합니다. 둘째, 떡상은 먹고 배부른 것입니다. 만족을 의미합니다. 셋째, 등대는 밝히는 것입니다. 판단을 의미합니다.

예를 들어 보죠. 내 마음의 지성소에 하나님이 계신다면 그 사람은 하나님을 소원하고 갈망할 것이며, 하나님으로 만족할 것이며, 하나님의 뜻이 무엇인지 찾고 어떤 것이 하나님의 뜻에 맞는지를 판단할 것입니다. 그런데 하나님 대신에 돈이 들어갔습니다. 그러면 혼에서는 돈을 소원하고 갈망하며, 돈에 만족을 느끼고, 돈을 벌기 위한 가장 좋은 방법이 무엇인가 찾고, 판단할 것입니다. 그러니까 혼은 영이 선택한 것을 바라고, 만족하고, 그것을 얻기 위해 최선의 방법을 판단하고 찾아냅니다. 그것을 얻으려고 몸부림치는 것입니다. 그러니까 인간은 영이 선택한 것을 따라 살아가는 존재입니다.

그런데 영 안에는 하나님만 있어야 하는데 하나님 이외의 것이 들어갈 수 있습니다. '이것만 있으면 내가 만족하고 행복하고 기쁠 수 있겠다.' 나에게 존재 의미를 느끼게 해 주는 것, 내가 가장 가치가 있다고 생각하는 것들입니다. 그렇게 내 영 안으로 들어간 것, 그것이 신앙의 대상입니다.

우리는 신앙의 대상이 어떤 초월적 존재, 신이라고 생각합니다. 그러나 신앙의 대상은 어떤 것도 될 수 있습니다. 자기 자신이 신앙의 대상일 수도 있고, 자녀, 재물, 명예, 권력, 업적, 학문, 사람들의 인정, 어느 것이든 가능합니다.

그렇다면 종교는 무엇입니까? 내 영 안에 들어 있는 신앙의 대상을 소유하기 위해 그 사람이 의지하는 신의 이름이 그 사람의 종교입니다. 내가 어떤 신도 의지하지 않는다면 그 사람은 종교가 없겠지요. 무신론자입니다. 그러나 무신론자도 자기가 가장 중요하게 생각하는 신앙의 대상이 있고, 그것을 위해 한평생 몸부림칩니다. 그래서 종교는 없을 수 있지만 신앙이 없는 사람은 없는 것입니다."

그러자 그분이 이렇게 말했습니다.

"종교는 없을 수 있지만 신앙의 대상은 반드시 있다는 말이 마음에 와 닿는군요. 그렇다면 하나님을 믿는다는 것은 무슨 뜻인가요?"

저는 이렇게 대답했습니다.

"하나님을 믿는다는 것은 신앙의 대상이 오직 하나님 한 분뿐인 것, 마음의 지성소에 하나님 한 분만 존재하도록 하는 것입니다. 그런데 하나님을 믿는다고 하지만 하나님이 신앙의 대상이 아닌 사람이 아주 많습니다. 예를 들면 권력을 얻기 위해 어떤 사람은 부처님을 부르고, 어떤 사람은 예수님을 부른다면 두 사람의 종교는 다르지만 두 사람의 신앙의 대상은 똑같이 권력입니다. 이것은 제대로 하나님을 믿는 것이 아닙니다."

예루살렘이 특별한 이유

이사야서 29장은 하나님이 무엇을 원하시고, 인간은 정말 무엇을 믿고 살아야 하는가에 대한 말씀입니다.

> ¹ 슬프다 아리엘이여 아리엘이여 다윗이 진 친 성읍이여 해마다 절기가 돌아오려
> 니와 ² 내가 아리엘을 괴롭게 하리니 그가 슬퍼하고 애곡하며 내게 아리엘과 같
> 이 되리라(사 29:1-2).

아리엘은 예루살렘의 별명입니다. 아리엘, 여기서 '아리'는 짐승 중에 사자를 말합니다. 사자는 짐승의 왕입니다. 예루살렘은 하나님이 세우시고 다스리시는 곳이기 때문에, '다른 모든 도시 중의 왕이다. 진정한 왕이신 하나님이 계신 도시다.'라는 뜻입니다. 그러므로 예루살렘을 아리엘이라고 했습니다. 창세기 49장 9절에 "유다는 사자 새끼로다." 이렇게 말했습니다. 그러므로 유다 지파를 사자 지파라고 하는데, 왕들이 유다 지파이기 때문에 왕들이 사는 곳 예루살렘을 아리엘이라고 불렀습니다.

그런데 2절에 보면 "아리엘과 같이 되리라."라고 말씀합니다. 여기서 아리엘은 '하나님의 제단의 면', 성전에 있는 번제단의 표면을 의미합니다. 이는 "태우다"라는 뜻을 가진 히브리어 동사에서 파생된 말입니다. 1-2절을 합하면 "아리엘이여, 너는 아리엘이 되리라." 이런 뜻입니다. 이것은 일종의 말장난 중 하나인데, 기억하기 쉽도록 수사적인 기교를 부린 것입니다. 그 뜻은 "예루살렘이여, 너는 번제단이 되리라."입니다.

번제단에서는 제물을 잡아서 태웁니다. 번제단을 생각해 봅시다. 밑에서 불을 때니까 번제단 표면이 어떻겠어요? 엄청나게 뜨겁습니다. 벌겋게 달아오른 놋판 위에 짐승을 잡아 올려놓으면 어떻게 되겠어요? 번제단 위

에서는 연기가 나고, 피가 흐르고, 불이 붙고, 재가 됩니다.

"예루살렘 전체가 번제단이 되겠다." 이것은 무엇을 의미할까요? 3절입니다.

> 내가 너를 사면으로 둘러 진을 치며 너를 에워 대를 쌓아 너를 치리니(사 29:3).

적들이 둘러싸서 예루살렘 성을 태우고 피를 흘리고 사람들이 죽고, 재가 되는 등 엄청난 고난이 올 것이라는 말입니다.

예루살렘이 왜 이런 심판을 받습니까? 예루살렘이 예루살렘이 될 수 있는 이유는 번제단이 있기 때문입니다. 아리엘, 즉 번제단의 기능이 잘 이루어질 때, 예루살렘이 되는 것입니다. 이스라엘 사람들은 번제단에 와서 제물을 바치면서 자기의 죄를 고백합니다. "하나님, 세상에 나가 살면서 세상의 가치관에 제가 오염되었습니다. 내 마음의 지성소인 영 안에 하나님만 계셔야 하는데, 내 마음에서 하나님을 몰아내고 세상이 좋아하는 것들을 담았습니다. 내 마음에서 돈이나 권력이나 자녀나 하나님보다 더 사랑한 것들, 하나님보다 더 원했던 것들을 다 죽이겠습니다. 저를 용서해 주소서." 이렇게 하나님 아닌 것을 신앙의 대상으로 삼았던 것을 회개하고 다시 하나님으로 내 마음을 가득 채우는 것이 번제단의 역할입니다.

지금으로 말하면 이 번제단의 역할이 예배이고 성전입니다. 왜 성전에 나가서 예배를 드립니까? 내 속에 들어온 하나님 아닌 것들을 몰아내고 하나님으로 채우기 위해서, 그래서 하나님과의 관계를 회복하려는 것입니다. 번제단의 역할이 바로 되면 하나님의 백성으로 살아갈 수 있고, 그곳이 바로 하나님이 함께하시는 성, 예루살렘이 되는 것입니다.

그런데 그들은 번제단을 어떻게 사용했습니까? 기능이 변질되었습니다. 자기가 원하는 것을 달라고 요구하는 제단이 된 것입니다. "내 제물을 받으시고 내가 원하는 것을 주세요." 하나님의 힘으로 내 욕심을 이루려고 했습니다. 이렇게 되면 하나님은 내 욕심을 이루는 도구가 되고, 내 욕심의 노예가 되는 것입니다. 하나님은 이것을 싫어하십니다. 왜냐하면 하나님만이 마음의 주인이 되셔야 하는데, 주인이 될 수 없는 것들을 주인으로 모시고 주인인 하나님께 도구가 되라니 있을 수 없는 일입니다.

이스라엘 백성은 어떻게 했습니까? 이사야서 29장 1절 끝에 "해마다 절기가 돌아오려니와"라고 말씀합니다. 해마다 절기를 지키고, 의식을 행하며, 예배를 드리고 겉모습은 그럴듯했지만 그들의 중심에는 뭐가 있었습니까? 하나님이 아니라 전쟁이 없는 평안, 안락한 삶에 대한 동경이 가득했습니다. 안전에 대한 욕구가 신앙의 대상이었던 것입니다. 그래서 강한 적들이 쳐들어왔을 때는 그것을 잃을까 봐 두려워했고, 다른 나라를 의지하고 도움을 받아서 그 문제를 해결하려고 했습니다. 그들은 하나님을 믿는다고 했지만 사실은 하나님이 아니라 안정과 평화를 신앙의 대상으로 섬겼습니다.

참된 평화를 주시는 분이 하나님인데, 그리고 적들이 몰려오는 진짜 이유는 그들이 세상을 의지했기 때문에 그 마음을 버리게 하려고 하나님이 적들을 동원하신 것인데, 그러니까 하나님께로 돌아오면 되는데, 하나님께 돌아오지는 않고, 오히려 강한 군대를 의지하고, 도움을 받으려고 하면서 입으로는 하나님을 불렀습니다. 이게 가짜라는 것입니다. 그래서 "그런 번제단은 필요 없다. 그래서 예루살렘을 적들에게 넘겨주겠다. 그래서 번제단에서 일어나는 일(연기가 나고, 불에 타고, 피 흘리고, 죽고, 재가 되는 일)이 온 나라에 일어날 것이다." 그런 뜻입니다.

이것을 성경에서는 이렇게 설명합니다. 13절입니다.

주께서 이르시되 이 백성이 입으로는 나를 가까이 하며 입술로는 나를 공경하나 그들의 마음은 내게서 멀리 떠났나니 그들이 나를 경외함은 사람의 계명으로 가르침을 받았을 뿐이라(사 29:13).

"이 백성이 입으로는 나를 가까이하고 부른다." 하나님이 전부라고, 하나님을 사랑한다고, 하나님을 믿는다고 하지만 마음은 내게서 멀다. 마음 한가운데 하나님이 들어 있지 않다. 엉뚱한 것이 들어 있다는 것입니다.

그것이 무슨 뜻입니까? 하나님은 계명을 주셨습니다. 하나님을 사랑하라고, 마음 한 중심에 하나님을 모시라고 계명을 주셨는데, 이것을 사람의 계명으로 바꾸었습니다. 자기가 좋아하는 것을 마음 한가운데 두고, 그것을 얻기 위해 하나님을 이용했습니다. 하나님은 그럴 수 없다는 것입니다. 그러니까 "입으로만 하나님을 믿지 말고, 마음 중심으로 하나님을 믿어라. 진정한 신앙인이 돼라"는 것입니다. 그러면 너희의 삶을 책임져 주겠다는 것입니다.

허무한 인생이 충만해지려면

많은 사람이 질문합니다. "인생이 왜 이렇게 허무하지요? 원래 그런 것인가요?" 아닙니다. 우리 마음이 크기 때문입니다. 우리 마음은 하나님으로만 채울 수 있을 만큼 큽니다. 철학자 파스칼(Pascal)이 말했습니다. "인간에게는 하나님으로만 채울 수 있는 공간이 있다."

인간은 그렇게 위대한 존재입니다. 하나님으로만 채울 수 있는, 하나님과 교제함으로만 충만할 수 있는 존재입니다. 세상의 어떤 것, 아무리 귀한 것으로 채우려고 해도 다 채울 수 없습니다. 그런데 거기에 하나님이 아닌 것을 집어넣습니다. 자식을 넣고, 명예를 넣고, 돈을 넣고…. 아무리 채우려고 해도 채워지지 않습니다. 채워지지 않을 것으로 우리의 마음을 채우려고 하기 때문에 공허한 것입니다. 그러므로 하나님 이외의 것을 신앙의 대상으로 삼으면 허무할 수밖에 없습니다. 왜냐하면 그것은 결국 그 사람을 떠납니다. 자식도, 젊음도, 돈도, 명예도 다 사라집니다.

　허무란 무엇입니까? 철학적으로 이것보다 더 나은 뭔가가 있다는 뜻입니다. 다시 말하면 내가 권력을 얻었는데 그래도 허무하다면, 권력보다 더 나은 것이 있다는 것입니다. 그것이 뭘까요? 하나님입니다. 그러므로 허무하다면 그것보다 더 나은 하나님으로 채우면 됩니다. 그러면 충만해집니다.

　'나는 하나님을 믿는데 왜 이렇게 고난이 많은가?' 이렇게 생각하는 사람도 많습니다. 고난은 내 마음속에 하나님이 아니라 다른 것이 들어가 있기 때문에, 그것이 아무것도 아니라는 것을 깨닫게 하려는 것입니다. 돈을 최고의 가치로 여겼습니다. 그런데 돈이 최고의 가치가 아니라는 것을 알게 하려면 돈 문제가 생겨야죠. 그래서 고생도 하고, 힘든 과정을 거치면서 '아, 돈이 전부가 아니구나. 자식이 전부가 아니구나. 권력이 전부가 아니구나.' 이걸 깨닫게 하려는 것입니다. 그러니까 고난은 하나님 아닌 것을 우리 마음의 지성소에 두었기 때문에 그것을 뽑아내는 과정입니다.

　하나님은 왜 우리 마음의 지성소에서 하나님 아닌 것을 뽑아내려고 하십니까? 그래야만 우리와 하나님의 관계가 올바르게 되고, 그래야만 우리가 하나님과 함께 영원히 살 수 있고 가장 행복한 길이기 때문입니다. 그래서 우리를 사랑하시는 하나님은 우리 마음의 지성소에 들어 있는 하나님 아닌 다른 것을 끝까지 뽑아내려고 하시는 것입니다. 영적 싸움의 본질은 내 마음의 지성소에서 하나님이 아닌 것들을 뽑아 버리는 것입니다. 우리는 이런 영적 싸움에서 승리해야 합니다.

"신앙의 대상이 될 수 없는 것을 우리 마음의 지성소에서 빼 버려 주소서. 올바른 신앙의 대상이신 하나님만 우리 마음의 지성소에 있게 하소서."

하나님 아버지!

하나님이 아닌 것을 신앙의 대상으로 삼지 않게 하소서.

그것은 언젠가 우리를 떠나고, 우리는 허무해질 것이기 때문입니다.

하나님을 믿는다고 하면서도 사실은 하나님 아닌 것을 섬기면서,

하나님의 힘으로 그것을 얻으려는 잘못된 종교생활에서

우리를 건져 주소서.

정말 우리 마음의 지성소에 하나님이 계셔서

하나님과 교제하는 충만한 인생,

하나님이 돌보고 책임지시는 복된 인생을 살게 하소서.

◇ 함께 이야기하기

1. 성전의 지성소, 성소 안에 있는 것은 무엇인가요? 이것을 볼 때, 우리 영, 혼 안에 있어야 하는 것은 무엇인가요?

2. 인생이 허무해지는 이유는 무엇입니까? 우리의 마음은 무엇으로 채워야 하나요?

3. 하나님께서 우리 마음의 지성소에서 하나님 아닌 것을 뽑아 내시려는 이유는 무엇인가요? 요즘 내 마음의 지성소에 있는 것은 무엇인가요? 그것을 뽑아내기 위해 우리는 어떻게 해야 할까요?

26

기다림

(사 30:18)

미국의 신학자 찰스 스윈돌(Charles R. Swindoll) 박사는 사람들에게 "'당신은 무엇을 기다리십니까?' 하고 물어보면 그들의 대답은 다음 세 가지 중 하나일 것이다."라고 말했습니다. 첫째는 자기가 처한 궁지에서 벗어날 때를 기다립니다. "이 빚만 다 갚을 수 있다면, 건강이 회복된다면, 이 관계가 회복만 된다면… 그때 나는 웃을 것이고, 감사할 것이고, 행복하게 될 것이다. 나는 그날을 기다립니다." 이렇게 말한다는 것입니다.

둘째는 내가 원하는 것을 이루어 줄 사람을 기다립니다. 나를 행복하게 해 줄 사람, 신랑이나 신부, 혹은 나를 부모로 만들어 줄 자녀를 기대하기도 합니다. 고독을 달래 줄 친구가 나타나길 기다리거나, 혹은 훌륭한 인물이 나타나서 나를 인도해 주기를 바라기도 합니다.

셋째는 내 꿈이 성취되는 그날을 기다립니다. 이것은 자기실현의 문제입니다. 자기 분야에서 위대한 업적을 이루거나, 내가 배우고자 하는 꿈을 성취하여 학위를 받는다든가, 운동경기에서 금메달을 획득한다든가, 이런 인생의 목표를 달성하는 그날을 기다립니다.

그렇다면 우리가 기다리는 것이 다 이루어지면, 그다음에는 아무것도 기다리지 않을까요? 아닙니다. 그래도 인간은 무엇인가를 기다립니다. 인간은 궁극적으로 '기다리는 존재'이기 때문입니다.

모든 사람의 기다림, 그 소원의 총합을 뭐라고 할까요? 모든 사람의 모든 소원이 이루어진 상태를 철학적으로는 유토피아(Utopia)라고 합니다. 유토피아는 모든 소망이 다 이루어지고, 아무 문제도, 모순도 없는 완전한 세상을 말합니다. 그러나 유토피아는 사람의 힘으로 만들어질 수 없고, 그러므로 존재하지 않습니다. 이것이 유토피아의 한계입니다. 그래서 《희망의 신학》(*Theology of hope*)의 저자이자 독일의 신학자인 몰트만(Jürgen Moltmann)은 이렇게 말했습니다. "인간의 소원은 초월적이다. 그러므로 이 세상 어떤 종류의 성취도 그의 기다림을 멈추게 할 수는 없다."

'패역한 자식들'이 내린 결론

이사야서 30장은 우리가 무엇을, 어떻게, 왜 기다려야 하는가에 대해 말씀합니다. 본문의 배경은 앗수르가 유다를 무너뜨리려고 예루살렘을 포위했을 때입니다. 이미 앗수르는 아람과 북이스라엘을 무너뜨렸습니다. 남유다는 앗수르의 공격을 스스로 막아 낼 수 없다는 것을 알고 있습니다. 그래서 무엇을 했습니까?

> 여호와께서 이르시되 패역한 자식들은 화 있을진저 그들이 계교를 베푸나 나로 말미암지 아니하며 맹약을 맺으나 나의 영으로 말미암지 아니하고 죄에 죄를 더하도다(사 30:1).

계교를 베풀었습니다. 머리를 짜냈다는 말입니다. 그런데 한 나라의 운명이 걸린 전쟁, 이 큰 사건 속에 하나님의 뜻이 없을까요? 있습니다. 그렇다면 하나님께 이 전쟁이 왜 있으며 어떻게 해야 하는가를 물어봐야지요. 그런데 묻지 않았습니다.

그래서 "패역한 자식들"이라고 했습니다. 패역한 자식이란 부모의 말을 듣지 않고 자기 고집대로 행하는 막무가내라는 뜻입니다.

패역한 자식들이 내린 결론은 무엇입니까?

320

그들이 바로의 세력 안에서 스스로 강하려 하며 애굽의 그늘에 피하려 하여 애굽으로 내려갔으되 나의 입에 묻지 아니하였도다(사 30:2).

애굽에 도움을 요청하러 사신을 보냈습니다. 말이 군사동맹이지, 사실은 조공을 바치고 속국이 되겠다는 것입니다. 그런데 애굽이 어떤 나라입니까? 하나님을 섬기기 위해서 탈출한 나라였습니다. 출애굽 사건은 이스라엘 역사에서 가장 중요한 사건입니다. 그런데 그 나라로 도움을 받으러 간다는 것이 말이 됩니까? 애굽을 벗어나기 위해 광야 길을 40년이나 걸어서 빠져 나왔는데 말입니다.

6 네겝 짐승들에 관한 경고라 사신들이 그들의 재물을 어린 나귀 등에 싣고 그들의 보물을 낙타 안장에 얹고 암사자와 수사자와 독사와 및 날아다니는 불뱀이 나오는 위험하고 곤고한 땅을 지나 자기에게 무익한 민족에게로 갔으나 7 애굽의 도움은 헛되고 무익하니라 그러므로 내가 애굽을 가만히 앉은 라합이라 일컬었느니라(사 30:6-7).

그런데 다시 종이 되려고 6절, "그 험한 광야를 지나 종이 되려고 스스로 걸어 들어가는가?" 있을 수 없는 일입니다. 7절입니다. "애굽은 아무 도움도 되지 않을 것이다. 가만히 앉은 라합이다." 애굽은 겉으로는 평화로워 보이지만 일단 먹이가 나타나면 갑자기 달려들어 잡아먹는 악어와 같다는 것입니다.

하나님을 떠난 두려움

그래서 하나님은 이사야에게 명령하십니다.

이제 가서 백성 앞에서 서판에 기록하며 책에 써서 후세에 영원히 있게 하라(사 30:8).

"서판에 쓰라. 언제, 어떤 내용으로 예언을 했는지, 사람들의 반응은 어떠했는지, 그 결과가 뭔지 그들이 얼마나 말씀을 듣기 싫어했는지 자세히 기록해 두라." 어느 정도로 싫어했습니까?

10 그들이 선견자들에게 이르기를 선견하지 말라 선지자들에게 이르기를 우리에게 바른 것을 보이지 말라 우리에게 부드러운 말을 하라 거짓된 것을 보이라 11 너희는 바른 길을 버리며 첩경에서 돌이키라 이스라엘의 거룩하신 이를 우리 앞에서 떠나시게 하라 하는도다(사 30:10-11).

"하나님의 말씀은 듣기 싫다. 제발 우리가 원하는 말을 들려다오. 정죄하지 말고, 부드럽게 말해 달라."
이렇게 하나님의 말씀을 떠나게 되자 그들의 마음은 불안해져서 가만히 있을 수가 없게 됩니다.

주 여호와 이스라엘의 거룩하신 이가 이같이 말씀하시되 너희가 돌이켜 조용히 있어야 구원을 얻을 것이요 잠잠하고 신뢰하여야 힘을 얻을 것이거늘 너희가 원하지 아니하고(사 30:15).

지금 이 위험한 순간에 하나님의 말씀을 붙들고 잠잠해야 힘을 얻을 수 있는데, 그들은 조급하고 두려워서 더 빨리 도망치려고 합니다.

이르기를 아니라 우리가 말 타고 도망하리라 하였으므로 너희가 도망할 것이요 또 이르기를 우리가 빠른 짐승을 타리라 하였으므로 너희를 쫓는 자들이 빠르리니(사 30:16).

빨리 도망가면 갈수록 적들이 쫓아오는 속도는 더 빠를 것이라고 경고합니다.

우리가 기다려야 하는 것

이제 하나님은 애굽의 도움을 기다리며 빨리 달려가는 그들을 향해 말씀합니다. "너희는 무엇을 기다리고 있는가? 애굽 군대를 기다리는가? 전쟁이 없는 평화를 기다리는가? 그러나 너희가 기다리는 그날은 오지 않을 것이다. 대신 너희가 정말로 기다려야 하는 것이 있다."
그러면서 기다림에 관하여 세 가지를 말씀합니다.

첫째, 기다림의 주체입니다.

그러나 여호와께서 기다리시나니(사 30:18상).

누가 기다립니까? 여호와 하나님이 기다리십니다. 우리는 반대로 생각합니다. 내가 하나님을 기다린다고 생각합니다. 물론 나도 하나님을 기다리지요. 그러나 내가 하나님을 기다리는 것보다 하나님이 나를 더 기다리십니다. 기다림의 주체는 내가 아니라 하나님입니다.

여기서 질문이 생깁니다. 나는 힘이 없고, 내 뜻대로 할 수 없기 때문에 어쩔 수 없이 기다리지만, 능력이 많은 하나님이 왜 기다리시는가? 창조주이시며, 역사의 주인이신 하나님이 왜 스스로 약해져서 기다림의 고통을 선택하시는가? 하나님이 우리를 기다리신다는 것은 무슨 의미일까요?

첫째는, 아직도 우리를 포기하시지 않았다는 뜻입니다. "나는 아직도 너를 기다린다." 이 말은 나는 아직도 너를 포기하지 않았다는 말씀입니다. "아직도 가능성이 있다. 기다릴 만한 가치가 있다"는 말입니다. 둘째는, 우리를 인격적으로 존중하시기 때문입니다. 하나님의 힘으로 그냥 번쩍 들어다가 하나님 앞에 무릎을 꿇게 만드실 수 있습니다. 그러나 그것은 억지가 됩니다. 기다린다는 것은 억지로가 아니라 진심으로 뉘우치고, 스스로 돌아오라는 것입니다. 그래서 강제하지 않고 참고 기다리십니다. 인격적으로 존중하시기 때문입니다. 셋째는, 무엇보다도 우리를 사랑하기 때문에 기다리십니다. 기다림 속에 엄청난 사랑이 들어 있음을 알아야 합니다.

둘째, 기다리는 이유입니다.

이는 너희에게 은혜를 베풀려 하심이요(사 30:18하).

하나님은 우리에게 은혜를 베풀려고 기다리십니다. 이스라엘은 앞에 있는 전쟁을 바라보며 두려워하고 있습니다. 이 문제를 해결하려고 몸부림을 칩니다. 그러나 하나님께는 전쟁이 중요하지 않습니다. 그들이 하나님을 떠났기 때문에 돌아오라고 전쟁을 주신 것인데, 돌아오지는 않고 그 문제를 해결하려는 것은 진정한 해결책이 되지 못합니다. 그들이 돌아오면,

하나님이 은혜를 베푸시면 적들은 물러갑니다. 그것만이 진정한 해결책입니다. 그런데 은혜를 받으려고 돌아오지 않고 오히려 멀리 가고 있습니다. 망하는 길로 가는 그들을 보면서 "내가 얼마나 너희를 기다리는데 그 길로 가는가? 돌아오면 은혜를 베풀 것인데!" 하며 안타까워 하십니다.

찬송가 254장 3절은 다음과 같습니다. "날 오라 하심은 온전한 믿음과 또 사랑함과 평안함 다 주려 함이라." 뭘 준다고요? 온전한 믿음, 그리고 하나님의 사랑, 너희가 필요로 하는 평안, 다 주신다는 것입니다. 돌아와서 이런 것을 다 받을 수 있게 되기를 기다리시는 것입니다.

셋째, 기다림의 결과입니다.

시온에 거주하며 예루살렘에 거주하는 백성아 너는 다시 통곡하지 아니할 것이라 그가 네 부르짖는 소리로 말미암아 네게 은혜를 베푸시되 그가 들으실 때에 네게 응답하시리라(사 30:19).

"너희가 돌아오면 이렇게 될 것이다." 19절, "통곡이 그칠 것이다. 눈물을 닦아 주고 응답하겠다." 그런데 하나님은 막연히 기다리시기만 하지 않습니다. 돌아오도록 조치를 취하십니다.

20 주께서 너희에게 환난의 떡과 고생의 물을 주시나 네 스승은 다시 숨기지 아니하시리니 네 눈이 네 스승을 볼 것이며 21 너희가 오른쪽으로 치우치든지 왼쪽으로 치우치든지 네 뒤에서 말소리가 네 귀에 들려 이르기를 이것이 바른 길이니 너희는 이리로 가라 할 것이며 22 또 너희가 너희 조각한 우상에 입힌 은과 부어 만든 우상에 올린 금을 더럽게 하여 불결한 물건을 던짐 같이 던지며 이르기를 나가라 하리라(사 30:20-22).

20절, 환란의 떡과 고생의 물을 먹게 하십니다. 고난 속에서 탄식할 때, 두 가지가 이루어집니다. 그들의 눈이 떠지고, 귀가 열립니다. 그래서 스승을 보게 됩니다. 그들은 지금 눈이 감겨 있습니다. 하나님이 사람들을 보내서 돌아오라고 말씀하는데, 필요한 말을 해 주는 사람들을 알아보지 못합니다. 적들을 바라보며 놀랄 뿐입니다.

또한 21절, "귀를 열어 듣게 해 주겠다"고 하십니다. 하나님이 그들에게 말씀하시지 않는 것이 아닙니다. 지금도 계속 말씀하시는데, 귀가 먹어서 듣지 못합니다. 잘나갈 때는 하나님의 음성을 알아듣지 못합니다. 그러나 환란의 떡과 고생의 물을 마시면서 그들의 귀가 열려서 알아듣는다는 것입니다.

그 결과 22절입니다. "우상을 버릴 것이다." 우상이란 하나님보다 더 사랑하는 것입니다. 우리 속에는 우상이 없는 것 같지요? 아닙니다. 아주 많습니다. 그들은 하나님이 아닌 우상을 섬기다가 환란을 당했습니다. 그제야 '내가 왜 이같이 헛된 것을 섬겼던가? 왜 이런 무가치한 것을 얻으려고 하나님을 떠났던가?' 깨닫고 헛된 우상들을 버리겠다고 합니다.

우리를 기다리시는 하나님

이스라엘은 전쟁의 고통에서 빨리 벗어나기를 기다렸습니다. 왜 하나님은 우리에게 은혜를 베풀지 않는가, 원망했습니다. 그런데 하나님은 다른 것을 기다리셨습니다. 그들이 돌아와서 새사람이 되기를 기다리셨습니다. 오늘 우리도 마찬가지입니다. 우리는 우리의 소원이 이루어지기를 기다립니다. 그러나 하나님은 우리가 돌아오기를 기다리시고, 돌아와서 하나님의 은혜를 받기를 기다리십니다. 하나님이 지금도 여러분을 간절히 기다리고 계신다는 것을 가슴에 깊이 새기기를 바랍니다.

저는 사무실에서 일하다가 가끔 본당에 와서 기도할 때가 있습니다. "하나님, 저 왔습니다." 이렇게 말하면 '내가 너를 기다리고 있었다.' 이런 느낌을 받을 때가 많습니다. '내가 하나님을 기다린다고 생각했는데, 하나님이 나를 더 기다리셨구나. 하나님의 기다림이 내 영혼을 감동시켜 내가 이 자리에 오게 되었구나.' 이런 생각을 하곤 합니다. 하나님의 기다림에 대한 인식, 거기에 눈을 떠야 합니다.

그런데 인간의 기다림과 하나님의 기다림 사이에 간격이 있습니다. 이것이 인간에게는 고통이고, 하나님께는 슬픔이 됩니다. 우리는 육체의 소원을 이루려고 몸부림치면서 하나님의 기다림을 외면합니다. 그런데 정말 나의 기다림을 내려놓고, 하나님의 기다림에 응답한다면 놀라운 일이 벌어질 것입니다. 내가 원하는 것을 얻기 위해 몸부림치던 것을 내려놓고, 방향을 바꿔서 하나님을 기다린다면 "주님, 제가 세상 것만 너무 기다렸습니다. 이제는 방향을 바꿔서 주님이 저에게 기다리시는 것! 그것을 기다리겠습니다." 이렇게 하나님을 기다린다면 그런 자에게 복이 있을 것이라고 했습니다.

세상을 향한 기다림에는 실망이 있습니다. 왜냐하면 세상의 모든 것이 헛되기 때문입니다. 그러나 하나님을 기다리는 것에는 실망이 없습니다. 왜냐하면 하나님만이 진정한 실재이며, 하나님 자신이 소망이시기 때문입니다.

고등학교를 막 졸업한 여자가 가난한 시골집이 싫어서 남자 친구와 함께 뉴욕으로 떠났습니다. 두 사람은 합창단에서 배운 기술로 취직을 했습니다. 여자는 춤과 노래로, 남자는 밴드로 생계를 유지했습니다. 그러나 3년간의 동거 끝에 남자는 떠났습니다. 어린 아기를 기르며 혼자 몸부림치던 여자는 이곳저곳을 전전하며 세상에 찌들고 밟혔습니다. 유일한 희망이었던 아기도 여섯 살이 되었을 때 죽고 맙니다. 몸도 마음도 지친 여자는 결코 성공하기 전에는 집으로 가지 않겠다고 했지만, 이제는 모든 희망이 사라졌습니다. 고향집이나 한번 멀리서 바라보고 죽자고 생각했습니다. 누가 볼까 싶어 밤늦게 기차에서 내려서, 고향집을 향해 걸어갑니다.

그런데 저 멀리 옛날 자기 집에 불이 환하게 켜져 있었습니다. '무슨 일일까? 다른 사람이 사나?' 가까이 가 보니 대문도 열려 있고, 집 안에 불이 다 켜져 있었습니다. '절대로 집에는 들어가지 말아야지.' 그 생각도 잊어버린 채 들어가서 소리를 질렀습니다. "여보세요, 여보세요, 아무도 없어요? 엄마! 엄마? 저 안나예요." 안나라는 소리를 듣자마자 문이 열리면서 "안나, 네가 왔니?" 하고 늙은 어머니가 뛰어나왔습니다. "엄마, 무슨 일인가요? 왜 이 밤에 불이 켜져 있어요? 문은 왜 다 열려 있어요?" 묻자 "네가 집을 나간 후로 낮이든 밤이든 언제든 돌아오라고 문을 열어 두었단다. 혹시 멀리서 집을 찾기 어려울까 봐 불이란 불은 다 켜 두었지. 하루도 빠짐없이 너를 기다렸단다." 하고 엄마는 대답했습니다. "엄마, 난 이미 몹쓸 여자가 되었어요."라는 딸의 말에 엄마는 대답합니다. "그러나 내게는 가장 소중한 딸이다." 이 말을 듣고 딸은 생각합니다. '내가 때때로 엄마를 그리워하는 것보다 엄마는 나를 더 기다리고 계셨구나. 이 사랑을 배반하고 죽을 수는 없지.'

내가 하나님을 기다리고 있다고 생각하나요? 그러나 내가 하나님을 기다리는 것보다 하나님이 나를 더 간절히 기다리고 계십니다.

"내가 하나님을 기다리는 것보다 하나님이 나를 더 기다리신다는 것을 알게 하소서."

오늘도 우리를 기다리시는 하나님!

우리는 고통 속에서 내가 하나님을 기다린다고 생각했습니다.

그런데 사실은 하나님이 나를 기다리시는 시간이라는 것을

알게 해 주셔서 감사합니다.

'아무도 나를 기다리는 자가 없다.'

이렇게 생각하며 외로워하지 말게 하시고,

오늘도 나를 기다리시는 하나님을 바라보며

"주님, 제가 주님께 왔습니다." 이렇게 다가가게 하소서.

우리 각자의 나이만큼 우리를 기다려 주신 하나님,

하나님을 향한 나의 기다림보다 나를 향한 하나님의 기다림이

더 아름다운 기다림이라는 것을 믿습니다.

우리를 향한 주님의 기다림의 목적이 온전히 이루어지게 하소서.

◇ 함께 이야기하기

1. 하나님께서 우리를 기다리신다는 것은 어떤 의미가 있나요?

2. 하나님께서는 우리를 왜 기다리실까요? 하나님께서 말씀하시는 기다림의 결과는 무엇인가요?

3. 우리의 기다림을 내려놓는다는 것은 어떤 의미인가요? 우리의 기다림을 내려놓고 하나님의 기다림에 응답했을 때, 경험한 은혜가 있다면 나눠 봅니다.